스마트폰 끄기의 기술

지은이 페이 베게티 Dr. Faye Begeti

옥스퍼드대학병원에서 근무하는 신경과 의사이자 신경과학자. 케임브리지대학교에서 의학학위와 박사 과정을 마쳤고, 환자들을 진료하면서 신경퇴행성 실환 연구를 지속해왔다. 케임브리지 시절, 올리버 색스의 《아내를 모자로 착각한 남자》를 읽으며 인간의 두뇌가 제대로 작동하지 않았을 때 일어나는 현상에 매혹된 나머지, 전공이던 의학 공부를 멈추고 신경과학 연구를 시작했다. 두뇌회복센터에서 3년간 일하면서 우리가 생각할 때 두뇌의 어떤 부분을 이용하는지, 신경퇴행성 질환으로 그 부분이 손상되면 어떤 일이 생기는지, 손상된 부분을 고칠 수 있는 방법은 무엇인지를 밝히기 위한 실험들을 진행했다. 신경과학 박사학위를 받고 나서는 의학 훈련을 마치기 위해 다시 의과대학으로 돌아갔다.

스마트폰을 이용해 자신의 증상을 보여주는 이미지나 동영상을 공유하는 환자들이 많아지고 있다는 사실을 깨닫고 나서는, 진료실을 넘어 더 많은 사람과 두뇌 건강에 대해 이야기하고 싶다는 바람으로 인스타그램 계정 @the_brain_doctor을 개설했다. 현재 14만 명이 넘는 팔로워들과 커뮤니티 활동을 이어가고 있다.

The Phone Fix

스마트폰 끄기의 기술

옥스퍼드 신경과학자가 알려주는
무한 스크롤에서 벗어나는 법

페이 베게티 지음 | 이혜경 옮김

부·키

옮긴이 이혜경

고려대학교에서 불문학을 전공하고 사회학으로 박사학위를 받았다. 현재 대학에서 학생들을 가르치며 바른번역 소속 번역가로 활동하고 있다. 우리 사회의 불평등과 소수자 문제에 관심이 있으며, 번역과 글쓰기로 모두를 위한 민주주의에 기여하고 싶은 마음이 있다. 옮긴 책으로는 《꺼져가는 민주주의 유혹하는 권위주의》《변신의 역사》《진화하는 언어》《선거에서 이기는 법》 등이 있다.

스마트폰 끄기의 기술

초판 1쇄 발행 2024년 9월 4일

지은이 페이 베게티
옮긴이 이혜경
발행인 박윤우
편집 김송은 김유진 박영서 성한경 장미숙
마케팅 박서연 정미진 정시원
디자인 이세연
저작권 김소연 백은영
경영지원 이지영 주진호
발행처 부키(주)
출판신고 2012년 9월 27일
주소 서울시 마포구 양화로 125 경남관광빌딩 7층
전화 02-325-0846 | 팩스 02-325-0841
이메일 webmaster@bookie.co.kr
ISBN 979-11-93528-33-4 03190

만든 사람들
편집 박영서 | 표지 디자인 이세연 | 본문 디자인 서혜진, 이세연

스티브, 그리고 나의 두 딸 리라와 아리아에게 이 책을 바칩니다

†

우리 어깨 위에 있는 두뇌는 우주에서 가장 복잡한 물체다

_미치오 카쿠Michio Kaku, 이론 물리학자

스마트폰으로 생산성을 높여라

3부

당신의 디지털 생활은
안녕하십니까

인류는 기계가 세상을 지배하는 미래가 오게 될까 늘 전전긍긍해왔다. SF 영화에서 기계는 악의적이고 소름 끼치는 존재이자 지구를 접수하기 위한 준비를 마친 통제 불가능한 세력으로 묘사되기도 한다. 하지만 현실의 기계는 훨씬 더 작고 이미 세상을 접수했다는 점에서 그 영화는 애초에 틀렸다. 기계는 특유의 눈에 띄지 않는 특성 때문에 여러 이점을 누리며 유용성을 가장하니 위협적으로 보이지도 않는다. 아마 당신 옆에도 이런 기계 하나쯤은 있을 것이다.

기술과 스마트폰이 마치 마약처럼 우리의 지능과 우리의 아이들을 망가뜨리고 있다는 헤드라인들이 폭탄처럼 쏟아지고 있다. 그 주장대로라면 종말이 닥쳤다고 해도 무방할 정도지만, 로봇 군주와 함께 사는 것은 그렇게 끔찍한 지옥 풍광을 연출하지는 않는다. 아니, 사실 나는 내가 어디로 가고 있는지를 파악하고, 친구들과 쉽게 연락을 취하며, 유용한 정보를 풍부하게 얻을 수 있게 해주는 기계의 능력이 꽤 마음에 든다.

스마트폰은 적절하게 잘 사용하기만 한다면, 우리의 삶을 더 나은 방향으로 나아가게 할 것이다. 하지만 잘못 사용된다면, 목표를 달성하는 데 도움이 되기는커녕, 주의력 분산의 원인이 되어 시간을 낭비하게 하고 우리의 집중력을 앗아갈 수도 있다.

여기서 잠깐 다음과 같은 문제에 대해 생각해보자.

▶ 아침에 눈을 뜨면 제일 먼저 스마트폰부터 찾는가?

▶ 때때로 아무 생각 없이 스마트폰을 집어드는가?

▶ 특정 상황만 되면 스마트폰을 확인하고 싶은 충동을 느끼는가?

▶ 스마트폰에 깔린 모든 앱을 먼저 살펴보고 나서야 일을 시작하는가?

▶ 스크롤을 하다 스마트폰에서 눈을 떼는 순간, 생각보다 시간이 많이 흘렀다는 사실을 알게 되는가?

▶ 스마트폰 사용 시간을 통제할 수 없다는 느낌이 드는가?

▶ 중요한 일에 집중하는 동안, 스마트폰을 멀리 치워버렸으면 좋겠다는 느낌이 든 적이 있는가?

▶ '디지털 디톡스digital detox'를 시도했지만, 원래의 습관으로 돌아간 적이 있는가?

- 스마트폰 사용이 수면을 방해하는가?

- 스마트폰이 당신의 두뇌에 미칠 영향이 걱정되는가?

만약 이 질문 중 하나에라도 "그렇다"라는 답변을 했다면, 이 책은 바로 당신을 위한 것이다.

스마트폰은 삶의 무기가 될 수 있다

2007년 아이폰이 처음 출시되면서, 스마트폰 시대가 시작됐다. 당시 케임브리지대학교 의과대학 1학년에 재학 중이던 나는 엄청난 분량의 교과서를 열심히 들여다보는 것 말고 다른 무언가를 하고 싶었다. 그래서 지저스 칼리지Jesus College의 아름다운 도서관을 거닐며 서가를 훑어보고 다녔다. 교과서의 바다 한가운데서 흥미로운 제목의 책 한 권이 눈에 띄었다. 《아내를 모자로 착각한 남자 The Man Who Mistook His Wife for a Hat》. 저명한 신경학자 올리버 색스 Oliver Sacks가 저술한 이 매혹적인 책은 그의 환자들이 들려준 특이한 경험담을 한데 엮은 것으로, 인간의 두뇌가 예상대로 작동하지 않을 때 어떤 일이 생기는지를 보여준다.

그 책을 읽는 순간 내가 무엇을 하고 싶은지 깨달았다. 어른이 되고 나서야, 드디어 어린 시절 고장난 라디오를 뜯어보면서 그 작동 방식을 이해하려고 애쓰던 것 같은 목표를 발견한 것이다. 그래서 지체하지 않고 바로 시작하기로 했다.

두뇌는 내 어린 시절의 초보자용 라디오보다 훨씬 더 풀기 어려운 복잡한 퍼즐과도 같았다. 뇌는 뉴런이라는 신경세포로 이루어져 있으며, 뉴런의 수는 은하계의 별만큼이나 방대한 양을 자랑한다. 크기는 작아도(대부분 직경이 1/50밀리미터가 채 되지 않는다), 각각의 뉴런에는 매우 복잡하고 고유한 기관이 존재한다. 그리고 내 라디오가 움직이지 않는 죽은 부품들로 이루어져 있다면, 머릿속의 신경세포는 우리의 경험에 따라 그 연결 회로가 실시간으로 강화되기도 하고 약화되기도 하는 등 살아서 끊임없이 변화하는 중이다.

두뇌는 여가 시간에 풀 수 있을 만한 퍼즐과는 차원이 달랐다. 그래서 나는 과감하게 의학 공부를 중단하고 신경과학 연구를 시작하기로 결정했다. 내 여정은 무언가를 고치려 하는 사람에게 딱 맞는 이름을 가진 두뇌회복센터Brain Repair Centre에서 시작됐다. 나는 이 야심 찬 이름의 기관에서 3년을 보내면서 우리가 생각할 때 두뇌의 어떤 부분을 이용하는지, 신경퇴행성 질환으로 그 부분이 손상되면 어떤 일이 생기는지, 손상된 부분을 고칠 수 있는 방법은 무엇인지를 밝히기 위한 실험들을 진행했다. 박사학위를 받고 나서는 의학 훈련을 마치기 위해 다시 의과대학으로 돌아갔다. 그리고 현재 나는 현재 신경과 의사로 활동하고 있으며, 두뇌가 제 기능을 하지 못하는 환자들을 진료하고 있다. 내 환자들은 신체의 일부를 움직이는 데 문제가 있거나, 기억력이 저하되거나, 혹은 발작을 일으키거나 하는 문제를 안고 있다. 우리 두뇌의 각 부분은 다양한 기능을 담당하기 때문에 신경과 전문의는 마치 탐정처럼 모든 단서를 근거로 이상을 일으키는 정확한 지점을 찾아내는 일을 한다.

　나는 두뇌의 내부 작용을 이해하는 일에 내 경력 전체를 바쳐왔다. 하지만 무엇보다도, 나의 주된 목표는 사람들의 두뇌 건강을 향상시키는 것이다. WHO의 정의에 따르면, 두뇌 건강이란 '장애 유무와 상관없이' 한 개인이 '생애 과정마다 자신의 완전한 잠재력을 실현할 수 있도록' 두뇌의 다양한 영역이 그 기능을 최적으로 발휘하는 상태를 가리킨다.[1] 이는 당신이 어떤 특정 질환을 앓지 않아도, 머릿속 기관이 어떻게 작동하는지 알 수 있다는 것을 의미한다. 즉 정신 건강이란 비단 질병을 치료하는 문제에 국한되는 것이 아니라, 당신이 지닌 잠재력을 최대한 실현시키는 문제와도 관련이 있다.

　지난 20년 동안 우리는 IT 기술의 발전에 따른 엄청난 혜택을 누려왔다. 플로피 디스크와 카세트테이프가 있던 자리를 이제는 스마트폰과 소셜 미디어가 차지하고 있다. 지금은 공중전화박스에서 전화를 걸기 위해 여분의 잔돈을 가지고 다닐 필요가 없다. 대신에 환자들이 진료 중에 스마트폰을 이용해 자신의 증상을 보여주는 이미지나 동영상을 공유하는 모습도 심심치 않게 눈에 띈다. 그 결과 나는 진료실을 넘어 더 많은 사람을 만나고, 두뇌 건강 개선에 대한 통찰들을 더 많은 청중과 공유하고 싶다는 바람에서, 인스타그램 계정(@the_brain_doctor)을 만들었다. 나는 예약하기 어렵고 제한된 시간에 많은 양의 정보를 주고받아야 하는 신경과 전문의와의 대면 진료보다는 스마트폰을 통할 때 더 많은 사람이 유용한 전략을 바로 배울 수 있다고 생각했다.

수많은 논란에도 불구하고, 나는 여기서 스마트폰의 활용이 오히려 두뇌 건강에 긍정적인 효과를 가져올 수 있음을 피력하고자 한다. 어쨌거나 우리가 하는 모든 일과 행동은 처음에는 우리 두뇌의 일부에서 일어난 작은 전기 반응에서 비롯된다. 그래서 나 자신에게 물었다. 오늘날 우리의 삶을 결정하는 가장 중요한 요인은 무엇인가?

이 질문에 답하기 위해서는 우리의 시간 대부분을 어디에 쓰고 있는지부터 생각해봐야 했다. 수면을 제외하면, 우리가 직장 안팎을 막론하고 하나의 사회로서 집단적으로 참여하는 가장 큰 단일 활동은 바로 '스크린 타임screen time(스마트폰, 컴퓨터, 텔레비전 등 화면을 사용하는 시간-옮긴이)'이다. 평균적인 사람의 경우 온라인에서 매일 약 4시간을 보내는데, 그중 3시간은 자신의 스마트폰에서 나머지 1시간은 컴퓨터나 태블릿에서 사용하는 것으로 알려져 있다.[2] 이는 우리가 8시간을 잔다고 가정할 때 깨어 있는 시간의 25프로에 해당한다. 물론 이 수면 시간조차 우리의 스마트폰 기기 사용 방법에 따라 더 줄어들 수 있다. 따라서 많은 사람에게 실제 스크린 타임이 4시간이라는 평균 시간을 훨씬 웃돌 수도 있다는 것은 그리 놀라운 일이 아니다.

당신을 비난하려는 말이 아니다. 우리는 어떤 방식이든 자신이 선택한 대로 자유롭게 시간을 보낼 수 있어야 한다. 나는 기술을 내 존재의 일부로 받아들여왔다. 예전에는 책을 빌리러 도서관에 가야 했지만, 이제는 바로 다운로드하기만 하면 된다. 더욱더 좋은 점은, 이메일로 저자와 연락을 취할 수도 있고 온라인에서 그들에 대해 찾아볼 수도 있다는 것이다. 게다가 소셜 미디어에 게시물을 올리면서 나는 이 책을 쓰는 데 필요한 구성 요소들을 발견할 수 있었고, 일반 청중을 대상으로 한 글쓰기 방법을 배울 수 있었다. 내 팔로워들에게 무료로 전문 지식을 제공했고, 그들은 그 효과에 대한 귀중한 피드백을 내게 똑같이 돌려주었다.

그러나 경험상 우리 대부분은 스마트폰이 주의를 산만하게 만드는 데 일등 공신이라는 점도 잘 알고 있다. 어쩌면 당신도 남들과 다르지 않아서 이 책을 읽는 동안 어느 시점이 되면, 관심이 딴데로 쏠리기 시작하다가 스마트폰으로 갑자기 손을 뻗을지도 모른다. 이는 시간이나 메시지를 보기 위한 '빠른 확인'일 수도 있지만, 당신도 모르는 사이에 링크에서 링크로 넘나들며 원래의 목적은 잊어버리고 만 자신을 발견하게 될 것이다.

바로 여기에 결정적인 문제가 있다. 즉 문제는 기술에 사로잡힌 시간이 아니라 의도치 않게 흘려보낸 시간이다. 우리가 스마트폰에 소비하는 시간의 대부분은 선택에 의한 것이 아니다. 우리 스스로 스마트폰을 제어하기에는 무리가 있다.

그러니 스마트폰 사용에 문제가 있다고 느낀다면, 이 상황을 우울하게만 생각하지 말고 변화를 위한 기회로 여기기를 바란다. 우리의 두뇌는 끊임없이 진화하는 속성을 가지고 있는 만큼, 이 책을 다 읽을 때쯤이면 당신도 어딘가 달라져 있는 듯한 느낌을 받게 될 것이다. 인간은 생각, 느낌, 행위 패턴을 지닌 존재다. 뿐만 아니라 우리는 사고와 감정, 행동을 평가하고 분석하고 변화시킬 수 있는 메타 인지metacognition 능력도 가지고 있다. 하지만 그 힘을 사용할 수 있기 위해서는 내부 회로가 어떻게 기능하는지, 또한 이 작은 기기로 인해 주의력이 분산될 때 실제로 머릿속에서 어떤 일이 벌어지고 있는지에 대한 상당한 지식이 필요하다.

기술의 영향력에 대한 글이 많은 것만큼이나, 기술이 인간의 두뇌에 미치는 영향에 대한 논쟁이 두려움에 지배되는 경우도 많다. 하지만 과학적 증거를 객관적으로 평가해볼 때, 그러한 두려움은 대부분 근거가 없을 뿐만 아니라 공동체에 불안감만 조장하는 결과를 낳는다. 어쨌거나 무언가가 해롭다는 말을 끊임없이 듣는다면 우리 두뇌에 영향을 미쳐 그 말이 자기 충족적 예언self-fulfilling prophecy이 되게 할 수도 있다.

허튼소리를 퍼뜨리며 불안감을 조장하는 이 반복되는 수사구들에 지친 나는, 지금이야말로 인식의 전환이 필요한 시점이라고 생각한다. 문명을 발전시켜온 모든 위대한 도구가 그랬듯 스마트폰에도 많은 부정적인 측면이 존재하며, 그것을 어떻게 사용하느냐에 따라 나쁜 습관이 형성될 수도 있다. 기술이 유해하다거나 우리 모두가 스마트폰 중독에 시달리고 있다는 식의 무용한 서사에서 벗어나, 보다 균형 잡힌 접근법을 사용하여 이 문제들에 대한 논의를 시작할 필요가 있다. 스마트폰 기기를 멀리 내던져버리는 대신에, 그 기기와 함께 살아가는 방법을 배워야 한다.

여기가 바로 내 과학적·의학적 경험이 가장 큰 영향을 미칠 수 있는 분야라는 판단하에 수년간 많은 과학적 연구를 진행해왔다. 나는 스마트폰 사용과 관련하여 불안을 조장하는 대신, 기술을 활용해 일상생활에 도움을 받고 기술을 즐거움의 원천으로 여겨도 괜찮다는 이야기를 하고 싶다. 이 책을 통해 기술의 나쁜 점은 피하고 좋은 점은 최대한 활용하는 방식을 보여줌으로써, 건강한 디지털 습관을 형성하는 데 필요한 정보와 실용적인 도구들을 제시하고자 한다.

많은 사람이 스마트폰과 소셜 미디어가 없던 시대를 추억하며, 지금보다는 모든 게 단순했던 그 시절로 돌아가고 싶어 한다. 하지만 나는 과거에 머물고 싶지 않다. 오히려 당시에도 라디오 수리하는 법을 유튜브 동영상으로 볼 수 있었다면 좋았을 거라고 생각한다. 나는 기술이 우리에게 제공하는 접근성과 기회를, 그리고 다른 사람들과의 연결을 사랑한다.

나는 스마트폰 시대에 머물고 싶다. 스마트폰 시대가 훨씬 더 재미있다.

내 손 안의 작은 기계를 두려워할 필요는 없다. 우리에게 필요한 건, 그저 좋은 디지털 습관뿐이다.

이 책은 스마트폰 습관을 어떻게 그리고 왜 발전시키게 되었는지, 또한 그 습관을 바꾸기 위해서는 무엇을 할 수 있는지를 설명하기 위해 다음과 같은 3가지 부분으로 구성된다.

1부에서는 과학적 사실과 다르게 우리가 왜 스마트폰이 중독적이라고 느끼는지 그 이유를 설명하는 것으로 시작한다. 당신이 스마트폰을 확인할 때 두뇌에서 실제로 어떤 일이 벌어지고 있는지,

그리고 스마트폰 확인이라는 이 행동이 통제하기 어려운 이유는 무엇인지를 이해하게 될 것이다. 이를 위해 우리의 두뇌 기관을 구성하는 핵심 부분들을 소개하고 모두가 선망하는 의지력의 이면에 대해서도 논할 것이다. 그렇게 1부는 당신이 무력감에서 효능감으로 중요한 사고 전환을 할 수 있도록 설계되었으며, 어려운 순간을 대하는 방법에 혁신을 가져올 몇 가지 기본적인 전략들을 제시하는 것으로 마무리할 것이다.

그다음 2부에서는 습관 형성 배후의 복잡한 과학 원리에 대해 탐구한다. 그 과정에서 '습관 퍼즐'이라는 독특한 방법론을 소개하고자 한다. 우리의 생활 곳곳에 스며든 디지털 습관의 발전에 기여하고 있는 요인들을 특히 중점적으로 다루면서도, 두뇌에 습관을 형성하고 각인하는 데 반드시 필요한 4가지 기본 요소들을 설명할 것이다. 이러한 탐구는 상세한 실천 지침을 통해 당신의 디지털 습관을 확실히 재프로그래밍할 수 있는 실용적인 도구와 전략을 제시하며 마무리할 것이다.

끝으로 3부에서는 집중력, 수면, 정신 건강, 소셜 미디어라는 구체적인 영역들을 집중적으로 조명하는 가운데, 스마트폰 사용과 디지털 세상 일반의 복잡한 관계를 살펴본다. 앞에서 얻은 지식을 기반으로, 우리가 유독 어려움을 겪고 있는 부분이 무엇인지를 특정하고 문제를 해결할 수 있을 것이다. 나아가 우리가 겪는 문제와 기술의 관련성을 비판적으로 검토하고 개선 전략을 직접 고안함으로써, 우리의 잠재력을 완전히 깨울 수 있게 될 것이다. 미래의 디지털 문제로부터 우리의 인지 건강을 보존하고 향상시킬 수 있는 가장 좋은 방법이 무엇인지, 미래에도 우리의 두뇌를 사용할 수 있게 만들기 위해서는 어떻게 해야 하는지를 안내하는 것으로 책을 마무리하려 한다.

이 책의 초점은 우리와 스마트폰의 관계 맺기에 맞춰져 있다. 따라서 이 책이 다루는 문제성 습관은 주로 우리의 가장 개인적이고 편재적인ubiquitous(여러 장소에 동시에 존재하는 속성-옮긴이) 스마트폰 기기를 중심으로 일어나는 것들이다. 하지만 여기서 논의한 원칙들은 모든 유형의 디지털 상호작용에도 적용할 수 있다. 이 책 전반에 걸쳐, 나는 스마트폰 사용이라는 말에 더해 '온라인 세상online world' '디지털 세상digital world' '가상 세계virtual world'라는 용어를 사용함으로써 스마트폰을 넘어 태블릿, 컴퓨터 같은 기기들과 그러한 기술 기기들이 우리에게 접근 가능하도록 만들어준 무수한 앱과 온라인 플랫폼이 만들어내는 보다 광범위한 디지털 습관의 맥락을 제공하고자 했다.

이 책은 과학적 사실을 기반으로 쓰였지만 분명하게 짚고 넘어가야 할 게 하나 있다. 사람들은 과학이라고 하면 문제시할 수 없는 어떤 것이자 최종 판결, 혹은 궁극적 해답이라고 생각할지도 모른다. 하지만 그간 광범위한 연구들을 직접 수행해오면서 내린 결론은, 과학에는 심히 뒤죽박죽인 면이 있다는 것이다. 때로는 한 연구가 입증한 사실을 후속 연구들이 반드시 재현할 수 있는 것도 아니다. 이는 처음의 발견이 과연 참인지, 혹 우연적인 것은 아닌지를 의심하게 한다. 이를테면 이런 것이다. 만약 당신이 동전 던지기를 100번 실시하는 실험을 한다고 해서, 매번 같은 결과를 얻지는 못할 것이다. 즉 동전의 앞면이나 뒷면이 나올 확률이 같다고 해서, 당신이 정확히 50번의 앞면과 50번의 뒷면이라는 결과(실제로 이러한 결과가 나올 확률은 8프로 이하다)를 얻게 되는 것은 아니라는 말이다. 모든 연구에는 우연의 요소가 존재한다. 그리고 너무나 당연하게도, 인간을 연구하는 일에는 동전을 던질 때보다 더 많은 복잡성과 상호연관성이 존재한다.

때로는 조사 연구들이 서로 정반대 결과들을 도출해내면서 완전히 상충하는 경우도 있다. 테스트 대상이 누구였고, 테스트 방법이 무엇이었으며, 테스트가 이루어진 시점이 언제였는가 등과 같은 연구 설계의 특징을 고려하는 순간, 데이터 해석은 결과를 더 복잡하게 만든다. 그런 데다가 더 많은 증거가 드러남에 따라 데이터 해석도 끊임없이 달라질 수밖에 없다.

이 책을 읽는 동안 염두에 두어야 할 또 다른 사항은 새로운 지식에 노출되는 경우, 우리의 두뇌가 깨달음의 순간에 도달하면서 동기부여를 얻는 일이 심심치 않게 일어난다는 것이다. 이러한 순간을 활용하기 위해 나는 건강한 디지털 습관을 형성하는 데 도움이 되는 도구와 조언들을 책 곳곳의 연습 파트에 포함시켰다. 이 내용들은 책을 읽는 도중에도 가능한 한 빨리 시도해보기 바란다. 그러한 시도의 중요성은 아무리 강조해도 부족하다.

우리가 스마트폰을 사용하는 방식을 포함하여, 우리의 삶은 저마다 독특하다. 따라서 모든 방법이나 상황이 모든 사람에게 일률적으로 적용될 수는 없다. 같은 진단을 받은 환자들이라고 하더라도, 나는 서로 다른 임상적 조언을 제공한다. 나는 모든 단계를 하나하나 신중하게 따라가야 하는 엄격하고 일률적인 계획을 제시하겠다는 생각으로 이 책을 쓴 것이 아니다. 오히려 이 책은 당신만의 독특한 상황과 라이프 스타일에 맞게 조정될 수 있는 일종의 이론과 실천의 도구상자와 같다. 그러므로 당신의 상황을 판단해서 지금 어떤 도구를 쓸지 결정하고 나머지는 후일을 위해 다시 넣어두자. 그리고 필요할 때마다 이 책을 꺼내 다시 읽어보기 바란다. 우리와 스마트폰 간의 관계는 장기적인 관점에서 관리해야 하는 문제다. 그 과정에서 나는 스마트폰 시대에 바람직한 디지털 습관을 구축하기 위해 필요한 도구상자를 당신에게 제공하고자 한다.

1부

—

스마트폰에
중독됐다는 착각

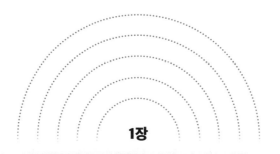

1장

스마트폰은 중독적인가?

　키라*는 나와 같은 해에 태어났지만, 우리는 서로 다른 삶을 살아왔다. 나는 그녀의 주치의였고 그녀는 나의 환자였다. 그녀는 심부 감염으로 여러 달 동안 입원했고, 입원 후에는 지속적인 복합 항생제 치료를 받아야 했다. 치료의 최종 목표는 심장 개복 수술이었다. 헤로인 같은 불법 약물이 지닌 많은 위험 중 하나는 제조나 주입 과정에서 이미 각종 세균에 오염된 물질이라는 점이다. 세균은 일단 혈류 속으로 침투하면 심장 판막의 미세한 첨판에 자리 잡는

●　이 책에 포함된 사례 연구들은 실제 환자들을 대상으로 한 내 진료 경험을 바탕으로 작성되었다. 하지만 환자에 대한 비밀 유지 규정을 지키고 사생활을 보호하기 위해, 이름을 비롯한 여러 가지 개인 식별 세부 사항들을 의도적으로 바꾸어 기재했다. 실제 개인들과 조금이라도 비슷한 점이 있다면 이는 순전히 우연적인 일이다.

경향이 있다. 판막은 심장이 뛸 때마다 닫힘으로써, 혈액의 역류를 방지해서 인체의 순환계가 자연스럽게 한 방향으로 흐르도록 하는 기능을 한다. 이때 심장에서 나온 혈액의 25프로는 뇌로 직접 공급되기 때문에, 혈액을 따라 흘러든 세균은 감염 부위를 뇌로 확대해 치명적인 뇌졸중을 일으키기도 한다. 키라가 살기 위해서는 4개의 심장 판막 중 3개를 금속 판막으로 대체해야만 했다. 하지만 그녀의 생존에서 가장 중요한 요인은, 그녀가 마약 중독에서 벗어나야 한다는 것이었다.

스마트폰은 삶을 파괴하지 않는다

———

인간의 두뇌 속에는 뉴런이라는 신경계 단위가 있다. 과학자들이 수고스럽게도 일일이 계산한 바에 따르면 860억 개에 달한다고 하니 엄청난 수가 존재하는 셈이다.[1] 뉴런을 이해하는 가장 좋은 방법은 나무와 같다고 생각하는 것이다. 과학 용어로 축삭돌기라 부르는 뉴런의 줄기 끝에는 말단으로 갈수록 가늘어지는 가지가 다수 돋아나 있다. 그 가지들 끝에는 그리스어로 나무를 뜻하는 '덴드론dendron'에서 기원한 가지 돌기dendrites가 뻗어 나와 있는데, 이 돌기를 통해 뉴런은 이웃한 뉴런과 연결되며 이런 식으로 무수한 연결 조합이 가능하다. 서로 마주 보며 연결된 2개의 가지 돌기 사이에는 시냅스synapse라는 작은 틈이 존재한다. 그리고 이 틈으로 뉴런은 신경전달물질이라는 화학 전령을 이용해 전기신호를 내

보낸다. 그러면 다른 수신 뉴런은 이 신호를 감지해 뉴런 사이에 정보가 전달된다.

일반적으로 중독은 우리의 두뇌에 강력한 영향을 미치는 물질들 때문에 발생한다. 어떤 방식으로 인체에 들어오든, 모든 중독성 약물은 결국 혈류로 들어간다. 그런 다음 잠재적인 위협으로부터 신경계를 방어하고 보호하기 위해 만들어진 일종의 경계선인 혈뇌장벽을 뚫고 들어가 강력한 화학적 효과를 발휘한다. 중독성 물질들은 다양한 방식으로 악영향을 미칠 수 있다. 이를테면 화학적 전령 분자 흉내를 내며 뉴런을 자극해서 시냅스로 다량의 신경전달물질을 방출하게 할 수도 있고, 수신 뉴런이 신경전달물질을 재흡수해서 시냅스를 정화하지 못하게 방해할 수도 있다. 어떤 메커니즘을 이용하건 그 효과는 매한가지다. 즉 모든 중독성 약물은 인체의 생명 활동을 무력화할 정도로 엄청난 화학적 효과를 발휘한다. 그 결과 시냅스들에는 신경전달물질이 넘쳐나서 평상시보다 훨씬 높은 수치를 보인다.

엄격한 기준에 따르면 중독은 실제로 치료가 필요한 임상적 장애다. 하지만 일상 대화 속에서 중독이라는 용어는 다양한 의미로 사용된다. 우리는 스마트폰에, 소셜 미디어에, 혹은 몰아서 볼 만한 시리즈 영상물들에 중독되었다고 말하곤 한다. '스마트폰 중독'의 위험성과 자신이 불행히도 스마트폰 중독자가 될지도 모를 가능성이 얼마나 되는지를 판별한답시고 일부러 수많은 기사를 찾아볼 필요도 없다. 나는 이러한 종류의 헤드라인을 보고 문구를 들을 때마다, 수차례 중환자실을 오가며 파란만장한 입원 기간을 보내

다가 마침내 깨끗한 금속 판막 3개를 심장에 박고 퇴원했던 키라가 생각난다.

키라가 퇴원한 직후 나는 유력 일간지에 실린 다음과 같은 기사를 우연히 보게 되었다. 〈끊임없는 갈망: 디지털 미디어는 어떻게 우리 모두를 도파민 중독자로 만들었는가〉라는 제목의 기사는 우리의 주머니 속 스마트폰을 '현대판 피하주사기modern-day hypodermic needle'에 비유하고 있었다.[2] 이러한 유형의 화법은 오해의 소지가 크며, 많은 사람의 삶에서 불가피하게 중요한 부분을 차지하고 있는 어떤 대상을 선정적으로 부각하는 역할을 할 뿐이다. 스마트폰과 소셜 미디어, 게임 앱의 사용을 약물 남용과 마약 용품에 비견할 수는 없다. 스마트폰을 사용할 때마다 뇌에서 생성된다고 알려진 '일정량의 도파민'조차도 중독성 약물이 우리의 신경전달물질에 미치는 것과 같은 효과를 발휘하지는 않는다. 그 차이에 대해 미국 국립약물남용연구소National Institute on Drug Abuse, NIDA는 귀에 대고 조용하게 속삭이는 것과 마이크에 대고 크게 떠드는 것의 차이와 같다고 비유했다.[3] 필요 이상으로 스마트폰을 많이 쓴다고 해서 약물에 중독되듯 중독이 일어나지는 않는다. 이는 과학적으로 틀린 말일뿐 아니라, 중독자들이 직면하는 어려움을 과소평가하게 만든다.

몇 달 후 나는 키라를 다시 만났다. 그녀의 새로 끼워 넣은 금속 판막은 다시 세균으로 넘쳐났고, 감염 상태로 보건대 이제는 치료가 거의 불가능한 상황이었다. 인체에 이식된 합성 물질의 반질반질한 표면은 세균이 흡착되기에 좋은 환경인 데 반해, 면역세포가 존재하지 않아 감염을 막아내지 못한다. 따라서 인공판막prosthetic valve의 재감염 위험률은 매우 높으며, 그런 까닭에 환자들은 수술 전에 광범위하게 주의 사항을 교육받는다. 이식받은 금속 판막이 감염되지 않도록 유지할 수 있는 유일한 방법은 다시는 마약류 약물을 주입하지 않는 것뿐이다. 어쨌거나 키라는 감염이 재발해서 다시 병원에 들어왔고, 그것이 그녀의 마지막 입원이 되었다.

중독 진단의 주요한 기준 중 하나는 심각한 부작용에도 불구하고 중독 행위를 중단하지 않고 계속한다는 것이다. 키라의 중독 정도는 매우 심각해서, 한창때의 나이였음에도 여러 번의 수술 끝에 결국은 목숨을 잃었다. 나는 감염성 심장 내막염infective endocarditis을 앓았던 키라 같은 환자를 비롯해 소화기 병동에 근무하던 시절에도 중독 부작용으로 고통받는 많은 환자를 목격했다. 우리는 손 소독을 위해 가까운 곳에 두고 늘 사용해왔던 알코올 손 세정제를 치워버려야 했다. 간 손상으로 생명을 위태롭게 할 수 있음에도 불구하고, 부득이하게 술 대신 이 세정제를 마셔버리는 환자들이 있었기 때문이다.

행위 중독이라는 비물질 중독으로 고통받을 수도 있다. 도박은 행위 중독으로는 처음으로 의학적 질병 분류체계에 포함되었다. 행위 중독은 뇌의 신경화학 체계에 물질 중독과 같은 효과를 발휘하지는 않지만, 그에 상응하는 심각한 부정적 결과를 가져오기 때문에 중독으로 진단된다. 도박 중독자가 직장을 잃고 인간관계를 망치며 노후 자금을 탕진하고 막대한 빚을 지게 되는 일은 드물지 않다. 거짓말 역시 중독에서 큰 부분을 차지한다. 중독자들은 대부분 자신이 하는 행동을 사랑하는 사람들에게 들키지 않기 위해서라면 무슨 짓이든 하는 경향이 있으며, 간혹 그 과정에서 범죄를 저지르기도 한다. 본질적으로 중독은 삶을 파괴한다. 중독되었다는 것은 어느 정도의 기능적 장애가 존재한다는 말이다. 다시 말해 당신의 삶이 제 기능을 할 수 없을 정도로 심각한 영향을 받고 있다는 말이다. 하지만 스마트폰이나 그 안에 깔린 앱들로 말할 것 같으면, 중독을 일으킨다고 판단될 정도로 부정적인 결과를 가져오지는 않는다. 사실 이것들은 기능적 장애를 일으키기보다는 우리가 더 잘 활동할 수 있도록 도와주는 도구적 역할을 할 때가 훨씬 더 많다.

그렇다면 스마트폰에 중독이라는 꼬리표가 붙게 된 이유는 무엇인가? 답은 도덕적 패닉에서 찾을 수 있다.

기술은 여전히 오해받고 있다

도덕적 패닉moral panic이란 사회의 가치나 행복을 위협한다고 여기는 어떤 존재에 대해 집합적으로 느끼는 두려움을 가리킨다. 도덕적 패닉은 대체로 불합리하다. 도덕적 패닉이 발생하는 이유는, 쉽게 말해 우리의 뇌가 변화를 두려워하기 때문이다. 이는 우리 자신을 보호하기 위해 발전해온 진화적 메커니즘의 일종이다. 즉 우리는 모르는 사람을 경계하듯 익숙하지 않은 새로운 기술에 대해서도 본능적으로 미심쩍어한다.

어린 시절 나는 할머니로부터 그리스 시골의 작은 마을에서 살던 할머니의 가족이 마호가니로 덮인 투박한 상자를 얻게 된 사연과 증조부가 그 상자를 얼마나 악마화했는가 하는 이야기를 들으면서 자랐다. 그건 다름 아닌 라디오였다. 할머니는 라디오 다이얼을 돌리며 듣고 싶었던 음악, 뉴스, 엔터테이닝 쇼의 전혀 새로운 세계를 알게 되었다고 했다. 100년 전의 그들에게 라디오는 오늘날의 스마트폰이 그렇듯 최첨단 기기였다. 또한 스마트폰처럼 우려의 온상으로 보였는데, 특히 마을 노인들에게 큰 걱정거리였으며 개중에는 노골적으로 불신의 목소리를 내는 사람들도 많았다. 이 새로운 '장난감'이 젊은이들을 게으르게 만들고, 결국 타락의 궁극적 원인이 될 거라고 생각하기도 했다. 어쨌거나 이 모든 말들은 현재 스마트폰을 둘러싸고 나오고 있는 숱한 이야기들을 연상시킨다. 하지만 당시 90대였던 내 할머니는 노인들의 어리석은 생각을 비웃기라도 하듯 음악에 맞춰 춤추느라 밤늦도록 깨어 있던 시절을 회상할 때면 함박웃음을 짓곤 했다.

도덕적 패닉은 새로운 현상이 아니다. 고대 그리스에까지 거슬러 올라갈 수 있기 때문이다. 당시에 소크라테스를 비롯한 초기 철학자들은 종이에 무언가를 기록할 수 있는 능력이 결과적으로 우리의 기억력을 감퇴시킬지도 모른다며 두려워했다. 1800년대에는 전화의 발명이 유사한 두려움을 불러일으켰고, 1920년대에는 십자말풀이 퍼즐의 해악을 비난하는 신문 헤드라인이 심심치 않게 보였다. 그 뒤를 1930년대에는 영화가, 1950년대에는 만화책이, 1970년대에는 비디오 게임이 이었다.[4] 미디어의 주된 일은 신문을 파는 것이다. 따라서 미디어는 기술 발전에 얼마간은 부응하지 않을 수 없음에도 불구하고, 선정적인 헤드라인으로 기술에 대한 우리의 본능적인 의구심을 자극해 판매 부수를 올려왔다.

그렇다면 지난 몇십 년간 비디오 게임을 둘러싸고 제기되어왔던 의혹으로부터 우리는 어떤 교훈을 얻었는가? 2018년에 WHO는 연구자들 사이에 게임 장애가 실존하는지를 두고 여전히 논쟁이 벌어지고 있음에도 불구하고, 국제질병분류International Classification of Diseases, ICD-11에 게임 장애gaming disorder를 공식 등재했다.[5,6] 정신 장애 진단 및 통계 열람Diagnostic and Statistical Manual of Mental Disorders, DSM-5에는 인터넷 게임 장애Internet Gaming Disorder가 이 영역과 관련하여 보다 많은 조사가 필요하다는 것을 의미하는 '추가 연구가 필요한 진단적 상태Conditions for Further Study' 항목에 포함되어 있다. 반면에 스마트폰 중독smartphone addiction은 과학적 연구를 통해 그 존재 여부를 입증할 만한 실질적 증거가 부족하다는 이유로 국제적인 질병 분류들에서 배제되었다.[7] 그 결과 공식적인 질병으로 등재되어 있지 않은 탓에, 의사는 '스마트폰 중독'이라는 진단을 내릴 수 없다. 하지만 '게임 장애'라는 진단을 내리는 것은 가능하다. 그렇다면 우리가 비디오 게임에 유행병처럼 광범위하게 중독되는 상황에 직면해 있다는 의미인가?

정답은 "아니요"다. 인터넷 게임 장애는 비디오 게임을 하느라 수면과 섭식을 완전히 중단함으로써 그로 인한 의학적 부작용을 경험하게 될 수도 있는 소규모 집단의 사람들에게 내려지는 진단명이다. 1만 8000명 이상을 대상으로 실시된 한 대규모 연구에 따르면, 비디오 게임을 한 사람 중 1프로 미만에서 게임 부작용이 나타났으며, 대다수는 어떠한 장애 기준도 충족시키지 못했을 뿐 아니라 그에 따른 나쁜 영향도 전혀 없었다.[8] 이렇게 유언비어가 난무하는 많은 헤드라인에도 불구하고, 우리의 세계가 중독자들이 넘쳐나는 곳으로 변질되지는 않았다. 실제로 비디오 게임을 하는 사람이 비디오 게임에 중독될 가능성은 술을 마시는 사람이 알코올에 중독될 가능성보다 훨씬 낮은 것으로 알려져 있다. 오히려 보다 최근의 연구는 비디오 게임이 심리적 탈출구를 제공함으로써 행복을 고양할 수 있음을 입증했다.[9] 이는 그리 놀라운 결과가 아닌 게, 도덕적 패닉의 공통적 특징 중 하나가 그 부정적 영향력을 증거가 아닌 두려움에 의해 광범위하게 부풀리는 것이기 때문이다.

문제성 중독 증상이 기술과 관련하여 증가하고 있다는 증거가 거의 존재하지 않는다고 해서, 비난 섞인 판단을 멈추게 하지는 못한다. 그리고 이러한 비난은 기술 활동에 참여하는 것이 시간 낭비라고 생각하는 노년 세대에서 보다 흔하게 발견된다. 내 할머니는 라디오를 듣는다는 이유로 그러한 비난을 감내해야 했다. 비슷하게 오늘날의 젊은이들도 소셜 미디어에서 친구들과 상호작용한다는 이유로 비난받는다. 그러나 중요한 것은 '시간 낭비'를 위험과 동일시하지 않는 태도다. 사람들이 어떤 삶의 방식을 살기로 선택하는지는 결국 그들 자신에게 달려 있다. 스포츠에서 위업을 달성하겠다는 일념으로 힘든 훈련을 하며 시간을 보내는 행위는 그 결과가 좋지 못하더라도 '헌신'으로 여겨진다. 반면 즐거움을 위해 스마트폰을 사용하거나 비디오 게임을 하는 행위는 '생산성'이라는 우리의 고명한 관념과 정면으로 배치된다. 어떤 행동을 시간 낭비라고 부르는 것은 과학적 판단이 아닌 사회적 판단이다. 자율성의 진정한 목적은 우리 모두에게 선택의 자유를 부여하는 것임에도 우리는 끊임없이 이상적인 삶의 방식을 설파한다.

이러한 유형의 사고방식은 내가 의료 관행 전반에 걸쳐 첨예하게 인식하고 있는 문제를 일으켜왔다. 의학 분야에서 진단이 내려지는 순간 사람들은 자신이 정답에 도달했다고 생각하며, 그럼으로써 그러한 진단이 맞는지 비판적으로 평가하려는 더 이상의 노력을 중단하게 된다. 일반적으로 '조기 폐쇄 편향premature closure bias'이라 불리는 이러한 유형의 안일함은 분석적 사고를 저해한다. 예를 들어 무의식적으로 스마트폰이 해롭거나 중독성이 있다고 가정하는 것이야말로 문제의 원인에 다다르지 못하게 하는 피상적인 사고를 조장한다. 사람들은 어쩌면 스마트폰을 하나의 대처 메커니즘으로서 사용하는 걸지도 모른다. 즉 그들은 게임을 하고 스마트폰을 스크롤하는 행위가 부정적인 기분을 해소하고 사회적 불안감에 대처하는 데 도움이 된다고 생각할 수도 있다. 통증이 몸에 생긴 근본적인 문제에 대한 신체의 반응 중 하나인 것처럼 대개의 경우 스마트폰 남용은 원인diagnosis이라기보다 징후symptom다.

우리가 스마트폰에 대해 생각하는 방식은 지나치게 비판적이다. 우리는 비기술적 활동을 맹목적으로 받들어 모시면서 스마트폰으로 의사소통하기를 선호하는 사람들을 경시하는 경향이 있다. 기술은 의사소통에 유용한 수단을 제공한다. 그리고 정신 건강에 어려움이 있거나 신경다양성neurodiverse(뇌신경의 차이로 인해 발생하는 '다름'을 생물적 다양성으로 인식하자는 관점에서 나온 개념으로 '전형적인' 형태를 벗어나는 모든 신경 발달의 형태[자폐, 발달장애, ADHD, 다운증후군, 조현병 등]를 가리킨다.-옮긴이) 두뇌를 지닌 사람들의 경우 기술에 의존하는 정도가 더 클 수 있다. 많은 사람들이 유용하다고 생각하는 일상적인 행동 습관을 병리화하는 것은 낙인을 악화할 뿐이다.[10] 스마트폰을 비난하는 것은 보다 뿌리 깊은 사회적 문제의 책임을 외면하는 것이다. 우리는 밤에도 이메일을 확인하게 만드는 지속적 생산성에 대한 사회적 기대는 용서하면서도, 그것을 가능하게 하는 기술은 비난한다. 또 소셜 미디어가 정신 건강 문제의 원인이라며 비난한다. 하지만 이것이 완벽주의를 갈망하고 끊임없이 비교할 것을 요구하는 사회의 징후라는 점을 깨닫지 못한다.

기술보다는 기술 습관이 문제다

어쩌면 당신은 자신의 스마트폰 사용 시간에 대해 죄책감을 느낄지도 모르며, 수시로 확인하는 일을 멈추려 해봤지만 실패했을 수도 있다. 그러면서 의지력 부족으로 그렇게 하지 못하는 것이라며 자신을 탓했을 수도 있다. 하지만 당신이 그렇게 하지 못하는 이유는 "스마트폰을 내려놓으라"라는 단순 명료한 문구 이면에 우리의 기본 신경체계가 지닌 엄청난 복잡성이 숨겨져 있기 때문이다.

두뇌는 행동에 반응하여 변화하는 유용한 능력을 지니고 있다. "함께 활성화되는 뉴런은 서로 연결된다Neurons that fire together, wire together"라는 신경심리학자 도널드 헵Donald Hebb의 유명한 발언은 신경과학계에서 이미 유력한 격언으로 자리 잡았다. 이와 유사하지만 보다 친숙한 말로는 아마도 "연습할수록 완벽해진다"라는 격언을 들 수 있을 것이다. 악기를 연습한다는 것은 곧 두뇌가 악기를 다루는 데 더 능숙해진다는 말이다. 스마트폰을 집어 드는 연습도 정확히 똑같다. 당신이 스마트폰 확인을 멈추지 못하는 이유는 누군가 손톱 물어뜯기를 멈출 수 없거나 아침마다 알람 시계의 '다시 알림' 버튼을 재차 누르게 되는 이유와 같다. 이러한 행동들은 모두 '습관'이다.

우리가 반복적으로 하는 행동은 보다 쉽게 할 수 있도록 두뇌 속에 부호화encoding된다. 부호화된 행동은 제2의 천성이 되는데, 바로 여기에 문제가 있다. 어떤 기술 습관이 두뇌에 저장되어 있느냐에 따라 당신의 스마트폰 사용은 도움이 될 수도 있고, 아니면 방해가 될 수도 있다.

기술 습관만 그런 것은 아니다. 습관은 우리 삶의 모든 영역에서, 또한 무수히 많은 대상과 관련하여 형성된다. 하지만 스마트폰의 경우, 다기능성과 근접성으로 인해 스마트폰이라는 단일 대상을 둘러싸고 많은 습관이 형성된다는 독특한 특징이 있다. 알람 시계의 다시 알림 버튼을 습관적으로 누르는 행동은 대체로 아침에 침대에서 일어나는 일일 뿐이다. 하지만 스마트폰은 우리 일상 생활의 모든 측면에 스며들어 있으며, 그 결과 거의 항상 우리 곁에 놓여 있다. 보통 사람의 경우 자신의 스마트폰을 하루에 약 96번, 시간으로 환산하면 10분당 한 번꼴로 들었다 놓는다고 알려져 있다. 그리고 이 숫자는 스마트폰 사용 습관이 우리에게 지닌 중요

성을 반영하는 동시에 새로운 습관이 얼마나 쉽게 뿌리내리는지를 보여준다.[11]

습관이 두뇌에 부호화된다는 것은 우리가 습관을 자동적으로, 원래의 의도와 무관하게 행한다는 것을 의미한다. 이러한 자동성 (예를 들어 아무 생각 없이 스마트폰을 드는 행동)으로 인해 디지털 습관이 강한 사람은 자신이 마치 중독된 것처럼 느낄 수 있다. 하지만 중독이라는 단어의 의학적 의미를 따져본다면, 이는 어느 모로 보더라도 사실이 아니다. 누군가는 알람 시계가 울리자마자 바로 일어나 침대에서 나가자고 결심하지만 무의식적으로 다시 알림 버튼을 누르는 경우도 있을 것이다. 하지만 그렇다고 그가 다시 알림 중독으로 고통받고 있다고는 할 수 없다. 그는 그저 문제성 습관을 지니고 있을 뿐이다. 지속적인 주의력 분산으로 학업 성취도가 저해되고, 일을 미적거리다 마감 시간을 놓치며, 콘텐츠를 몰아보느라 늦게까지 깨어 있는 탓에 피곤할 수도 있다. 그러나 이러한 행동들만으로는 스마트폰 중독이 성립되지 않는다.[12]

스마트폰 사용을 둘러싼 도덕적 패닉에 대한 조건반사적 반응 중 하나는 기기 사용 시간을 측정하는 것이다. 스마트폰 사용 시간을 고심하다 보면 다음 수순은 당연히 임의적으로 사용 시간을 제한하려 시도할 것이다. 스마트폰 기기나 앱을 사용하느라 소비하는 시간을 살펴본다면, 그것만으로도 상당한 경각심을 불러일으킬지 모른다. 그리고 어쩌면 당신이 이 책을 구매하게 된 계기일지도 모른다. 하지만 과학적 견지에서 스크린 타임은 결함이 많은 개념이다. 스크린 타임이 정확히 어느 시점 이후부터 해로운지를 입증할 수 있는 과학적 증거는 전무하다. 우리가 스마트폰 기기에 소비하는 시간은 다양한 활동으로 구성된다. 따라서 이를 시간이라는 하나의 단일 척도로 전환하는 것은 지나치게 조야하고 부정확해서 스마트폰 사용 시간이 가지는 의미를 제대로 파악할 수 없게 만든다. 이는 마치 환자가 복용하는 약들의 총량을 수치화해서 약의 이름 없이 그 숫자만 의사에게 알려주는 것과 같다. 하나의 가치 기준에만 집중하면 콘텐츠와 사용 패턴에 대한 정보가 부족할 수밖에 없으며, 결국 습관에 대한 통찰을 얻지 못하게 된다.

업무, 커뮤니케이션, 여가 모두 스크린 타임을 증가시킬 수 있지만 그렇다고 꼭 문제가 되는 것은 아니다. 내 스크린 타임은 피트니스 앱을 이용하여 운동을 하고, 지도로 길을 찾거나, 친구에게 전화를 할 때마다 증가한다. 그리고 이 모든 활동은 나의 행복에 중요한 역할을 한다. 예를 들어 소셜 미디어와 같은 오락용 앱을 사용하는 경우에조차, 휴식 시간 동안 30분간 스크롤을 하는 행위와 정말로 집중해야 하는 활동을 하는 와중에 짧게 수차례에 걸쳐 총 30분간 스마트폰을 확인하느라 활동을 중단하는 것은 성질이 다르다. 문제성 스마트폰 습관을 지닌 사람들이 거의 끊임없이 폰을 확인하는 모습을 보는 것은 드문 일이 아니다. 이러한 잠깐의 확인은 어쩌다 길게 확인하는 것보다, 비록 확인에 걸리는 시간의 총량이 동일하다 하더라도 우리의 주의력을 훨씬 더 분산시키는 결과를 초래한다.

기술은 그것을 의도적으로 사용하든 아니면 무심코 사용하든 간에, 혹은 수단으로 이용하든 아니면 오락거리로 삼든 간에, 시간의 문제가 아니라 습관의 문제다. 우리가 이용하는 콘텐츠의 유형 또한 중요한 요인이다. 왜냐하면 사용량을 보여주는 소비 시간이라는 측정치에는 질에 대한 정보가 거의 포함되어 있지 않기 때문이다. 이것이 바로 전 세계 81명의 과학자 집단이 영국 정부에 공개서한을 보내 과장 광고에 기반한 자의적인 스크린 타임 제한 설정 조치에 반대하는 캠페인을 적극적으로 벌인 이유이자, 내가 이 책에서 스크린 타임 설정과 관련하여 어떠한 제안도 하지 않는 이유다.[13] 대신에 나는 당신의 개인적인 목적과 행복을 가장 잘 충족할 수 있는 방식으로 기술을 활용하여 디지털 습관을 구축하는 법을 안내하고자 한다.

사회적 차원에서 우리는 심박수와 운동 시간, 수면 시간 같은 측정치를 사용하여 우리의 건강을 추적하고 건강 상태를 결정하는 일에 점점 더 몰두하고 있다. 하지만 이러한 측정치들은 우리가 중요하게 생각하는 목표들을 간접적으로 보여주는 대용물들에 불과하다는 것을 염두에 둘 필요가 있다. 즉 그러한 측정치 자체는 목표가 될 수 없다. 측정치들에 대한 강박적 집착은 잠재적으로 부정적인 영향을 미치고, 장애 행동을 유발할 수도 있다. 예를 들어 수면 강박증을 뜻하는 오소솜니아orthosomnia라는 용어는 건강한 수면의 추구가 하나의 강박관념으로 자리잡게 되는 상태를 가리킨다.[14] 오소솜니아 환자는 수면 추적기에 과도하게 의존함으로써, 추적기의 데이터가 완벽한 상태를 보여주지 않으면 불안해진 나머지 원래의 목표와 달리 수면이 역설적으로 더욱 악화된다. 이러한 사고방식은 자기 충족적 예언의 일환으로 파국을 부를 수도 있다.

내 생각에 중요한 점은, 스마트폰 사용을 둘러싼 불안감이 스크린 타임을 중심으로 새로운 강박관념을 발전시켜서는 안 된다는 것이다. 스크린 타임을 측정해서 시작점으로 삼는 것은 합리적이다. 하지만 특정 목표를 달성하기 위해 극단적인 스크린 타임을 설정하고 거기에 얽매이는 것은 해로울 수 있다. 균형 잡힌 태도를 지닌다는 것은, 설령 당신의 스마트폰에 스크린 타임이 초과했음을 알리는 경고가 갑자기 불쑥 떠오른다고 해도 걱정할 필요가 없다는 것을 의미한다. 만약 당신이 이미 스마트폰으로 몇 시간이나 보낸 어느 날 사랑하는 사람이 메시지를 보내왔다면, 그리고 당신 역시 거기에 답변하고 싶다는 마음이 든다면, 아무런 문제도 없을 테니 그렇게 해도 괜찮다. 나라면 무조건 그렇게 할 것이다.

스마트폰은 죄가 없다

———

나는 현실 직시의 일환으로 이 장에 키라의 이야기를 포함시켰다. 이제는 당신도 진짜 중독이 무엇인지를 구별할 수 있을 것이다. 중독은 극복하기 어려우며, 거의 항상 전문가의 도움이 필요한 질병이다. 반면에 습관을 바꾸는 데 전문가의 도움이 필요하지는 않다. 책 한 권을 읽는 것으로는 키라에게 아무런 도움도 되지 않았을 것이지만, 당신에게는 도움이 될 수 있다. 과학계에서는 현재 사용하는 용어가 바뀌고 있는 추세다. 이를테면 점점 더 많은 과학자들이 '문제성 사용problematic use'이나 '습관habit'이라는 용어를 선호하고 있다. 이는 내가 이 책에서 사용하게 될 용어로, 나는 중증의 장애를 일으키는 경우에 한해서 '중독'이라는 용어를 사용할 것이다.

우리의 스마트폰을 마약으로 바라보는 대신에, 우리가 제일 좋아하는 음식을 대하는 것과 같은 방식으로 대해보자. 나한테 초콜릿 크루아상은 기분을 좋게 하는 간식거리다. 하지만 그렇다고 해서 매 식사를 크루아상으로 대체한다면, 문제가 될 것이다. 다시는 초콜릿 크루아상을 먹지 않겠다고 결심할 수도 있지만, 이것이 내가 즐기는 것이라는 점을 감안한다면 이는 과도한 일일 것이다. 더 나은 접근방식은 내 식단에 균형 잡힌 방식으로 그것을 포함하는 것이다. 당신이 좋아하는 것을 받는 행위는 당신의 두뇌에 유용한 효과를 발휘한다. 만약 내가 할머니만큼 오래 살 수 있다면, 오트밀 죽을 더 먹어야 했다고 스스로를 자책하며 바로 일하러 갔던 날들이 아니라, 커피 한 잔과 갓 구운 크루아상을 먹으며 친구들에게 문자 메시지를 보내면서 여유로운 아침 시간을 만끽할 수 있었던 그 모든 시간들을 애정 어린 시선으로 떠올리게 될 것이다.

이것이 바로 당신이 스마트폰을 생각할 때 떠올렸으면 하는 바다. 지금이야말로 새로운 사고방식으로 전환할 때다. 스마트폰을 사용해서 즐겁고 재미있는 일을 하는 것은 당연히 괜찮은 일이다. 하지만 디지털 식습관digital diet이 당신 삶의 다른 모든 것을 압도해서는 안 된다는 점 또한 유념할 필요가 있다. 그렇게 할 수 있는 방법을 발견하기 위해서는 두뇌가 어떻게 작동하는지를 배워야만 한다. 지금부터 우리의 머릿속에 거주하는 주된 일꾼, 실행 두뇌와 자동 조종 두뇌를 소개하려고 한다.

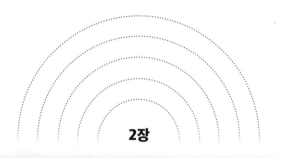

2장

나쁜 습관도 뇌에서 만들어진다

당신이 해온 모든 일, 품어본 적 있는 모든 생각, 가져본 모든 느낌은 머릿속의 아주 작은 전기 섬광에서 시작되었다. 활동전위 *action potential*(생물체의 세포나 조직이 활동할 때 세포막에 일어나는 전압의 변화-옮긴이)라 불리는 이 섬광 신호는 우리의 신경을 따라 초당 119미터의 속도로 전달된다. 이는 시속 418킬로미터에 해당하는 속도로, 세상에서 가장 빠른 F1 자동차보다 빠른 속도다. 우리의 뇌는 그 기능을 수행하기 위해 마치 슈퍼카의 엔진이 그렇듯 여러 개의 핵심 요소로 구성되어 있다. 각 요소는 나름의 고유한 역할을 하도록 분화되어 있지만, 그 모든 요소가 협력하여 현재의 우리라는 존재가 만들어진다. 우리의 모든 삶과 퍼스낼리티, 기술이 약 1.4킬로그램짜리 무게의 구조물 속에 저장된 셈이다. 그리고 거기에는 당신이 스마트폰을 들었다 놨다 하는 습관을 가지고 있는지 아닌지도 포함된다.

두뇌 속에는 우리의 행동을 관장하는 두 개의 중요한 시스템이 존재한다. 첫 번째는 실행 시스템the executive으로 조직의 보스와 같은 역할을 한다. 실행 시스템의 사령탑은 이마 바로 뒤에 있는 뇌의 전전두엽 피질 부분에 자리하고 있다. 실행 시스템은 주의 집중, 사전 계획, 의사 결정, 감정 조절 같은 일을 매일 실행한다. 과학자들은 이 행동들을 일괄적으로 '실행 기능executive function'이라 명명한다. 실행 시스템은 장기적인 목표를 결정하고 행동이 그 목표에 부합하여 이루어지게 할 책임이 있다. 우리 인간은 모든 포유류를 통틀어 가장 발전된 실행 시스템을 갖추고 있으며, 그 덕분에 미래 지향적인 존재가 될 수 있었다.

실행 시스템이 컨트롤 타워이긴 하지만 모든 행동을 일일이 고민해서 결정하다 보니 비효율적이고, 따라서 우리의 삶은 너무도 복잡하다. 그래서 실행 시스템은 임무의 일부를 뇌의 또 다른 영역에 할당함으로써 그 책임을 위임한다. 두뇌 중앙의 심층부에는 기저핵이라 통칭되는 일련의 구조가 있는데, 여기에 바로 우리의 두 번째 시스템인 자동 조종autopilot 기관이 위치한다. 자동 조종 시스템에는 어떠한 숙고 능력도 없는 대신에 일련의 사전 프로그래밍된 행위 시퀀스sequence(서로 연관된 작은 사건들이 연쇄되어 이루어지는 내용상의 단위-옮긴이)가 저장되어 있어서 활성화될 경우, 빠르고 효율적인 행동이 일어나도록 한다. 바로 이 시퀀스가 우리가 습관이라고 알고 있는 행동들을 유발한다.[1]

우리가 살면서 익혀온 모든 습관도 처음에는 실행 시스템의 주도면밀한 선택으로 시작되었다. 이 최초의 선택은 샤워나 양치질로

1부 | 스마트폰에 중독됐다는 착각

하루를 시작하는 것처럼 이미 수십 년 전에 내려졌을 수도 있다. 아니면 어떤 습관들은 책상에 앉자마자 이메일을 확인한다든지, 잠자리에 편안하게 누워 소셜 미디어 계정들을 이리저리 훑어본다든지 하는 것처럼 보다 최근에 형성된 것일 수도 있다. 시간이 지나면서 이러한 행동을 계속하다 보면, 우리는 더 이상 그러한 행동을 해야 할지 말아야 할지 고민할 필요가 없어진다. 그것들은 시퀀스로 사전 프로그래밍되어 우리의 자동 조종 시스템에 저장되었다가 실행 시스템의 투입 없이도 바로 실행된다. 이러한 인간 생명 활동의 작동 방식을 통해 비로소 두뇌는 보다 효율적으로 기능하게 된다.

습관은 우리가 거의 알아차리지 못할 정도로 은연중에, 또 효율적으로 진행된다. 매일 아침 일어날 때마다, 당신을 위한 많은 결정이 이미 내려졌을 공산이 크다. 예컨대 알람 시계의 다시 알림 버튼을 누를 것인지, 바로 침대에서 일어날 것인지, 아니면 스마트폰을 먼저 집어 들 것인지는 자동 조종 시스템에 어떤 시퀀스가 사전 프로그래밍되어 있느냐에 달려 있다. 자동 조종 시스템은 익숙한 경로를 따라 이동하거나 일상적인 업무를 처리하는 일 등을 넘겨받는 대신에 실행 시스템에는 그것이 가장 잘하는 일, 즉 생각하는 일을 맡겨둔다. 실제로 이것이 많은 습관의 핵심적인 특징이며, 그 덕분에 우리는 여전히 다른 일들에 정신을 팔 수 있다. 자동 조종 시스템이 맡은 일을 처리하는 동안, 실행 시스템은 그 시간을 활용하여 미래 지향적 계획을 세우거나 과거를 회상하며 복잡한 감정을 다스리려 애쓸 수도 있다.

자동성automaticity은 습관을 정의하는 핵심 특징 중 하나다. 실생활에서 어떤 행동이 습관인지 아닌지, 따라서 자동 조종 모드로 실행될 수 있는지 아닌지를 빠르게 확인해보고 싶다면, 자신에게 다음과 같은 질문들을 던져보자.

▸ 집중력이 거의 필요하지 않은 행동인가?

▸ 이 행동을 하는 동안에도 딴생각이 들며 다른 무언가에 대해 숙고할 수 있는가?

　예를 들어 이러한 행동에는 옷 입기, 요리, 청소, 운전, 걷기, 샌드위치 먹기, 커피 마시기를 비롯하여 스마트폰을 집어 드는 행동이 포함된다.

습관이 삶을 이끈다

———

　우리는 삶의 대부분을 자동 조종 모드 상태로 살아간다. 30년 넘게 습관을 연구해온 웬디 우드Wendy Wood 교수는 일련의 영향력 있는 연구들에서 우리 일상 행동의 거의 40프로가 습관에 좌우된다는 것을 보여주었다.[2] 이 수치는 자신을 루틴 지향적이라고 생각하지 않는 사람들에게는 놀라운 결과일 수도 있다. 하지만 우리는 모두 자유로운 정신의 소유자인 동시에 습관의 피조물이기도 하다. 그러므로 서로 비슷한 정도로 자동 조종 모드에 의존해 살아간다. 나이도 퍼스낼리티도 여기에 영향을 미치지 못한다. 이는 습관이 지닌 자동적이고 무의식적인 특성으로 인해, 실제로는 우리가 매일 수없이 많은 사소한 결정들을 의식적으로 내리지는 않는다는 사실을 자주 간과하고 있음을 시사한다.

일상적인 루틴의 모든 세부 사항을 의식적으로 고민할 필요가 없다는 것은 우리의 정신 에너지를 보존하는 데 도움이 된다는 점에서 효율적이다. 새로운 직장이나 학교에 다니기 시작하는 것은 정신적으로 지치는 일일 수 있다. 습관이 일시적으로 작동할 수 없기 때문이다. 이 경우에는 작업장의 물리적 구조를 파악하거나 중요한 툴과 컴퓨터 시스템의 위치를 익히는 것 같은 가장 기본적인 업무조차 두뇌의 실행 시스템에 의지해야만 수행할 수 있다. 우리가 새로운 환경이나 루틴에 적응함에 따라 우리의 두뇌는 자동 조종 시스템에 저장될 새로운 종류의 습관들을 개발한다. 기본적인 업무들을 실행 시스템의 집중력이 필요하지 않은 자동 조종 모드로 수행할 수만 있다면 정신적 피로는 현저히 줄어들게 될 것이다.

충분히 집중하지 않고도 실행할 수 있는 일이라면 습관이거나 습관적인 요소를 가지고 있을 것이다. 이를테면 일상적으로 하던 요리도, 처음 만드는 메뉴에 한해서는 매우 어려운 작업일 수 있다. 주로 실행 시스템에 의지해서 요리 과정의 단계마다 고심해야만 할 것이기 때문이다. 하지만 일단 레시피를 몇 차례 반복하다 보면 자동 조종 시스템이 개입하여 실행 시스템의 부담을 덜어줌으로써, 요리를 하며 대화를 나눈다든지 아니면 팟캐스트를 듣는 등 동시에 다른 여러 작업을 수행할 수도 있다.

지난 20년 동안 우리의 두뇌는 새로운 습관을 익히게 되었다.

유리 화면을 손가락으로 탭하고, 더블 탭하고, 밀고, 길게 눌러서 조작하는 버릇 말이다. 이 기술이 낯선 사람들에게는 어려운 도전 과제일 수 있다. 하지만 이러한 움직임들이 자동 조종 시스템에 저장되는 순간, 기술의 사용은 직관적이고 외견상 쉬운 일이 되어버린다. 이 습관들이 몸에 배면 우리는 다양한 시스템과 화면을 손쉽게 탐색할 수 있다. 실제로 어떤 습관이 작동하고 있는지를 알고 싶다면, 익숙하지 않은 운영 체제로 바꿔보자. 자동 조종 모드에 의지할 수 없게 되는 순간, 모든 일에 보다 많은 사고와 노력이 필요해진다는 사실을 발견하게 될 것이다.

우리 행동의 절반 가까이가 습관적으로 이루어지므로, 자동 조종 모드는 우리의 정체성에 중대한 영향을 미칠 수 있다. 예를 들어 '깔끔한' 사람은 물건들을 말끔하게 정돈하기 위해 수백 개에 달하는 습관 시퀀스를 연마하는 반면, '지저분한' 사람은 이러한 루틴들을 발전시키지 않는다. 습관은 다른 사람들과 상호작용하는 방식에도 좋든 나쁘든 영향을 줄 수 있다. 타인에게 친절함을 보여주거나 그들의 말을 공감하며 경청하는 습관이 몸에 밴 사람들도 있지만, 대화하는 중간에 자주 자신의 스마트폰을 확인하는 습관을 지닌 사람들도 있다. 흔히 '퍼빙phubbing(phone과 '무시하다'라는 뜻의 snubbing의 합성 신조어로 대화 중에도 계속해서 스마트폰을 보는 행위-옮긴이)'이라 알려진 이 행동은 대화에 집중하지 않는다는 인상을 준다.

습관은 무의식적 특성을 가지고 있기 때문에 우리가 어떤 습관을 지니고 있는지 정확히 기억하기는커녕 알아차리기도 어렵다.

우리의 스마트폰 사용에 대한 통찰을 얻기 위해, 런던정경대학의 연구자들은 눈에 잘 띄지 않는 소형 카메라를 장착한 안경을 연구 참여자들에게 착용하게 했다. 이를 통해 연구자들은 참여자의 세계를 일인칭 시점에서 볼 수 있었고 자주 간과되곤 하던 습관들을 추적할 수 있었다. 연구 결과, 평균적으로 참여자들은 5분에 한 번 꼴로 스마트폰과 상호작용했으며 사용할 생각이 없음에도 스마트폰을 집어 들거나 계획했던 것보다 장시간 스마트폰을 사용하며 보내는 경우가 잦은 것으로 나타났다.[3] 참여자들이 각자의 스마트폰을 집어 드는 비디오 영상을 보여주자, 참여자들은 그러한 행동이 얼마나 자동적으로 일어나는지, 그리고 자신이 그 행동을 얼마나 기억하지 못하는지에 놀라움을 금치 못했다. 그들은 스마트폰에 손을 뻗는 행동을 자연스럽고 무의식적인 움직임으로 묘사했다. 한 참여자는 자동적으로 스마트폰에 손을 뻗는 행동을 '기침할 때 손으로 입을 가리는 행동'과 비교하면서, 어릴 때 배운 행동이 결국 제2의 천성으로 굳어져버리는 것과 마찬가지 아니겠냐고 설명했다.

문제성 습관을 파악하라

광범위하게 볼 때 습관은 조력적supportive, 모순적contradictory, 중립적neutral이라는 3가지 범주로 분류될 수 있다. 명칭에서 알 수 있듯이 조력적 습관이 우리의 목표와 조화를 이루며 목표 달성에 도움이 된다면, 모순적 습관은 우리의 목표와 충돌하면서 발전을 저해한다. 예를 들어 아침마다 책상에 앉는 습관은 학습에 도움이 되지만 아침마다 스마트폰을 스크롤하는 습관은 학습을 저해한다. 중립적 습관은 샤워 전이나 후에 양치질을 하거나 자신만의 특정 순서에 따라 옷을 입는 것처럼 우리의 목표 달성에 도움도 방해도 되지 않는다. 흔히 습관은 단순히 좋은 습관과 나쁜 습관으로 나뉘기도 한다. 이 책에서도 이따금 논의를 단순하게 만들기 위해 좋은 습관과 나쁜 습관이라는 용어를 사용하지만 습관이 도덕적 판단의 근거가 되어서는 안 된다. 문제성 습관을 지녔다고 해서 그가 나쁜 사람이 되는 것은 아니다. 만약 당신이 바꿀 필요가 있다고 느끼는 습관들이 너무 많다 하더라도, '나쁜' 습관은 그 모순적 특성으로 인해 당신이 가진 조력적이거나 중립적인 많은 습관보다 항상 더 눈에 띄기 마련이라는 점을 기억할 필요가 있다. 어떤 습관이 어떤 범주에 속하는지를 개개의 목표에 비추어 결정하는 것은 오직 당신뿐이다. 누군가에게 모순적인 습관도 다른 누군가에는 그들의 상황을 감안할 때 중립적이거나, 심지어 조력적이라고 느껴질 수 있다.

어떤 습관이 당신이 설정한 목표들과 상충하는 일은 드물지 않게 일어난다. 그렇다면 왜 이러한 충돌이 발생하는가? 우리의 두뇌 속 2가지 시스템이 근본적으로 다르기 때문이다. 실행 두뇌가 있기에, 우리는 장기적으로 사고하고 미래를 위한 계획을 수립할 수 있다. 인간의 독특한 특징 중 하나는 우리가 궁극적인 목표를 위해 일시적인 불편을 감내하고 욕구 충족을 늦출 수 있다는 것이다. 이는 예컨대 학위를 취득하기 위해 오랜 기간 공부하거나 경력을 발전시키기 위해 열심히 일하는 것, 혹은 육상 경기에서 좋은 결과를 내기 위해 고통스러운 훈련을 이겨내는 것을 의미할 수 있다. 장기적인 보상을 위해 단기적인 보상을 포기하는 데 필요한 모든 것은, 우리의 실행 시스템이 결정한다.

대조적으로 자동 조종 시스템은 지금 이 순간의 즉각적인 보상들에 더 집중한다. 자동 조종 시스템의 기능은 저장된 습관을 실행하여 소위 '대충 하던 대로 함cutting corners'으로써 정신 에너지를 절약하는 즉각적 보상에 더 집중한다. 하지만 이는 우리의 자동 조종 시스템에 문제성 습관이 저장되어 있고 그 습관이 실행 두뇌가 설정한 목표와 충돌하는 경우라 하더라도, 자동 조종 시스템은 그 문제성 습관을 계속 적용하게 될 것이라는 사실을 의미하기도 한다. 만약 실행 시스템이 자동 조종 시스템에 의사 결정을 위임했음에도 불구하고 아무런 습관도 저장되어 있지 않은 상황이라면, 자동 조종 시스템은 충동적으로 행동하면서 장기적 목표보다 단기적 보상을 우선시할 수 있다.

익숙한 습관 몇 가지를 예로 들어보자. 사용한 그릇들을 식기 세척기 안에 넣는 것이 아니라 바로 그냥 쌓아두는 습관은 집을 깔끔하게 유지하려는 목표와 상충한다. 그릇을 세척기 안에 넣고 돌리기 위해서는 아주 적은 노력만 들이면 된다. 그럼에도 우리는 그저 그 일을 미루는 조금 더 쉬운 경로를 종종 선택하곤 한다. 마찬가지로 몇 초만 더 투자해서 열쇠를 항상 특정 장소에 둔다면 나중에 눈에 불을 켜고 열쇠를 찾을 일도 없을 테지만, 그 순간에 가장 편한 위치에 열쇠를 던져놓는 경우가 대부분이다. 이러한 나쁜 습관들은 신중한 판단력이 결여된 자동 조종 모드에서는 그저 시스템에 새겨진 시퀀스들을 실행할 뿐이며, 무언가 할 일을 미룸으로써 나중에 일이 복잡해지더라도 계속해서 나쁜 습관을 계속하게 한다.

스마트폰을 확인하는 일이 본질적으로 나쁜 습관인 것은 아니다. 반드시 확인해야 하는 경우도 있기 때문이다. 하지만 우리의 자동 조종 모드에 저장된 많은 스마트폰 사용 습관은 우리가 무엇보다 우선시하는 목표들과 모순될 수 있다. 예를 들어 강박적인 이메일 확인 습관은 중요한 업무에 집중하려던 계획을 틀어지게 할 수 있으며, 늦은 밤 무심코 소셜 미디어 화면을 스크롤하는 행동은 충분한 수면을 취하는 데 방해가 될지도 모른다. 어쩌면 중요한 일이 일어나기에는 아직 시간이 충분히 남아 있음에도, 알림을 확인하느라 계속해서 스마트폰에 손을 뻗을지도 모른다. 이 행동들은 합리적으로 생각한다면 필시 하지 않을 법한 행동들이다. 하지만 습관은 자동적이어서 우리의 의식적인 의사 결정 과정을 무시하고 일어난다. 결국 이 말은 직장에 늦더라도 이른 아침 소셜 미디어를 스크롤하는 습관을 멈추지 못하게 될 수도 있다는 의미다.

우리가 처한 환경은 실행 두뇌의 처리 용량을 넘어설 정도로 많은 정보와 선택지로 가득 차 있다. 이때 자동 조종 습관은 우리가 헤매지 않고 길을 찾아 나갈 수 있도록 절묘한 방식으로 우리의 행동을 결정하기도 한다. 선택의 자유가 무제한으로 주어져서 오히려 압도당할 상황이라면, 습관은 선택지를 자동적으로 줄여주는 역할을 한다. 우리는 자유롭게 선택한다고 착각하지만, 습관이 이미 추려둔 후보지 명단 안에서 선택할 뿐이다. 예를 들어 아침 식사를 만들 때 우리가 모든 가용한 음식 재료를 일일이 살펴보지는 않는다. 대신에 가장 자주 먹는 아침 식사 메뉴들로 이루어진 최종 후보지 목록에서 하나를 선택한다. 바로 이것이 우리가 좋은 의도로 구매한 건강식품들을 유통기한이 지날 때까지 방치해둔 채 판에 박힌 가벼운 식사로 돌아가는 이유이며, 통조림 식품을 찬장 뒤편에 처박아둔 채 유통기한이 끝나도록 까맣게 잊고 지내는 이유이기도 하다.

깊게 뿌리내린 기술 습관도 비슷하게 기능한다. 기술 습관은 자동적인 최종 후보지 목록을 제공하여 우리가 무엇을 하며 시간을 보낼지 선택하게 한다. 긴 하루를 보내고 집에 도착하면, 우리는 주로 사전 설정된 루틴에 따라 긴장을 풀고 휴식을 취한다. 다양한 선택지들을 탐색하는 대신에 자동적으로 스마트폰 기기에 이끌려 아무 생각 없이 스크롤하거나 콘텐츠 몰아보기를 선택할지도 모른다. 그러다 보니 그간 키우고 싶었던 취미나 열정, 혹은 기술은 묵살된다. 디지털 습관이 운동, 수면, 사회적 상호작용이나 건강에 중요한 활동을 방해한다면, 잠재적으로 훨씬 더 부정적인 영향을 미칠 수도 있다. 우리의 삶은 우리가 시간을 어떻게 보내는지, 또 무엇에 주의를 집중하는지에 따라 결정된다. 그러므로 시간이라는 이 귀중한 자원을 기술에 얼마만큼 할당하기를 바라는지를 의식적으로 결정해서, 우리가 그 목표를 지킬 수 있게 만드는 건강한 디지털 습관을 기르는 것이 무엇보다 중요하다.

이따금 우리는 기술 습관 중 일부가 도움이 되지 않는다는 사실을 깨닫고 지금이야말로 스마트폰 사용 시간을 줄이거나 '꺼버릴' 때라고 결정하기도 한다. 그리고 이를 위해 결심을 최대한 발휘하여 새로운 행동 패턴을 시도한다. 하지만 새로운 행동 패턴을 유지하려면 실행 두뇌가 작동해야 하고, 여기에는 지속적인 노력이 뒤따라야 하기 때문에 정신적인 피로가 유발된다. 그러다 어느 순간 불가피한 실패로 인해 원래의 설정으로, 즉 자동 조종 시스템의 습관으로 되돌아가기라도 할라치면 그 사실에 대해 자책감에 빠진다. 우리는 자신이 원하는 무언가를 중단하기 어렵거나 습관이 무의식적으로 발현된다는 사실을 깨달을 때, 마치 자신에 대한 통제력을 상실한 듯한 느낌을 받는다. 그러면서 본인의 의지력 부족을 탓한다. 이것이 바로 다음 장에서 다루게 될 주제다.

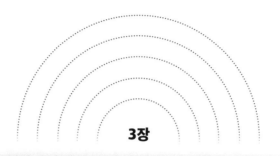

3장

의지력은 습관으로 길러진다

신경과학계의 위대한 발견 중에는 우연에 의해 이루어진 경우가 드물지 않다. 1848년 버몬트주에서 이루어진 발견도 그랬다. 건설 현장의 감독관이었던 피니어스 게이지Phineas Gage는 그날도 여느 때와 다름없이 작업에 매진하는 중이었다. 그와 팀원들은 철도 선로를 건설하기 위해 제어 발파 방식으로 거대한 바위들을 제거해가며 부지 굴착 작업을 하고 있었다. 바위마다 드릴로 깊게 구멍을 뚫고 폭약을 채워 넣은 다음 그 위에 모래를 덮고 기다란 쇠막대로 모래를 눌러 다지는 식으로 작업은 진행되었다. 탬핑tamping이라 불리는 이 과정은 효과적이고 안전한 발파를 위해 중요했다. 폭약을 구멍 속으로 깊게 단단히 밀어 넣어 밀봉할수록 도화선에 불을 붙였을 때, 폭발력이 암석 바닥을 향해 최대한 전달될 수 있기 때문이다.

1848년 9월 13일 오후 4시 30분경, 이후 150년 동안 신경과학 저널들에서 세세히 파헤쳐진 사고가 발생했다. 채워 넣은 폭약 위를 덮은 모래의 양이 충분하지 않았거나 피니어스가 잠시 한눈을 팔았던 것인지도 모른다. 어쨌거나 폭약 재료를 압축하는 도중에 그가 사용하고 있던 쇠막대가 바위와 마찰을 일으키며 아주 작은 불똥이 튀었다. 원인이 무엇이었든 결과는 즉각적이었다. 폭약에 불이 옮겨붙었다. 그가 쥐고 있던 1미터 길이의 13파운드짜리 쇠막대는 눈 깜짝할 사이에 그의 손을 빠져나가 왼쪽 뺨에 구멍을 낸 다음 두개골을 꿰뚫고 이마 바로 뒤 뇌 부분을 관통했다. 쇠막대는 그의 정수리를 뚫고 30미터를 더 날아가 떨어질 정도로 폭발의 위력은 무시무시했다.

　　팀원들이 그를 근처의 수레로 옮겼는지, 아니면 그가 스스로 걸어갔는지는 기사마다 차이가 있다. 놀랍게도 게이지의 유머 감각은 여전히 그대로여서, 자신을 진찰하러 온 의사와 농담을 주고받기도 했다. 하지만 다음날부터 그는 극심한 감염으로 사경을 헤맸으며, 그가 살아날 거라고 생각하는 사람은 아무도 없었다. 그럼에도 불구하고 그는 왼쪽 눈의 시력 감소와 안면 일부의 마비 증세 등의 최소한의 기능만 상실한 채 무사히 회복하는 모습을 보여 의학적 예측을 무색하게 만들었다. 그러나 그의 실행 두뇌는 영구적인 손상을 입었다. 게이지를 제일 처음으로 치료했던 의사 존 마틴 할로John Martyn Harlow 박사는 그의 사망으로부터 몇 년이 지난 뒤 작성한 편지에서, 어려운 일도 마다하지 않던 게이지가 사고 이후에는 "욕구를 자제하거나 충고를 듣는 것에 대해 못 견뎌"하게 되었다고 썼다. 그러면서 "그는 더 이상 과거의 게이지가 아니었다"라고 했는데, 그의 이 결론은 신경과학사에 많은 영향을 미쳤다.[1]

당신의 의지력은 부족하지 않다

게이지의 사고가 있기 전까지만 해도, 두뇌의 구성 요소는 말할 것도 없고 두뇌 자체의 기능에 대해 거의 알려진 바가 없었다. 사고 후 그가 겪은 후유증은, 인간의 독특한 특징이 이마 뒤편에 위치한 두뇌 부분의 작동으로 나타난다는 사실을 발견하는 데 도움을 주었다. 인간을 다른 포유류와 구분할 수 있게 해주는 특질 중 하나는 자기 통제력이다. 두뇌의 실행 시스템은 인간이 가진 의지력의 원천이며, 피니어스 게이지가 예전과 다르게 행동했던 이유도 이 실행 시스템의 일부를 잃었기 때문이다. 그의 사후 그를 직접 조사하는 것이 불가능해진 이후에도 연구는 계속되었다.[2] 그 결과 두뇌의 실행 시스템이 외상성 뇌 부상이나 어떤 의학적 질병으로 손상을 입는 경우, 실행 기능 장애dysexecutive syndrome라 명명된 증상이 나타나며 대개는 보다 충동적으로 변하는 것으로 밝혀졌다.[3]

살면서 한 번쯤은 의욕이 없다는 느낌을 받거나 장기적으로는 이득이지만 어려운 선택 대신에 쉽고 단기적인 선택을 내렸던 순간들이 우리 모두에게 있다. 스마트폰을 끊임없이 확인하느라 일을 제대로 하지 못했을 수도 있고, 새 시리즈를 몰아보느라 운동하러 나가지 못했을 수도 있다. 그럴 때마다 우리는 의지력이 부족한

탓이라고 자책하면서도 이 모든 일을 다시 반복한다.

　"나는 의지력이 없다"라고 말하는 사람들을 심심치 않게 볼 수 있다. 하지만 의지력은 운이 좋아서 소유하거나 아예 가지고 있지 않을 수 있는 그 무언가가 아니다. 의지력은 두뇌의 실행 기능의 일부로 우리 모두가 갖추고 있는 능력이다. 그렇다고 해서 우리의 두뇌가 모두 똑같이 기능한다는 의미는 아니다. 육안으로 확인할 수는 없지만, 실행 기능은 사람마다 다르며 그에 따라 의지력도 다르게 나타난다. 대부분의 사람은 의지력 척도의 평균 주변에 몰려 있으며 양극단에는 비율상 그보다 적게 분포한다. 유전적 특질은 우리의 타고난 성향을 결정하는 데서 중요한 역할을 한다. 하지만 환경과 우리가 두뇌를 사용하는 방식 또한 영향을 미친다.

뇌도 충전이 필요하다

　그렇다면 대체 우리는 어떤 이유로 소위 이 '의지력 결핍'을 느끼는 것인가? 간단히 말해 우리의 의지력 수준은 일정하지 않으며 끊임없이 변화한다. 실행 두뇌를 이해하는 가장 좋은 방법은 일종의 배터리와 같다고 생각하는 것이다. 배터리가 완전히 충전된 상태라면 당신은 활력이 넘친다. 나가서 목표를 달성할 준비가 완료된 셈이다. 하지만 배터리가 방전되면 그 반대가 된다. 이처럼 피곤한 상태에서는 어려운 작업을 수행하는 데 필요한 정신 에너지를 더 이상 모으고 분발할 수 없다. 대신에 자동적으로 쉬운 선택을 내릴 뿐이다. 본질적으로 실행 기능의 수준은 사람마다 다를 수 있다. 하지만 실행에 따른 피로와 그로 인한 의지력 부족은 우리 모두가 경험하는 문제다.

일반적으로 실행 시스템은 긴장이 부과될 때마다 배터리를 소모한다. 이러한 긴장은 우리 일상생활의 일부로서 상당 부분 불가피하다. 우리는 대부분 허기와 피곤 같은 신체적 상태가 뇌에 영향을 미쳐 이 배터리를 소모시킨다는 사실을 잘 알고 있다. 하지만 에너지 고갈이 반드시 신체적 피로 때문에만 나타나는 것은 아니다. 신체적 힘을 전혀 소모하지 않은 상태에서 인지적 피로만 누적돼도, 실행 두뇌는 소진될 수 있다. 이것의 대표적인 예가 바로 '집중'이다. 집중할 수 있으려면, 실행 두뇌는 정신이 산만해지지 않도록 관련 없는 일들을 무시하면서 다른 한편으로 계속해서 주의력을 유지해야 한다. 즉 두뇌는 상당한 정도의 의지력을 발동해야만 한다. 집중으로 실행 두뇌가 얼마나 소진되는지는 사람마다, 또한 일의 성격에 따라 다르다. 책상에 앉아 많은 시간을 보낸다는 것은 키보드 위로 손가락을 움직이는 것 외에 별다른 육체적 에너지를 소모하지 않는다는 의미일 수 있다. 하지만 이 책을 집필하는 것처럼 주의력을 요하는 어려운 과제는, 같은 시간 동안 아무 생각 없이 웹 서핑을 하는 것과 비교한다면 현저한 인지적 피로감을 유발할 것이다. 우리는 복잡하고 어려운 과제를 처리할 때 얼마나 많은 인지적 자원이 소모되는지를 알지 못함으로써 이러한 작업이 우리의 실행 두뇌에 부과하는 긴장을 완전히 이해하지 못하는 경향이 있다.

우리가 직면하는 감정 상태도 실행 시스템에 영향을 미친다. 두뇌의 감정 부분에서 발생하는 자동적인 감정들을 처리하고 합리화해서 그 감정들에 따라 행동할지 말지를 결정하는 것 또한 실행 두뇌의 핵심 기능 중 하나이기 때문이다. 감정 조절이라 불리는 이 과정에도 실행 시스템의 능력이 필요하다. 예를 들어 직장에서 상당한 스트레스를 관리하느라 감정적으로 과부하가 걸린 상태로 여전히 전문가답게 일 처리를 하면서 보내야 하는 하루는 같은 시간을 일하더라도 평범한 다른 날보다 에너지 소모가 더 클 것이다.

당신이 부모라면 특히 어려운 문제에 직면해 있을 것이다. 부모들은 자신의 감정뿐 아니라 이제 막 감정 다루는 법을 학습하기 시작한 자녀의 감정 또한 관리해야 한다. 내 아이들이 그랬듯, 자녀들이 별거 아닌 사소한 일들에 당황하거나 화내고 발끈하는 것을 보는 것은 흔한 일이다. 이는 그들의 미성숙한 실행 두뇌가 감정 조절을 하느라 어려움을 겪기 때문에 벌어지는 일이다. 부모의 두뇌는 평정심을 유지하려 애쓰면서 자신의 감정을 조절하는 동시에, 자녀들이 그들의 감정을 처리하는 과정을 도와야 한다. 이럴 때 부모는 2배나 많은 감정을 조절하는 중이며, 그로 인해 실행 능력을 훨씬 더 많이 사용한다. 부모 역할을 수행하는 데 따르는 체력적 요구 사항뿐 아니라 자녀를 양육하는 데 필요한 다양한 활동과 결정을 솜씨 있게 처리하는 일은, 이러한 실행 능력의 고갈을 가속화한다. 하지만 내 경험에 비추어보더라도, 부모 역할을 하느라 실행 능력이 소진된다는 사실은 심지어 부모 자신에 의해서도 과소평가된다.

이러한 상황들이 우리의 의지력을 매일 소진시키지만 그 소진된 능력을 재충전할 가장 효과적인 방법이 존재한다. 바로 수면이다. 수면은 우리의 두뇌에 강력한 회복 효과를 발휘한다. 여러 연구에서 총 5만 4670명을 대상으로 취합된 데이터를 메타 분석meta analysis한 결과에 따르면, 수면 지속 시간과 수면의 질은 자기 통제력 수준과 밀접한 연관성을 지녔다.[4] 흥미롭게도 이 효과는 노인들에게서 더 현저한 것으로 나타났다. 이는 나이가 들수록 수면 박탈 효과에 더 민감해지며, 젊은 시절 늦게까지 깨어 있던 밤들이 이제는 기억 속에서나 가능한 아득한 추억거리가 된다는 것을 의미한다. 또 다른 연구에 따르면 양질의 수면은 우리의 정신 회복력을 강화한다.[5] 일반적으로 숙면을 취하고 나면 깨어났을 때 상쾌한 기분과 함께 의지력이 회복된 것을 느낄 수 있다. 이것이 바로 우리 대부분이 하루가 시작되는 아침에 어려운 일들을 처리하기가 더 쉽다고 느끼는 이유다.

배고픔이라는 신체적 욕구를 충족하는 것도 우리의 실행 배터리를 재충전하는 데 중요하며, 흔히 잘 쓰는 표현으로 '배고파서 화가 나는hangry' 상황일 때 짜증이 치미는 것은 보기 드문 현상이 아니다. 이러한 과민 반응은 배고픔이 감정 조절 능력에 영향을 미칠 만큼 실행 두뇌를 고갈시켰다는 신호다.

규칙적으로 휴식을 취하는 것 또한 실행 시스템에 잠시 회복할 틈을 제공하여 배터리가 저하되는 것을 방지한다. 휴식이 반드시 아무것도 하지 않는 상태를 의미하지는 않는다. 우리가 휴식을 취하며 하는 행동, 그리고 이 행동이 실행 시스템에 미치는 영향은 사람마다 다르지만, 실행 시스템의 활력을 돋우는 활동들에는 일반적으로 다음과 같은 몇 가지 공통점이 있다. 첫째, 우리는 대부분

이러한 활동이 기본적으로 즐겁다고 생각한다. 즉 활동을 시작하기 위해 별도로 의지를 추가로 발휘할 필요가 없다. 또한 보통은 활동 지속 시간을 통제할 수 있는 감각을 지니고 있다. 활동이 특정 시간을 넘어서까지 지속될 경우, 소모적일 수 있기 때문이다. 둘째, 이러한 활동은 종종 어느 정도의 현실 도피처를 제공하며, 복잡한 정보 처리 과정이 상대적으로 덜 요구된다. 도전적인 요소가 있을 수는 있지만, 그렇다고 좌절감이 들 정도는 아니다. 예를 들어 독서, 그림 그리기, 요리, 친구와 밀린 이야기 나누기를 비롯하여 TV 시청, 웹 서핑, 게임, 스마트폰 스크롤이 여기에 속한다. 디지털 활동과 비디지털 활동 모두 이러한 기준들을 충족한다. 인간의 두뇌는 같은 활동도 사람마다 그 실행 시스템에 정반대 영향을 미칠 수 있다는 점에서 독특하다. 예컨대 누군가에게는 요리가 즐거움의 원천일 수 있지만, 다른 누군가에는 허드렛일에 불과할 수도 있다. 마찬가지로 누군가에는 소셜 미디어가 제공하는 현실 도피가 활력을 충전하는 데 도움이 될 수 있지만, 다른 누군가에는 동일한 디지털 정보 처리 과정이 소모적으로 느껴질 수도 있다.

이처럼 같은 활동을 다르게 경험하는 이유는 우리의 타고난 성향이 저마다 다르기 때문일 수도, 개개인의 두뇌 네트워크에 누적된 사용 피로도가 다르기 때문일 수도 있다. 독서와 고독을 좋아하는 성향을 타고난 사람에게 책은, 사회적 상호작용으로 번잡했던 하루의 끝에 활력을 충전할 탈출구를 제공할 수 있다. 반대로 글에 몰두하느라 홀로 외로운 하루를 보낸 사람이라면 친구와 밀린 이야기를 나누고 싶을 것이다. 어쩌면 당신은 실행 두뇌의 재충전이

혹사당한 근육을 쉬게 하는 것과 비슷하다고 생각할지도 모른다. 하지만 근육과 달리, 두뇌가 정말로 '멈추는' 법은 없다. 두뇌는 늘 활동 중이다. 따라서 핵심은 완전한 휴식이 아니라 저마다의 고유한 활력 충전 활동에 전략적으로 참여하는 것이다.

피로한 뇌에서는 무슨 일이 생기나

———

우리가 다양한 스트레스 유발 요인을 마주하고 그 스트레스를 처리하며 하루를 보내는 사이에, 우리의 실행 배터리는 소모된다. 소모 속도는 일의 복잡성과 감정 조절 대상에 따라 달라진다. 2가지 모두 상당한 정도로 실행 시스템의 개입이 필요하기 때문이다. 또한 실행 시스템이 해결해야 할 과제가 복합적일수록 배터리의 소모 속도는 빨라질 수 있음에도 충전이 충분치 못할 수도 있다. 예를 들어 수면 부족으로 인해 의지력이 낮아진 상태에서 하루를 시작하는 경우, 실행 두뇌 배터리를 계속 이용하는 것은 방전에 이를 정도로 위험할 수 있다.

우리의 실행 배터리는 스마트폰 배터리와 같아서 방전된 스마트폰이 꺼지듯 실행 기능이 어느 순간 작동을 멈출 수도 있다. 하지만 실행 기능이 완전히 멈추게 되면, 생존에 실질적 위협이 발생할 수 있으므로 우리의 두뇌는 중단이 아닌 다른 선택을 하게 된다. 피로가 누적되고 있다는 사실을 알아차리는 순간 두뇌는 에너지를 보존하기 위해 전술을 전환하며, 내가 이 책에서 '저전력 모드low *power mode*'라 부르는 상태로 돌입한다. 우리 모두는 전자 장치들이 배터리를 절약하기 위해 저전력 모드에서 어떤 식으로 운영 용량을 줄이는지, 또 그럼으로써 어떻게 장치의 기능을 제한하는지를 잘 알고 있다. 두뇌가 나름의 방식으로 저전력 모드에 돌입하면 비슷한 성능 저하가 발생한다. 즉 실행 시스템이 뒤로 물러나고 그에 따른 실행 기능이 약화된다. 그리고 이는 우리의 주의력, 작업 기억, 집중력뿐만 아니라 감정 조절 모두가 어려워진다는 것을 의미한다. 또한 완전히 충전된 실행 시스템이라면 통상적으로 관리 가능했을 상황들도 갑자기 처리하기가 어려워진다.

저전력 모드로 들어간 실행 두뇌는 더 많은 결정들을 자동 조종 두뇌로 위임한다. 보다 원시적인 두뇌 영역인 자동 조종 시스템은 실행 시스템과 피로를 느끼는 방식이 다르다. 하지만 이러한 에너지 효율성에는 대가가 따른다. 자동 조종 시스템의 평상시 업무는 습관을 실행하는 것이다. 달리 말해 우리가 과거에 행한 적이 있는 행동들을 되풀이하는 것이다. 따라서 자동 조종 시스템은 저전력 모드에서도 같은 일을 계속 수행한다. 하지만 어떠한 습관 시퀀스도 저장된 적이 없거나 반대로 너무 많은 선택지에 직면하는 경우, 자동 조종 시스템은 가장 쉬운 선택지를 선택하게 된다. 저전력 모드는 우리의 두뇌를 장기적 사고에서 단기적 사고로 전환시킨다. 이제 우리는 미래의 보상을 얻기 위해 많은 노력을 기울이는 대신에, 에너지를 보존하고 단기적인 보상을 획득하는 것을 선호하게 된다.[6]

여기서 우리의 의지력은 완전히 고갈되어 사라지지 않는다. 저전력 모드에서도 의지력의 일부는 접근하기 훨씬 더 어려워졌을 뿐 여전히 남아 있다. 비축된 의지력은 우리를 보호하는 역할을 하며, 위험 수준에 도달했다고 판단되는 순간 소환된다. 저전력 모드일 때, 어쩌면 당신은 소파에서 몸을 일으킬 정도의 의지조차 발휘하기 힘들다고 느낄지도 모른다. 하지만 그런 경우라도 위급한 상황에서는 비축된 의지가 효력을 발휘하기 시작한다. 과거라면 야생 동물을 피해 도망치는 일이 위급 상황에 포함되었겠지만, 오늘날에는 누군가를 병원으로 데려가야 하는 일이 포함될 가능성이 더 클 것이다. 직장에서 기진맥진하는 하루를 보내고 난 뒤라면, 건강이라는 미래의 보상을 얻겠다고 운동을 하려 들지는 않을 수 있다. 두뇌가 그러한 보상을 개념적으로 이해하기에는 추상적이고 어려울 수 있기 때문이다. 그러나 큰 금액이 상금으로 걸려 있는 경우라면, 비축된 의지를 발현할지도 모른다. 본질적으로 저전력 모드에서 우리의 실행 두뇌는 의지력을 발현시킬 대상의 임계점을 높이는 경향이 있다.

저전력 모드의 주목할 만한 특징이자, 어쩌면 당신도 알아차렸을지 모르는 특징 중 하나는 우리의 감정 조절 능력 또한 감소한다는 것이다. 이러한 능력의 감소는 여러 가지 방식으로 나타날 수 있다. 예컨대 사소하거나 별일 아닌 상황에 대한 감정 회복력이 크게 쇠퇴할 수 있다. 그러다 보니 중요하지 않은 상황이나 사소한 자극이 스트레스나 좌절의 원인이 되기도 한다. 열차의 지연, 사소한 논쟁, 혹은 단순한 실수처럼 일상적인 상황도 여느 때보다 훨씬 더 격렬한 반응을 불러일으킬 수 있다. 이미 끊임없는 부정적인 내적 대화internal dialogue를 하느라 고전 중인 사람이라면, 저전력 상태로 인해 이러한 감정들이 악화될 수도 있다. 또한 보통 때라면 비합리적인 생각('고려할 가치도 없는' 생각)이 들지 못하도록 논리적 방호벽 역할을 해왔던 사고들도 제대로 효과를 발휘하지 못한다. 당신 자신을 한번 면밀히 관찰해보자. 그러면 직장에서 특히 힘든 하루를 보낸 후라거나 아니면 지속적인 압박감과 스트레스를 받는 중일수록 내부에서 자아비판의 목소리가 점점 더 크고 광범위하게 들린다는 것을 알게 될 것이다. 이는 신경과학자를 포함해서 모든 사람에게 나타나는 현상이다!

처음에 과학자들은 쿠키 한 접시를 앞에 두고 참는다거나 상당히 어려운 퍼즐을 푸는 것처럼 노력이 필요한 활동이 단시간에 이루어질 때 의지력이 줄어든다고 생각했다. 하지만 이는 곧 사실이 아닌 것으로 밝혀졌다. 차량 연료계는 1마일을 주행할 때마다 줄어드는 연료량을 표시한다. 하지만 실행 피로도는 분 단위가 아닌 시간 단위로 누적된다. 이러한 발견은 환자들의 실행 기능을 테스트했던 나의 개인적 경험과도 일치한다. 테스트에 참여한 환자들은 선구적인 불치병 연구에 도움을 주고 싶어 했다는 점에서, 동기부여의 수준이 매우 높았다. 하지만 테스트가 두 시간에서 서너 시간으로 경과함에 따라 그들이 발휘할 수 있는 에너지를 비롯해 테스트 수행력은 점진적으로 떨어졌다.

대부분의 사람에게 저전력 모드는 과다 사용과 충전 부족 상태가 보다 만성적으로 지속될 때 나타난다. 이는 사람들에게 다양한 난이도의 과제를 수행하도록 할당한 뒤, 그들의 두뇌를 비교한 일련의 연구를 통해 입증되었다. 연구자들은 참여자들에게 무작위적으로 선정된 개개의 문자들을 화면상으로 보여준 다음, 특정 문자를 제시하면서 그 문자가 바로 직전에 본 문자와 같은지 아니면 다른지를 상기해보라고 요청했다. 이때 참여자들의 절반에게는 난이도를 높인 질문에 답하도록 했다. 즉 그들에게는 제시된 문자가 직전에 본 문자의 3개 앞에 있던 문자와 같은지 아닌지를 기억하도록 요청했다. 이 소모적인 과제는 점심 식사를 위한 10분간의 중간 휴식을 포함하여 총 6시간 동안 진행되었는데, 이는 이 책을 읽고 있는 많은 사람의 하루 근무 시간대와 유사하도록 설계된 것이었다. 그런 다음 참여자들에게 fMRI(기능적 자기공명영상) 진단 검사를 실시했다. fMRI 진단 기법을 활용하면 뇌의 여러 부분에 나타나는 혈류 변화를 측정할 수 있기 때문에 연구자들은 두뇌의 어떤 부분이 활성화되는지를 확인할 수 있다. 보다 난이도가 높은 복잡한 작업을 실행한 사람들의 경우, 실행 두뇌 부분의 활성화가 현저히 감소한 것으로 나타났다.[7] 즉 실행 두뇌가 저전력 모드 상태가 되면서 기능이 저하되었다. 추가 연구들에서도 저전력 모드가 사람들의 의사 결정에 영향을 미치는 것으로 나타났다. 최소한의 노력으로 즉각적인 보상을 얻는 선택지와 보상은 더 크지만 보다 많은 노력을 기울여야 하고 훨씬 나중에 보상을 얻을 수 있는 선택지가 주어지는 경우, 이미 지친 상태의 참여자들은 즉각적이고 쉬운 보상을 선택하는 경향이 더 컸다.[8]

피곤이 나쁜 습관을 불러온다

길었던 한 주가 끝나가고 있다고 상상해보자. 당신은 턱 밑까지 다가온 마감 시한을 맞추기 위해 직장에서 평소보다 더 많은 시간을 보냈다. 평소대로라면 출퇴근길에 오디오북에 몰입하며 어느 정도 재충전할 기회를 얻을 수 있었을 테지만, 이날은 예상치 못한 교통 정체를 만나는 바람에 우회로를 찾느라 실행 두뇌에 추가적인 정신적 부담이 가해졌다. 예상보다 늦게 집에 도착하지만, 그 뒤로도 긴장된 상태로 저녁을 보낸다. 업무상의 압박감 외에도 개인적 스트레스 요인들로 마음은 여전히 무겁기만 하다. 잠자리에 들 시간이 되어서야, 당신은 자신이 잠시도 쉬지 못했다는 사실을 깨닫는다. 정말로 녹초가 되었기에 눈을 감고 어서 잠을 청해야 하지만, 아무래도 긴장을 풀어야겠다고 결심한 당신은 스마트폰을 집어 든다. 스크롤링만으로도 그날의 모든 사건에서 벗어나 잠시지만 자유롭게 한숨 돌리는 느낌이다. 당신은 평소보다 훨씬 늦게 잠이 든다. 그 결과 잠이 부족해진다.

다음 날 책상에 앉았을 때, 당신은 이미 피곤에 절여진 상태다. 일을 시작할 수 있는 에너지를 끌어모으는 것조차 불가능할 만큼 완전히 저전력 모드에 들어간 당신은 일어나 커피 한 잔을 만든다. 그러고 나서 다시 책상에 앉는다. 그리고는 스마트폰을 든다. 새로 온 메시지는 없다. 급하게 처리할 사항이 있는지 확인하기 위해 받은편지함을 빠르게 살펴본다. 그런 다음 몇 분 동안 웹 서핑을 하고, 소셜 미디어를 빠르게 확인한 후, 뉴스를 대충 훑어본다. 당신은 스크롤의 덫에 갇혀 헤어나지 못한다. 정신을 차리고 보면, 일을 시작하기도 전에 어느새 상당한 시간이 지나버린 뒤다.

저전력 모드일 때 스마트폰을 찾는 것은 드문 일이 아니다. 스마트폰의 전원을 끄는 것은 즉각적인 보상을 제공하는 쉬운 일이며, 많은 사람이 스마트폰과의 심리적 분리를 위해 사용하는 방법이기도 하다. 우리는 자동 조종 시스템을 이용하여 많은 정보를 탐색할 수 있으며, 소위 '무심코 하는 스크롤링'은 실제로 우리의 실행 두뇌를 얼마간 쉬게 해주려는 노력의 일환으로 나타난다. 하지만 유감스럽게도 이러한 행동들이 미래의 습관 구조를 형성하며, 디지털 습관은 이러한 과정을 통해 우리 삶의 다른 부분들을 서서히 잠식해 들어온다. 스마트폰을 찾아 손을 뻗은 행동이 반복된다는 것은 우리의 두뇌가 그러한 행동을 샤워와 양치질처럼 일상적인 루틴의 일부로 인식하기 시작한다는 것을 의미한다. 두뇌는 이러한 행동들을 능률적으로 수행하고 싶어 한다. 그래서 스마트폰 확인 시퀀스를 자동 조종 시스템에 저장하기 시작한다. 그러다 보면 책상에 앉을 때마다 아무 생각 없이 자동적으로 스마트폰 시퀀스를 실행시키기까지 오랜 시간이 걸리지 않는다. 이제 당신에게는 직접 개발한 디지털 워밍업 루틴이 갖춰진다.

습관의 성격에 따라 우리의 실행 기능은 보존될 수도 있고 고갈될 수도 있다. 사회는 동기부여를 중시하며, 일반적으로 성공한 사람일수록 더 많은 의지력을 지니고 있다고 가정한다. 피상적으로 보면 그들은 오락용 앱 확인처럼 단시간에 기분 전환이라는 보상을 얻을 수 있는 방법을 피하고 자제할 만큼의 의지력이 있다고 생각하기 쉽다. 하지만 이는 사실과 다르다. 실제 연구 결과들에 따르면 그들이 이 재미있는 자원을 상대적으로 덜 사용하는 이유는 그들이 가진 습관 덕분이다. 자동 조종 시스템에 조력적 습관이 저장되어 있다면 실행 시스템의 피로도가 낮아질 뿐 아니라 의지력 고갈을 방지할 수 있다. 심지어 완전히 충전된 상태일 때조차도 실행 시스템은 작업의 일정 비율을 여전히 자동 조종 시스템에 위임하며, 이 비율은 저전력 모드일 때 급격히 증가한다. 따라서 우리의 의지력 공급 기관을 보호할 수 있는 조력적 습관의 개발이야말로 저전력 모드로의 전환을 예방할 수 있는 핵심 전략이다.

반면에 우리의 목표와 상충하는 모순적 습관은 실행 두뇌를 지속적으로 소진한다. 예를 들어 책상에서 소셜 미디어를 확인하는 습관이 뿌리 깊게 박혀 있는 경우라면, 웬만한 의지력이 아니고는 그 습관을 중단하기는 어려울 것이며, 나아가 문제성 습관들이 만들어질 가능성도 증가할 것이다. 비록 이 부정적인 습관들이 저전력 모드에서 형성된다 할지라도 일단 자동 조종 시스템에 저장되는 한, 정신적으로 더 이상 피로하지 않을 때조차 계속해서 의지력을 소진시킨다. 실행 시스템에 이러한 식으로 추가적인 압력이 가해진다는 말은 우리가 또다시 저전력 모드로 전환될 가능성이 높으며, 그 결과 훨씬 더 모순적인 습관을 발전시켜 자기 영속적 악순환에 갇혀버리게 될 수도 있다는 것을 의미한다.•

습관은 당신을 배신하지 않는다

———

의지력과 동기부여에 관한 한, 기본을 올바로 이해하는 것이 가장 중요하다. 숙면, 영양 섭취, 휴식을 통한 충분한 회복은 실행 두뇌가 최적으로 기능하고 의지력 수준을 극대화하는 데 반드시 필요한 요소다. 하지만 우리의 의지력은 제한된 자원이다. 최선을 다한다 해도, 우리 모두는 의지력이 소진되어 더 이상 힘을 발휘할 수 없을 정도로 낮은 수준에 도달하게 된다. 단순히 열망의 수위를 높이는 전략만으로는 문제를 해결할 수 없다. 더 중요한 것은, 의지력이라는 우리의 소중한 자원을 현명하게 효율적으로 사용하는 법을 배우는 것이다.

사람들이 흔하게 범하는 가장 큰 실수 중 하나는 의지력에 한계가 있다는 사실을 간과하고 의지력 하나에 전부를 거는 경향이 있다는 것이다. 이런 상황은 우리를 압도할 수 있고, 결국 포기하게

• 이러한 순환이 모든 사람에게 똑같이 영향을 미치는 것은 아니다. 주의력결핍 과잉행동장애Attention Deficit Hyperactivity Disorder, ADHD 같은 신경 발달상의 질환이나 살아가는 동안 후천적으로 발현하는 기타 신경학상의 질병으로 인해 실행 배터리의 용량이 줄어드는 사람들도 있다. 실행 두뇌는 두뇌의 다른 부분에서 나타나는 결함을 상쇄시킬 수 있다. 하지만 그럴 경우, 실행 두뇌의 비축 에너지가 소진되어 전반적인 실행 기능에 악영향이 초래된다. 이러한 개인들의 경우 저전력 모드로 보다 쉽게 전환되며, 때로는 항상적으로 저전력 모드 상태에서 행동하기도 한다.

만들어 어느새 같은 순환을 되풀이하게 만든다. 우리 사회는 의지력과 동기부여에 강박적으로 집착하며 거창한 목표에 찬사를 보낸다. 또한 우리는 자아를 완전히 재창조하거나 전면적으로 바꿔야 한다고 요구하는 일들에 끌린다. 하지만 불가피하게도 우리의 의지력은 자신을 배신하며, 이는 결국 개인적 실패로 이어진다.

당신이 스마트폰을 집어 드는 이유는 당신에게 의지력이 결핍되었거나 동기부여가 부족하기 때문만은 아니다. 즉 당신은 의지가 부족한 게 아니라, 지금 통제하기 어려운 일련의 디지털 습관들이 많아서 곤란한 상황에 처한 것이다. 습관은 유용한 두뇌의 힘을 낭비하지 않기 위해 개발된다. 하지만 이러한 습관의 속성은 우리가 한가하거나 피곤할 때, 혹은 심리적 긴장 상태에 놓이게 될 때면 행동 선택지가 자동 발현된다는 것을 의미하기도 한다. 따라서 실행 두뇌를 사용하여 습관에 맞서 싸우기보다, 기본 설정을 변화시켜 목표 달성에 도움이 되도록 할 필요가 있다. 앞 장에서 살펴보았듯이, 습관은 우리의 선택지들을 사전에 선정하는 데서 중추적인 역할을 한다. 그러므로 본질적으로 목표에 부합하는 습관을 확립한다면 힘들이지 않고도 자신을 통제할 수 있게 된다.

어쩌면 당신은 이 장을 읽으면서 저전력 모드가 어떤 상태를 가리키는 것인지 바로 이해했을지도 모른다. 하지만 저전력 모드의 징후를 늘 쉽게 알아차릴 수 있는 것은 아니다. 복잡한 문자 회상 실험에 참여했던 참가자들은 저전력 모드 상태를 인지하지 못했다. 6시간 동안 복잡한 인지 과제를 수행한 후에 실행 두뇌의 활동이 현격히 줄어들었음에도 불구하고, 그들 스스로는 자신의 피로도가 증가했다고 느끼지 못했다.[9] 이는 놀랄 만한 일도 아닌 게 실행 두뇌가 뒤로 물러나면, 우리는 우리의 내부 상태를 비판적으로 분석할 수 있는 능력 또한 상실한다. 즉 통찰력을 잃는다. 당신이 그럴 필요를 느끼든 느끼지 않든 적절한 휴식과 회복을 위한 중단은 의지력 극대화와 문제성 습관의 발달을 방지하기 위한 필수 요건이다.

하지만 습관은 광범위한 관점의 영향을 받기 때문에 개인의 습관만을 분리해서 이해할 수는 없다. 습관은 논의가 필요한 보다 광범위한 관점의 영향을 받는다. 인간은 특유의 발전된 실행 두뇌를 가지고 있다는 점에서, 그저 번식과 생존을 둘러싼 결정을 내리는 데 그치는 다른 동물과 다르다. 하지만 인간의 두뇌가 느리게 진화하는 데 비해 현대의 삶에 필요한 조건들은 우리의 능력을 크게 앞지른다. 비현실적인 기대 수준을 충족하기 위해 장시간 노동, 최소한의 휴식, 불충분한 수면이 표준이 되어버렸다. 우리는 두뇌를 만성적으로 과다 사용하는 한편으로 불충분하게 충전한다. 결과적으로 대부분의 시간 동안 저전력 모드로 활동함으로써 비효율적으로 최적이 아닌 성과를 내게 된다. 인지적으로 소진된 상태에서 우리는 충동적인 결정들을 내리며 모순적인 습관들을 발전시킨다. 하지만 자동 조종 시스템에 부호화된 이 모순적 습관을 극복하기 위해서는 이후에 또다시 상당한 정도의 의지력을 발휘해야만 한다. 이러한 문제를 해결하기 위해서는 개인적 노력을 넘어 사회적 규범과 비현실적 기대에 도전해야만 한다. 바로 이것이 이 책을 쓰게 된 주요 동기 중 하나다. 하지만 깊이 뿌리박힌 사회적 규범과 기대를 변화시키기 위해서는 오랜 시간과 종합적 노력이 필요하다. 그래서 곧 제시될 연습 파트에서는 지금 당장 당신의 습관을 유의미하게 변화시켜 두뇌 건강의 개선을 촉진할 수 있도록 실행 가능한 전략들을 제공할 것이다.

$\boxed{\text{스마트폰 끄기 연습 1회차}}$

기본 도구 모음

우리는 자동 조종 두뇌에 저장된 다양한 디지털 습관에 따라 무의식적으로 스마트폰을 확인하는 경우가 많다. 하지만 그러한 디지털 습관의 상당수는 문제를 일으킬 수 있다. 습관 변화 과정을 시작하기 위해서는 자동 조종 모드를 중단하는 대신에 실행 두뇌를 사용해야 한다. 하지만 우리의 삶이 항상 지나치게 많은 일을 처리하도록 요구받고 있다는 사실을 고려할 때, 우리 대부분은 정신 에너지의 한계에 도달해 있을 뿐 아니라 변화를 위해 필요한 힘조차 줄어든 상태다.

저전력 모드라고 해서 여러분에게 아무런 힘도 남지 않았다는 의미는 아니다. 이 기본 연습 파트에서 제시하는 모든 방법은 실행 기능을 제약할 만한 조건들을 고려하여 만들어졌다. 따라서 습관 변화 과정을 시작하는 데 도움이 될 뿐만 아니라 저전력 모드에서도 활용할 수 있도록 설계되었다.

여기에 여러분의 동기부여를 최대한 끌어올리기 위한 방법들을 배치해두었으니 책을 다 읽지 않더라도 바로 실생활에 적용해보기 바란다. 우리가 살펴볼 전략 중 일부는 구체적인 상황에 맞춰 단독으로 실행할 수 있지만 다른 전략들은 구성 요소를 의미하는 빌딩 블록building block이라는 용어에서 알 수 있듯이, 습관을 구성하는 요인들과 관련이 있으며 다음 장들에서 그 구체적인 내용을 보다 상세히 설명할 것이다.

과제
스마트폰 사용 습관 살펴보기

자신의 디지털 습관을 찬찬히 살펴보자. 그리고 어떤 습관을 변화시키고 싶은지 생각해보자.

- ➤ 스마트폰 습관을 얼마나 많이, 그리고 왜 변화시키고 싶은가?
- ➤ 스마트폰 생각이 그다지 나지 않을 때는 언제인가?
- ➤ 스마트폰 기기를 스크롤하지 않는다면, 무엇을 하고 싶은가?

물론 스마트폰을 사용하는 이상적인 방법이 하나만 있는 것은 아니다. 그러니 비판적인 태도로 질문을 제기하거나 답하지는 말자. 이메일 확인으로 아침을 시작하는 습관이 누군가에게는 출근길에 무언가를 숙고할 수 있게 해주는 행위일 수 있지만, 다른 누군가에게는 스트레스의 원인일 수도 있다.
그다음으로는 자신이 지닌 습관들을 조력적·모순적·중립적 습관으로 분류해보자.

▸ 구체적으로 정리하자. 어설프게 스크린 타임에 집중하지 말고, 공부하거나 영화를 볼 때라거나 자녀들과 공원에 있을 때처럼 스마트폰 사용을 줄이고 싶은 경우들을 상세하게 기록하자.

▸ 작게 시작하자. 너무 많은 일을 시도하려 할수록 성공 가능성은 크게 줄어드는 법이다. 때로는 작은 변화들을 한시라도 빨리, 계속해서 실현하는 것이 전체를 한 번에 대대적으로 손보려 하는 시도보다 중요하다.

▸ 새로 생긴 시간을 어떻게 쓸지 미리 결정하자. 스마트폰을 사용하지 않아서 생기는 새로운 틈새 시간을 어떻게 채울지 미리 결정해두는 것이 중요하다. 그러지 않으면 원래의 스마트폰 습관으로 다시 돌아갈 수 있다.

≔ 빌딩 블록 1

5분 규칙

—

스마트폰 기기를 확인하고 싶은 충동이 든다면, 억누르는 대신에 확인 시간을 미루자. 잠시 멈춰서 5분만 기다려보자. 스마트폰을 '빨리 확인'하고 싶다는 욕구는 현재 상황을 회피하고 싶다는 충동을 가장하고 있는 경우가 많다. 대부분 일시적인 충동이나 순간적인 반응도 우리의 자동 조종 두뇌는 습관적인 패턴으로 받아들이게 되어 있다. 마음을 속여 뭔가를 하려는 것이 아니다. 그러니

5분이 지났다면 언제든 스마트폰 기기를 집어 들어도 좋다.

스마트폰을 집어 들건 집어 들지 않건 간에, 5분 규칙을 준수했다면 그 자체로 여러분은 이미 승자다. 대부분은 이 잠깐의 멈춤만으로도 가상 세계에 불필요하게 빠져드는 것을 막을 수 있다. 비록 여러분이 5분이 지나 결국에는 스마트폰을 집어 들어 확인하게 되었다 하더라도, 상당히 불편한 심정으로 그 5분을 기다리는 사이에 여러분은 자신에게 스마트폰을 어떻게 다루어야 할지 생각해볼 기회를 준 셈이다. 이 5분 미루기를 통해 실행 두뇌의 개입이 일어난다.

앞으로 여러분이 스마트폰에 손을 뻗는다면, 그 행동은 자동적인 반응이 아니라 주의 깊은 판단에 따른 움직임이라는 것을 의미한다. 스마트폰 사용을 완전히 금지하는 것 같은 엄격한 규칙이 더 효과적으로 보일지도 모르지만, 지나친 엄격성은 비현실적이며 오래 지속하기 어렵다. 따라서 여러분이 저전력 모드일 때, 특히 아직 제대로 된 습관이 확립되지 않은 때라면, 엄격한 규칙을 지키지 못하기가 십상이다.

> 스마트폰 확인을 항상 미룰 필요는 없다. 중요한 업무를 처리하거나 사랑하는 이들과 시간을 보낼 때처럼, 5분 규칙을 적용함으로써 득이 되는 구체적인 상황들을 구분해보자.

> 스마트폰을 확인해야 할 타당한 이유가 있다면, 해야 할 일 계획 목록에 포함시키거나 나중에 찾아보자.

> 하나의 구체적인 행동 계획에서 시작하자. 그리고 성공한다면 다른 영역들로 계획을 확대하자.

5분 규칙 ─ 고급편

충동 서핑

시간이 경과할수록 무언가를 하고 싶은 충동이 커진다는 생각은 흔히 볼 수 있는 잘못된 관념이다. 습관성 충동은 마치 파도와 같아서 밀려왔다가 정점을 찍은 다음 잦아드는 경향이 있다. '충동 서핑surfing the urge'은 본래 사람들이 흡연 욕구smoking craving를 다스리는 데 도움을 주기 위해 고안된 방법이지만, 다른 많은 상황에도 적용될 수 있다. 충동에 따라 행동하는 대신에, 감각이라는 파도의 흐름을 서핑하면서 여러분의 몸과 마음에 어떤 느낌이 드는지를 주시하자. 그러다 보면 모래사장에 부딪치는 파도처럼 마침내 그러한 충동도 잦아든다.

> 여러분이 스마트폰에 본능적으로 손을 뻗게 되는 이유를 알고 싶다면, 5분 규칙이라는 미루기 전략을 이용해보자. 이 일시 정지된 시간 동안 마음속에 떠오르는 다양한 감정들을 평가하고 종이에 적어 내려가보자.

> 곧 감정의 패턴들이 보이기 시작할 것이다. 안절부절못하거나 불편하거나 슬픈 느낌이 드는가? 아니면 어려운 일을 망설이며 뒤로 미루려 하는가?

> 이 감정들을 구별한다는 것은, 이들 감정을 잠재의식적 두뇌에서 의식적 두뇌로 이동시켜 이성적으로 평가할 수 있게 된

다는 의미다. 메타 인지 능력에 따라 우리는 생각하고 느끼는 것에 그치지 않고, 우리 자신의 생각과 느낌을 분석할 수 있다. 여러분이 스마트폰을 사용하고 싶다는 충동이 일어나는 이유를 인식하는 것이야말로 변화를 향한 첫걸음이자, 이 책이 제시하는 전략들을 보다 효과적으로 적용하기 위해 갖추어야 할 준비물이다.

≡≡ 빌딩 블록 2

플랜 B

———

플랜 B를 마련해서 저전력 모드가 플랜 제로Plan 0로 자동 회귀하지 않도록 하자. 우리는 야심 찬 목표들로 가득한 플랜 A를 세우지만 어느 시점엔가는 부득이하게 동기부여가 약해지는 순간에 도달하며, 그럴 때마다 자신을 자책하다 결국에는 목표 달성에 실패하고는 한다. 우리의 동기부여 상태가 늘 높게 유지되는 것은 아니다. 따라서 저전력 모드로 돌입한다면 내가 플랜 B라고 부르는 계획을 따라가보자.

좋은 플랜 B란 ① 여러분의 가장 중요한 목표들과 조화를 이루며, ② 여러분에게 성취감을 주지만, ③ 그럼에도 여러분의 실행 두뇌가 행하기에는 플랜 A보다 쉬운 활동이어야 한다.

우리는 플랜 B를 실패와 같다고 간주하는 경향이 있어 잘 활용하지 않는다. 하지만 플랜 B를 세운다는 것은 두뇌가 피곤을 느끼는 수준을 인식하고 있음을 나타낸다. 플랜 B가 없다면 전부 아니면 전무의 심리 상태가 형성되어, 콘텐츠를 몰아 본다거나 이렇다 할 목적 없이 스마트폰을 스크롤하는 것과 같은 플랜 제로로 자동 회귀하기 십상이다.

플랜 A	플랜 B	플랜 0
복잡한 프로젝트 착수하기	관리하기	인터넷에 한눈팔기
새로운 주제 배우기	친숙한 주제 다시보기	트위터 새로고침하기
학습하기	메모 정리하기	인스타그램 스크롤하기
고강도 운동	산책하기	유튜브 시청하기
논문 작성하기	수동적인 독서	뉴스 확인하기

스마트폰과 달리 우리의 두뇌가 저전력 모드로 전환되었다고 해서 경고음이 울리지는 않는다. 플랜 B로도 저전력 모드가 중단되지 못한다면, 실행 두뇌가 방전되는 상태에 이를 수도 있다. 이런 경우에는 재충전을 위해 휴식을 취하는 것이 가장 생산적인 결정일 것이다. 잠깐 몇 시간이라도 집중해서 생산적인 시간을 보내는 것이 하루 종일 계속해서 산만한 상태로 보내는 것보다 나은 결과를 가져오는 경우가 많다.

장애물 삽입

———

장애물의 힘을 이용하여 자동 조종 모드의 작동을 방해하자. 그러면 스마트폰을 습관이 아닌 계획에 따라 확인할 수 있다. 자동 조종 두뇌가 장애물을 만나면 실행 두뇌가 활성화된다. 즉 잠시 멈추고 생각할 수밖에 없는 상황이 만들어진다.

단말기와 거리두기

> 일어서거나 자세를 바꾸는 등 의식적인 노력을 해야만 잡을 수 있도록, 스마트폰을 손이 쉽게 닿지 않는 곳에 두자.

> 스마트폰의 전원을 꺼두자. 자동 조종 모드의 지시에 따라 아무 생각 없이 스마트폰에 손을 뻗더라도 기대했던 것과 다른 스마트폰의 상태에 당황할 것이다. 스마트폰을 사용할 때마다 기기의 전원을 켜고 끄는 것만으로도 스마트폰 사용을 확실히 지연시킬 수 있으며, 그러는 동안 미래 지향적인 실행 두뇌를 활성화할 수 있다.

> 스마트폰을 쉽게 접근 가능한 주머니보다는 가방 아래쪽에 집어넣자. 효과적인 이중 장애물을 설치하고 싶다면 여기에 스마트폰의 전원 끄기를 더해보자. 외출 시에 스마트폰을 이런 식으로 보관한다면 스마트폰을 가지고 있다는 안정감(우리 중 많은 이들이 이 안정감을 필요로 한다)을 느낄 수 있을 뿐만 아니라 당장 쉽게 사용하기 어려운 덕분에 스마트폰의 방해 없이 자유롭게 주변 환경에 몰입할 수 있다.

번거롭게 하기

> 사용이 끝난 앱에서는 로그아웃하자. 비밀번호 설정 시, 터치하면 되는 지문 인식 ID나 얼굴 인식 등 암호를 빠르게 입력할 수 있는 방법을 사용하지 말자. 암호를 기억하기 위해서라도 실행 두뇌의 활성화가 필요하므로, 자동 조종 시스템에 따라 행동할 가능성이 줄어든다.

> 2단계 보안 인증은 보안에 도움이 될 뿐 아니라 로그인 과정에도 시간이 걸리게 함으로써, 여러분의 두뇌에 다른 선택을 할 수 있는 기회를 제공한다.

> 문제성 습관과 관련이 있는 앱들을 바탕 화면에서 폴더 안으로 옮기자. 앱들이 있던 이전 위치로 습관적으로 손이 움직인다면, 자동 조종 행동이 일어나려는 순간을 탐지한 것이다. 그러니 스마트폰 사용을 잠시 중단하고 5분 규칙(빌딩 블록 1)을 적용할 좋은 기회로 삼아보자.

> 앱을 사용하고 싶을 때마다 삭제한 후에 재설치해보자. 이미 형성된 문제성 습관들로 인해 장애물 설치가 필요하다고 느끼는 사람들이라면, 이 방법으로 보다 강력한 장애물을 얻게 될 것이다.

이러한 장애물을 마련했음에도 불구하고 여러분이 스마트폰을 확인했다고 해서, 이 장애물의 효과를 의심할 필요는 없다. 대신에 바로 할 한 번의 스마트폰 확인이 아니라 앞으로 하게 될 1000번의 스마트폰 확인으로 초점을 옮겨 생각해보자. 보통 사람이 하루에 100번 가까이 스마트폰을 확인한다는 사실을 감안할 때, 1000번이라는 숫자를 달성하는 데는 단 10일이면 충분할 것이다. 여러분이 설치한 장애물들은 별거 아닐 수 있지만, 우리의 행동을 어쩌면 평균 500번까지로 줄이는 힘을 발휘할지도 모를 일이다. 필요할 때 여전히 기기를 사용할 수 있게 하면서도, 그저 작은 불편함을 부과하는 것만으로도 그처럼 불필요한 스마트폰 확인들을 크게 줄일 수 있다는 사실에 필시 여러분은 깜짝 놀라게 될 것이다. 그렇다면 이 방법의 가장 좋은 점은 무엇인가? 바로 전부 아니면 전무라는 접근법에 의지하지 않아도 균형 잡힌 행동을 할 수 있게 된다는 것이다.

또한 장애물을 설치할 때 유의할 점은 자동 조종 두뇌는 효율적이라는 것이다. 따라서 사전 프로그래밍된 새로운 시퀀스를 형성하여 여러분이 설치한 새로운 장애물조차 그 속으로 통합해버릴 수 있으며, 그러다 보면 결국 자동 조종 모드로 또다시 되돌아갈 수도 있다. 예를 들어 하루에 여러 번 비밀번호를 입력하다 보면, 그 행동 자체가 어느새 새로운 습관으로 굳어질 수 있다. 이 장애물들이 처음 제공됐을 당시의 불편함을 효과적으로 유지하고 싶다면, 이 책에서 제시하는 다른 수단들과 결합하여 활용하기 바란다.

사전 약속

의지력이 높을 때를 이용하여 의지력이 낮을 때를 대비하자. 사전 약속pre-commitment이란 의지력 비축분이 급강할 때를 위한 계획을 마련하기 위해 에너지가 높은 시기를 활용하여 사전에 전략을 세우는 것을 의미한다. 이 미래 지향적 사고 접근법을 사용하면 의지력이 약해지더라도 통제력을 발휘할 수 있게 된다.

첫째, 사전에 선택지들을 제한하자

➤ 이른 아침 스크롤하는 버릇을 억제하기 위한 사전 약속으로, 스마트폰을 침대 머리맡에서 멀리 치워두자.

➤ 도서관에서 공부할 때는 꼭 필요한 연락처만 들어 있고, 전화 기능만 있는 폰basic one을 휴대하자. 주로 사용하는 스마트폰은 집에 두고 가자.

둘째, 목표를 정하자

➤ "X가 발생하면 Y를 한다"라는 단순한 원칙을 연습하자. 이 원칙은 목표 달성을 강화하는 것으로 입증된 심리학적 전략의 하나다. 정신 에너지가 높을 때 미리 전략을 생각해두면, 저전력 모드에 돌입하더라도 실행 두뇌의 부담을 크게 덜 수 있다. 이를 통해 어려움이 닥쳤을 때 건설적으로 대응할 수 있는 지혜를 얻을 수 있다.

> 여러분은 이 책에서 제시하는 방법 중 어떤 것을 어떤 상황에 적용할
> 것인지를 사전 약속할 수도 있다. 아래의 표처럼 목록을 작성해보자.
> 책을 읽어나가는 동안 그 목록도 점점 더 길어질 것이다.

이 상황이 발생하면,	나는 이 방법을 사용할 것이다
공부하는 동안 아무 생각 없이 충동적으로 인터넷 서핑을 한다	5분 규칙
침대에 누워 업무용 이메일을 스크롤한다	장애물 삽입(업무용 이메일 계정에서 로그아웃하거나 계정을 스마트폰에서 완전히 삭제하기)
가족과 시간을 보내는 동안 스마트폰을 사용한다	장애물 삽입(스마트폰의 전원을 끄고 손이 닿지 않는 곳에 치워두기)
잠에서 깨자마자 바로 스마트폰으로 손이 뻗는다	산책하기
운동할 기분이 나지 않으며 콘텐츠를 몰아보고 싶은 유혹이 든다	플랜 B(산책을 나가거나 팟캐스트를 들으며 가벼운 스트레칭하기)
소셜 미디어 앱을 계속해서 새로고침한다	장애물 삽입(각 세션에서 로그아웃하기, 앱을 폴더로 옮기거나 삭제하기)
원치 않는 온라인 쇼핑으로 돈을 낭비한다	장애물 삽입(비밀번호와 신용카드 상세 정보를 저장하지 않기)

스마트폰 끄기 연습 1회차

사전 약속 — 고급편
새로운 스마트폰 사용 패턴 설정하기

건강한 디지털 습관을 자동 조종 두뇌로 위임하기 시작하자.

> ➤ 사전 약속을 활용하여 여러분에게 맞는 균형 잡힌 스마트폰 사용 패턴을 확립해보자. 스마트폰을 확인하지 않겠다고 사전 약속하기보다는, 긍정적으로 또 계획적으로 사용할 수 있는 때를 사전 약속하자.

> ➤ 뉴스 확인하기, 어떤 콘텐츠를 스트리밍할지 계획하기, 소셜 미디어의 밀린 포스팅 따라잡기처럼 의도적으로 스마트폰을 사용하기 위한 시간을 따로 정해두자. 이때 운동, 업무, 관리, 사회적 상호작용 같은 다른 활동들과의 균형을 맞추는 것을 목표로 삼자. 다만 무엇을 하든 자유롭게 보낼 수 있는 시간을 남겨두어야 한다.

> ➤ 이러한 구조를 확립한다는 것은, 결국 두뇌가 그러한 상황이 아닐 때 문제성 앱을 더 이상 기웃거리지 않게 된다는 것을 의미한다. 이는 마치 우리가 하루 중 시간을 정해놓고 그때만 양치질을 하는 것과 같다.

> ➤ 보다 유연한 접근법에 따라 정확한 시간대를 정하기보다 하루에 최대 몇 번 앱을 확인할지 한계를 정하는 사전 약속을 할 수도 있다. 이를 통해 짧고 빈번하며 산만한 확인을 피하는 대신에, 계획을 장려하고 기대감과 즐거움을 북돋을 수 있다.

지나친 제약은 실패와 실망으로 끝날 가능성이 크니 삼가자. 하루에 2번 스마트폰을 확인하겠다는 약속을 지키지 못해 실패할 바에는, 한 시간에 한 번만 앱을 확인하겠다는 약속을 지키는 것이 훨씬 더 낫다. 작은 성공들을 쌓아나가기가 더 쉽다는 점을 기억하자. 여러분이 스마트폰을 집어 드는 정확한 횟수보다 의지력을 거의 필요로 하지 않을 정도로 순식간에 일어나는 행동의 간극을 선택하는 문제가 더 중요하다. 즉 저전력 모드에서도 유지할 수 있는 방법이어야 한다.

 전략

변화를 활용하라

———

우연히라도 삶이 여러분에게 백지 상태를 제공한다면 스마트폰 습관을 바꿀 수 있는 기회로 활용하자.

▸ 생활상의 큰 변화가 있어 여러분이 해오던 루틴이 작동하지 못할 상황이라면 기존의 스마트폰 루틴을 1/2로 줄이는 한편 새로운 스마트폰 루틴을 실행하자.

▸ 생활상의 큰 변화는 상대적으로 드물게 일어난다. 하지만 휴가를 가거나 일을 시작하는 것 같은 보다 작은 변화들로도 같은 맥락적 변화를 시도하고 바뀔 수 있다.

▸ 여러분의 자동 조종 시스템이 기존의 어떠한 디지털 습관과도 연결시키지 못할 공간, 예컨대 미술관이나 도서관 같은 새로운 장소를 정해서 새로운 디지털 습관을 만들 수 있는 '시작점'으로 이용하자.

▸ 최신 모델의 스마트폰으로 업그레이드하는 방법을 써보자. 약간 다르게 설계되었거나 배치된 버튼에 두뇌가 적응해야 하기 때문에, 기기 교환을 계기로 스마트폰 사용 습관을 최적할 수 있다.

▸ 새해나 각 달의 시작, 심지어는 한 주의 시작처럼 이정표가 되는 시점에는 동기부여 수준이 높아진다. 시간의 흐름을 나타내주는 이 시점들은 사소한 일상사에 얽매이지 말고 보다 큰 그림에 집중하도록 고무하는 효과가 있다. 이 시점들을 이 책이 설명하는 전략들을 실제로 적용해보는 기회로 활용하자.

▸ 이 책에서 만나는 어떠한 통찰이나 깨달음의 순간 또한 동기를 끌어올리고 새로 시작해야겠다는 느낌을 받게 할 수 있다. 이러한 생각들을 발판 삼아 건강한 디지털 습관을 향한 여정을 시작해보자.

축하한다. 이것으로 1부가 완료되었다. 이제는 두뇌가 어떻게 작동하는지, 또한 왜 스마트폰에 손을 뻗을 수밖에 없는지를 보다 잘 이해하게 되었을 것이다. 이제 다음 단계로 넘어갈 시간이다.

우리는 스마트폰이라는 기기가 가진 어떤 특징들 때문에 다른 대상들보다도 스마트폰을 중심으로 모순적 습관을 형성할 가능성이 더 높다. 2부에서는 두뇌의 자동 조종 시스템을 재프로그래밍하는 일에 집중할 것이며, 그 과정에서 새로운 조력적 습관을 형성하는 법과 모순적 습관을 바꾸는 법에 관한 지식을 갖추게 될 것이다.

습관으로 자동 조종 두뇌를 무장하라는 말은 곧 실행 두뇌를 지원해서 잠재력을 극대화하라는 의미다. 그것은 곧 여분의 두뇌 능력을 갖추게 되는 것과 같다.

2부

스마트폰도
습관이다

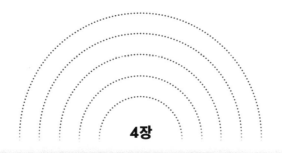

4장

습관부터 뜯어고쳐라

행동의 변화가 단순히 변화하고 싶다는 우리의 바람만으로 이루어질 수 있는 일이라면, 이 책은 필요하지 않을 것이다. 또한 그렇게 쉽게 달성될 수 있는 일이라면, 스마트폰을 둘러싼 언론의 광범위하고 부정적인 보도로 인해 사람들의 디지털 습관은 벌써 한참 전에 크게 변화했을 것이다. 하지만 괄목할 만한 변화는 나타나지 않았다. 습관이란 너무도 강력해서 건강에 위협적일 수 있다는 정보를 아는 사람조차 습관을 바꾸느라 애를 먹는 경우를 의료 부문에서는 흔히 볼 수 있다. 이러한 현상이 나타나는 이유는, 누군가에게 겁을 줘서 변화를 유도하는 방법이 비효과적일 뿐 아니라 비생산적일 수 있기 때문이다. 우리의 실행 두뇌는 미래의 결과를 심사숙고할지 모르지만, 우리의 습관은 자동 조종 영역 속에 존재한다. 보스 격인 실행 두뇌는 자동 조종 시스템을 무시할 수 있다. 하지만 이러한 행동은 물길을 거슬러 상류로 헤엄쳐 올라가는 것과 같아서, 지치는 일일 뿐 아니라 장기적으로 지속 불가능하다. 그런데 여기에 공포 기반 전술 같은 감정적 긴장이 더해진다면 실행 시스템 과정을 훼손하는 결과를 초래할 뿐이다.

대부분은 마치 호흡을 통제하듯이 자신의 습관을 통제하려 시도한다. 호흡은 척수에 연결된 뇌의 핵심 부분인 뇌간에 의해 관리된다. 우리는 실행 두뇌를 사용하여 호흡의 속도와 패턴을 의식적으로 조절할 수 있다. 하지만 실행 두뇌에 의한 이러한 조절은 한정된 시간 동안에만 지속 가능할 뿐이라서, 무언가 다른 것에 주의를 돌리게 되는 순간 더 이상의 조절은 불가능해진다. 호흡을 지속적으로 통제하려는 시도는 지나치게 많은 에너지를 소진시키며, 우리의 디지털 습관을 엄격하게 통제하려 하는 시도 역시 마찬가지다. 그처럼 엄격한 규칙을 장시간 실행하다 보면 실행 두뇌는 저전력 모드로 전환될 수밖에 없으며 여분의 정신 에너지도 비축할 수 없게 된다.

디지털 디톡스가 정답은 아니다

―

스마트폰 사용 습관을 바꾸는 것이 디지털 디톡스 과정을 시작하는 것과 같은 의미라고 생각하는 사람이 많다. 최근 언론의 주목을 받고 있는 디지털 디톡스 방법은 다양하지만 기본적으로는 하루에서 한 달, 심지어는 더 오래, 미리 기간을 설정한 다음 스마트폰이나 특정 앱(보통은 소셜 미디어 앱)을 확인하지 못하게 한다는 점에서 동일하다. 나를 포함한 대다수의 의사는 '디톡스'라는 용어를 사용하는 데 반대한다. 디톡스라는 개념 자체가 스마트폰 사용 습관에는 적용될 수 없음에도, 종종 비과학적이고 불필요한 불안감을 조장하는 주장들을 연상시키기 때문이다. 스마트폰은 독소가 아니다. 그러니 우리에게 필요한 건 디톡스가 아니다. 디톡스라는 용어 사용과 그에 따른 잠재적인 거짓 주장들은 일단 제쳐두기로 하자. 나 역시 사람들이 그러기를 원한다면 스마트폰과 떨어져 시간을 보내야 한다는 주장에 대해선 전적으로 지지한다. 그러나 여기에는 몇 가지 주의할 사항이 있다.

우선 모든 사람이 디지털 기기의 전원을 임의로 차단할 수 있는 특권을 지닌 존재가 아니라는 사실을 인식하는 것이 중요하다. 사람들은 업무 때문에, 사랑하는 사람들과 연락을 취하기 위해, 그리고 무엇보다 부모나 보호자로서 쉽게 연락이 닿아야 한다는 이유로 스마트폰에 의지하는 경우가 많다. 좋은 소식은 당신이 스마트폰 습관을 변화시키기 위해 디지털 디톡스 과정을 밟을 필요는 없다는 것이다. 뿐만 아니라 스마트폰을 마약처럼 취급하고, 절제라는 해결책에만 의지하는 방법에는 몇 가지 큰 함정이 존재한다. 어쩌면 당신은 하루 정도 스마트폰 사용을 자제함으로써 자신의 습관을 보다 잘 인식하게 되고, 스마트폰과의 관계를 재고하도록 고무될 수도 있다. 하지만 그것만으로 어떤 유의미한 장기적인 변화가 일어날 가능성은 낮다. 우리 대부분에게 스마트폰 사용 습관은 자동 조종 두뇌에 깊이 뿌리박혀 있어서 재설계하는 데만 몇 주에서 몇 달이 걸릴 수도 있다.

　디지털 디톡스 기간을 더 길게 설정하더라도 마찬가지다. 누군가가 심지어 몇 주 동안 기기의 전원을 차단한 채로 지냈다고 하더라도, 차단 시기가 끝나면 과거의 스마트폰 확인 패턴으로 돌아가는 것이 통상적이다. 이는 디지털 디톡스가 지닌 모 아니면 도라는 이분법적 특성이 명확한 분기점으로 작용하기 때문이다. 당신이 스마트폰이라는 독소를 제거하기 위해 최선을 다한다 해도 디톡스 과정이 끝나면 본래 상태로 되돌아간다. 예를 들어 당신이 유행하는 단식 다이어트를 시작했다고 생각해보자. 이 방법만으로는 당신이 건강하게 먹거나, 균형 잡힌 식단을 선택하는 데 필요한 조력적 습관을 결코 배우지 못할 것이다. 마찬가지로 스마트폰 전원을 완전히 꺼버리는 방법만으로는 스마트폰을 적절히 사용하는 법을 결코 배우지 못한다. 이는 절제 기간이 끝났다 하더라도 당신의 자동 두뇌에 아직 어떠한 조력적 스마트폰 사용 습관도 만들어내지 못했으며, 그러다 보니 과거의 습관으로 돌아가게 된다는 것을 의미한다. 어쩌다 경험하는 이벤트성 과정은 습관이 되지 못한다. 디지털 디톡스 과정은 매년 갱신해야 되는 자동차보험과 같다. 반면에 조력적 습관을 형성하려면 양치질처럼 매일 지속적으로 할 수 있는 활동이어야 한다. 그러므로 당신은 이 책에서 제공하는 방편들을 당신이 매일, 혹은 적어도 매주 실천하는 루틴 속으로 통합하는 것을 목표로 삼아야 한다.

습관은 어떻게 형성되는가

―――

우리가 스마트폰 기기와의 극적인 단절을 시도하는 이유는 우리 대부분이 변화란 큰 것에서 시작해야 성공할 수 있다고 생각하기 때문이다. 우리는 자신이 열심히 하고 있으며, 그래서 뭔가를 성취하는 중이라는 느낌을 필요로 한다. 소소한 변화들은 자제력을 발휘해가며 완전히 뜯어고치는 일에 비하면 상대적으로 야망이 부족한 것처럼 보일 수도 있다. 하지만 거창하고 상징적인 제스처의 이면에는 조급함이 깔려 있는 경우가 많다. 따라서 조급함을 야망으로 착각하지 않는 것이 무엇보다 중요하다.

장기적이고 지속 가능한 변화를 만들기 위해서는 작은 일에서 시작하고, 또 가장 쉽게 느껴지는 변화에 집중해도 괜찮다. 이 방법을 환자에게 설명할 때마다 나는 커다란 퍼즐을 완성하는 것에 비유하곤 한다. 여러 조각으로 이루어진 복잡한 퍼즐을 맞출 때, 대부분의 사람은 가장자리에서 시작하거나 그림의 눈에 띄는 부분을 선택하거나 한다. 2가지 방법 모두 퍼즐을 더 쉽게 완성하는 데 도움이 된다. 그리고 바로 여기에 열쇠가 있다. 한때는 배치하는 것조차 불가능해 보였던 조각들이 퍼즐을 맞춰나감에 따라 처음보다 훨씬 더 편하게 제자리를 찾기 시작한다. 퍼즐이 완성되면 당신이 어떤 경로로 퍼즐을 완성했는지와 무관하게 그 최종 결과는 동일하다. 작게 시작한다고 해서 야망이 부족하다는 것을 의미하지는 않는다. 변화를 시작하기란 쉽지 않다. 그러므로 달성 가능한 최적의 경로라고 느껴지는 방법을 선택하는 것이야말로 현명하고 전략적인 사고다.

만약 당신이 위에 언급한 상황에 부합할 뿐 아니라 자동 조종 시스템에 저장된 문제성 디지털 습관에 맞서느라 고군분투 중이라면, 이제 새로운 전략을 채택할 때다. 자동 조종 두뇌는 실행 두뇌를 지원하기 위해 존재한다. 따라서 우리는 스마트폰 습관을 목표에 부합하는 방식으로 다시 프로그래밍할 필요가 있다. 이는 단 한 번의 노력으로 완성될 수 있는 일이 아니다. 즉 디지털 습관이든 아니면 비디지털 습관이든 간에 특정 문제성 습관들을 타깃으로 삼아 하나씩 접근하면서 천천히 조력적 습관들로 대체할 필요가 있다. 이를 위해 우리는 먼저 습관이 어떻게 작동하는지를 이해해야만 한다.

지난 30년 동안 매년 수천 건의 과학 논문이 발표되면서, 습관 형성에 대한 우리의 지식도 상당한 진전을 이뤘다. 나 또한 이 연구에 많은 시간을 들였고, 그 결과 습관에 대한 통찰들이 다음과 같은 4가지 핵심 주제로 분류될 수 있음을 알게 되었다. ① 습관은 어떻게 시작되는가, ② 습관적인 행동의 유형, ③ 변화를 촉발하는 두뇌의 화학적 과정, 그리고 ④ 습관이 형성되는 데 걸리는 시간. 나는 이 핵심 주제들을 영감의 원천으로 삼아서 각각을 구성 요소로 하는 네 조각 퍼즐을 구성했다. 그런 다음 각각의 주제를 고려하되 내가 가장 즐겨 사용하는 비유들을 적용하여 각 조각에 연상 매체Reminder, 정말로 소소한 행동Really Small Action, 보상Reward, 반복Repetition이라는 명칭을 부여했다.

습관 퍼즐의 각 조각은 다음과 같이 작동한다.

1. 연상 매체

자동 조종 두뇌가 습관을 실행하도록 촉발하는 기폭제를 가리킨다. 이는 특정 시간과 장소일 수도 있고 어떤 감정 상태일 수도 있다.

2. 정말로 소소한 행동

이것이 바로 우리가 습관이라고 부르는 그것이다. 자동 조종 시스템에는 정말로 소소한 행동만 부호화될 수 있다. 보다 복잡한 행동이 일어나기 위해서는 실행 두뇌의 상당한 개입이 필요하기 때문이다.

3. 보상

정말로 소소한 행동으로 우리가 얻게 되는 긍정적 결과를 가리킨다. 보상으로는 화학 물질이 방출되는데, 이 물질이 연상 매체와 정말로 소소한 행동을 하나로 엮는 역할을 한다.

4. 반복

어떤 습관을 오랫동안 시종일관 반복할수록 신경 연결은 점점 더 강해진다. 또한 그럴수록 그 습관은 점점 더 쉬워지고 점점 더 자동적으로 된다.

이들은 하나의 습관 시퀀스를 자동 조종 두뇌 속으로 프로그래밍하는 데 모두 필요한 요소들이다. 일반적으로 우리는 처음의 두 요소(연상 매체와 정말로 소소한 행동)를 습관이라고 인식한다. 연상 매체를 알아채는 순간, 우리의 자동 조종 두뇌는 매우 소소한 행동을 실행한다. 연이은 2가지(보상과 반복)는 저장 과정의 핵심 요소들이다. 보상이 저장 과정의 시동을 걸면 반복이 그 과정을 완료하며, 그럼으로써 '습관 퍼즐'을 완성한다. 즉 이 과정의 결과 다양한 시나리오에서 우리가 스마트폰에 자동적으로 손을 뻗는 반응이 만들어진다.

습관을 다음과 같이 생각해보자. 자동 조종 두뇌가 적절하다고 판단하는 상황에 맞춰 당신의 행동이 자동적으로 일어나도록 하기 위해 두뇌에 새겨진 프로그래밍 스크립트 혹은 코드의 일부라고 말이다. 우리는 모두 자동 조종 두뇌 속에 이 완성된 퍼즐들을 다수 보유하고 있다. 그리고 바로 이 독특한 습관들이 언제, 어디서, 그리고 왜 스마트폰에 손을 뻗을지를 지시한다.

뇌에 관한 한 그 어떤 것도 질서정연하게 진행되지 않는다. 모든 것이 상호 연결되어 있다. 뇌의 구성 요소들은 상이한 순서들로 결합하기도 하고 동시에 결합하기도 하는데, 습관 퍼즐이 뇌의 이러한 특성을 잘 보여준다. 연상 매체는 우리가 작성한 목록대로라면 확실히 첫 번째 단계처럼 보일지도 모른다. 하지만 두뇌는 목록에 따라 순서대로 작동하지 않는다. 예를 들어 당신은 정말로 소소한 행동을 맨 처음에 할 수도 있다. 그러면 두뇌는 당신의 환경에서 그 행동을 상기시키는 연상 매체와 행동을 연결시켜서 다음번에는 같은 행동이 보다 쉽게 일어날 수 있도록 촉발하는 기폭제를 구축한다. 예상치 못한 보상 역시 이러한 습관 형성 과정에 시동을 거는 역할을 할 수 있다. 두뇌는 보상 직전에 어떤 일이 있었는지에 집중하면서 보상을 유발한 원인을 되짚어볼 것이다. 그런 다음 미래에도 같은 보상을 얻기를 바라는 마음에 그 일들을 연상 매체와 소소한 행동들로 저장한다.

게다가 실재 퍼즐이 아닌 이 은유적 퍼즐의 구성 요소들은 신경 세포들 간의 화학적 관계를 표현한 것이다. 따라서 일반적인 퍼즐 조각보다 더 유동적이고 강도도 다양하다. 구성 요소의 힘이 강할수록 습관 형성도 빨라진다. 따라서 연상 매체가 습관을 많이 활성화하면 할수록 습관은 더 빠르게 형성되며, 행동이 소소하면 소소할수록 자동 조종 두뇌에 더 쉽게 부호화될 수 있다. 또한 보상이 많은 습관일수록 보다 빠르게 저장되며, 보다 많이 반복될수록 두뇌의 신경 연결을 강화하여 습관으로 굳어지기 쉽다. 구성 요소의 한 부분이 부족하더라도, 그러한 취약성은 다른 부분을 강화하여 상쇄될 수 있다. 예를 들어 보상이 상대적으로 적은 행동도 습관이 될 수 있지만, 그러기 위해서는 더 많은 반복이 필요하다.

스마트폰 사용 습관은 습관 퍼즐의 모든 구성 요소를 효율적으로 충족시킨다는 점에서 독특하다. 우리의 외부 환경뿐 아니라 내부의 심리적 환경에는, 언제든 우리의 스마트폰 확인 행동이 시작되도록 촉발할 수 있는 연상 매체들이 곳곳에 존재한다. 또한 스마트폰은 다른 행동과 마찰을 빚지 않으며 함께 어우러지도록 설계되어 있어서, 정말로 소소한 행동이 자동 조종 모드에서도 더 쉽게 실행 가능하게 해준다. 게다가 디지털 세상이 방대하다는 것은 그만큼 보상 획득의 가능성도 크다는 것을 의미한다. 끝으로 평균적인 사람은 한 시간에도 수차례 스마트폰을 들었다 놨다 하며, 그 횟수는 일상생활 속 다른 어떤 행동의 빈도보다도 크게 웃돈다.

결국 이 요소들이 상호 연관되어 있다는 것은 문제성 습관을 해소하려면 습관 퍼즐 과정의 각 단계마다 개입해야 할 필요가 있다는 것을 의미한다. 그러므로 다음 장들에서는 습관 퍼즐의 각 요소를 보다 심층적으로 살펴보려고 한다. 이를 통해 당신은 습관이 행위로 구현될 때 두뇌 속에서 어떤 일이 일어나는지를 보다 잘 이해할 수 있을 것이다. 우리가 어떤 행동들을 왜 하게 되는지를 이해하는 것만으로도 변화의 씨를 뿌리기 시작할 수 있다. 하지만 이렇게 얻은 지식을 나아가 실제로 활용할 수 있게 하기 위해, 2부 끝에는 각각의 습관 퍼즐 조각들에 맞게 설계된 방법들을 제시할 것이다. 이를 실천한다면 모순적 습관을 조력적 습관으로 변화시키고, 자동 조종 모드를 근본적으로 다시 프로그래밍하는 데 도움을 받을 수 있을 것이다.

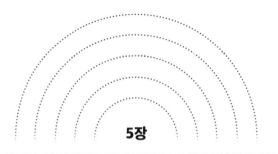

5장

뇌는 모든 걸 기억하고 있다

다른 이들에게 그 음악은 그리스 섬에 정박한 소형 요트에서 배경 음악으로나 흘러나올 법한 옛 노래에 불과했지만, 나에겐 내 마음이 그 장소를 떠나 다른 곳으로 향하게 할 정도로 강력한 연상 매체였다. 그 노래를 듣는 순간 나는 현미경을 들여다보고 뉴런의 개수를 세면서 셀 수 없이 많은 시간을 보냈던 그 어두운 연구실로 옮겨갔다. 그 느낌이 너무도 생생해서 마치 현미경의 차가운 금속이 실제로도 느껴지는 것만 같았다. 손바닥 바로 아래에는 현미경 다이얼의 울퉁불퉁한 표면이 있었다. 손가락이 슬라이드를 조정하기 위해 미세하게 움직였고, 더블 클릭으로 사진을 찍었다. 내 손의 근육은 움직일 준비가 되어 있었고, 몸의 다른 부분은 손이 균형을 잃지 않도록 조심스러운 자세를 유지했다. 하지만 이 두 장소는 오직 내 마음속에서만 연결될 뿐이었다.

당신도 십중팔구 이와 비슷한 경험을 한 적이 있을 것이다. 이런 일이 일어나는 이유는 우리의 두뇌가 일종의 연결 장치와 같기 때문이다. 두뇌는 무언가를 끊임없이 연결하는 중이며, 그러다 보니 뜻밖의 친숙한 장면이나 소리 혹은 냄새를 마주치기만 해도 그와 관련된 생생한 이미지를 떠올릴 수 있다. 하지만 우리의 주변 환경은 마음속 이미지뿐만 아니라 신체적 행동과도 연결될 수 있는데, 이 행동이 바로 습관이다. 습관이란 상황 단서에 대한 신체의 자동적 반응으로, 과학자들은 이 관계를 자극 반응으로 설명한다. 자동 조종 두뇌는 이 단서들을 연상 매체로 활용하여 습관을 만들기 시작한다. 즉 연상 매체는 습관 퍼즐의 첫 번째 조각이다.

스마트폰은 이미 당신의 시공간을 장악했다

우리가 알지 못하는 사이에도, 우리의 자동 조종 두뇌는 저장된 습관을 행위로 탈바꿈시켜줄 결정적인 외부 연상 매체를 찾기 위해 끊임없이 주변 환경을 탐색하는 중이다. 음악이 생생한 기억을 불러일으킬 수 있는 것처럼, 장소도 특정 습관을 촉발할 수 있다. 장소 역시 우리의 두뇌가 사용하는 가장 강력한 외부 연상 매체 중 하나다. 예를 들어 달리기 주자라면 늘 달리기 연습을 해온 장소를 떠올리는 것만으로도 달리고 싶다는 열망이 생겨날 수 있다.[1] 마찬가지로 욕실에 들어가는 행위도 우리의 자동 조종 두뇌에 양치질을 떠올리는 연상 매체로 작용할 수 있다.

자동 조종 두뇌가 장소 기반 연상 매체를 활용하여 습관을 실행시키는 방법은, 학생들을 모아놓고 그들이 먹는 모습을 면밀하게 관찰해온 일단의 과학자들에 의해 밝혀졌다. 학생들은 그들의 퍼스낼리티가 영화 취향에 어떤 영향을 미치는지에 대한 연구가 진행 중이라고 생각했다. 그래서 그들의 무릎에 올린 빨간색과 흰색의 줄무늬 통이 진짜 실험 장치라는 점을 깨닫지 못했다. 팝콘이 가득 담긴 통들에는 은밀하게 번호가 매겨져 있었으며 사전에 무게도 꼼꼼히 기록되었다. 따라서 연구자들은 학생들이 실험 과정 동안 얼마만큼의 팝콘을 먹었는지를 측정할 수 있었다. 실험 결과는 연구자들이 막연하게만 가져왔던 생각들이 옳다는 것을 확실히 입증해주었다. 학생들이 먹은 양은 그들이 배치된 장소에 따라 달라졌다. 회의실이라는 다른 환경에 배치된 또 다른 학생 집단과 비교할 때, 영화관이라는 친숙한 환경에 배치된 학생들이 훨씬 더 많은 양의 팝콘을 먹었다. 두 집단 모두 실험에 투입되기 전 배고픈 상태는 동일했다.[2]

우리의 의사 결정 능력은 팝콘 통 안에 손을 집어넣어 팝콘을 꺼내 먹는 것 같은 사소하고 반복적인 행동들을 결정하는 데 사용해버리기에는 너무나 유용하고 소중하다. 스마트폰을 확인하는 일도 마찬가지다. 무릎에 팝콘 통을 올려두거나 주변에 스마트폰을 두는 행동은 습관을 촉발하는 계기가 될 수 있다. 하지만 우리의 주변 환경 또한 중요한 역할을 한다. 특정 환경이라면 스마트폰에 손을 뻗는 행동을 연상했을 자동 조종 두뇌도 환경이 달라지면 그러한 행동을 연상하지 않는다. 이 과정은 무의식적으로 일어난다. 따라서 적절한 환경이 주어질 때 무릎 위에 올려놓은 팝콘 통이 점차 가벼워지는 것과 마찬가지로, 어떤 특정 상황이 조성될 때 자신도 모르게 스마트폰에 손을 내밀 가능성이 더 커질 것이다.

시간 또한 저장된 습관을 촉발할 수 있는 강력한 외부 연상 매체다. 사람들은 대부분 매일 아침저녁에 특별히 기억하려 노력하지 않아도 양치질을 한다. 자동 조종 두뇌가 장소와 시간대를 결합하여 그에 부합하는 정확한 행동을 활성화하기 때문에, 우리는 욕실 밖에서 양치질을 하고 싶다는 충동을 느끼지 않는다. 또한 시간과 장소의 조합은 식습관의 상당 부분을 좌우한다. 연구들에 따르면 우리는 음식과 관련하여 하루에도 200번 이상의 선택을 하지만,[3] 그 대부분이 습관적이다 보니 결국에는 같거나 비슷한 음식을 같은 시간과 장소에서 먹게 되는 경향이 있다고 한다. 아침 식사로 초콜릿 바를 먹고 싶어 하지 않는 사람이라 할지라도 저녁 식사 후에 달콤한 디저트를 먹는 습관이 자동 조종 두뇌에 이미 저장되어 있다면, 그 시간이 다가올 즈음엔 찬장 속의 초콜릿 바에 손을 뻗게 될 것이다.

장소와 시간의 이러한 조합은 모든 문제성 습관을 비롯하여 우리의 디지털 습관에도 결정적인 역할을 한다. 스마트폰이 상용화되기 전에는, 장소 제약이라는 인터넷과 컴퓨터의 주된 특징으로 인해 기술 사용 습관 형성도 제한적이었다. 이제 스마트폰이 닿지 못할 곳이란 없으며, 스마트폰만큼 우리 삶에서 그러한 특권을 부여받은 물건은 거의 없었다. 우리가 특정 장소와 시간에 스마트폰을 사용할 때마다 비슷한 연상 매체들을 만난다면, 스마트폰 확인 시퀀스를 시작하도록 자동 조종 두뇌를 훈련하고 있는 셈이다. 이는 마치 팝콘 통을 늘 가지고 다닐 수 있게 되었을 때 팝콘 먹는 습관이 영화관과 무관하게 형성되기 시작하는 것과 같을 것이다.

시간의 제약이 없고 다양한 장소에서 사용할 수 있다는 이점은 스마트폰 확인을 상기시키는 연상 매체가 상당히 많아졌음을 의미한다. 게다가 스마트폰 자체도 연상 매체가 될 수 있다. 쿠키 한 접시를 보는 순간 쿠키를 먹고 싶은 마음이 드는 것처럼, 자신의 스마트폰 기기를 보는 순간 스마트폰을 자동적으로 들어 올리게 될 수 있다. 다른 사람이 그들의 스마트폰을 확인하는 모습을 보게 될 때도 마찬가지다. 더욱이 우리의 주변 환경에 존재하는 여타의 습관 형성 대상들과는 다르게 스마트폰은 수동적이 아니다. 즉 스마트폰은 그 나름의 고유한 연상 매체들을 직접 생성한다. 알림이나 경고음, 친숙한 땡ping 소리, 윙윙거리는 소리는 물론이고, 심지어 다른 사람의 스마트폰에서 울리는 비슷한 벨 소리에 본능적으로 반응한다는 것은 무의식적으로 진행되는 자동 조종 두뇌에 벨 소리라는 연결고리가 이미 형성되어 있음을 보여준다. 과학 용어로 '신호 감작cue sensitization'이라 불리는 이 현상에 따르면, 우리의 두뇌는 특정 연상 매체에 민감하게 반응하도록 되어 있다. 스마트폰에 설치한 앱 또한 디지털 연상 매체로 작용한다. 홈 화면을 잠금 해제하는 순간 많은 친숙한 아이콘들이 우리를 반갑게 맞아주며 특정 행동들을 하도록 부추기는데, 이 아이콘으로 우리는 검색하는 사람의 기억에 의존하는 일반적인 인터넷 브라우저보다 더 확실하게 작업을 수행할 수 있다. 습관 퍼즐의 첫 번째 조각 역할을 하는 연상 매체 수의 이러한 증가야말로, 새로운 스마트폰 습관이 일상생활의 다른 습관들에 비해 결과적으로 빠르게 습관으로 형성될 수 있게 하는 요인이다.

장소의 제약을 받지 않는 습관의 구축은 소셜 미디어 플랫폼 인스타그램Instagram이 성공할 수 있었던 이면의 핵심 비결 중 하나였다. 2010년에 스마트폰 앱 전용으로 출시된 인스타그램은 2012년 10월까지만 해도 데스크톱 컴퓨터에서는 접근할 수 없었다. 스마트폰 앱이 우선시되다 보니 데스크톱 컴퓨터 버전은 투박한 감이 있었다. 출시된 지 10년이 지났지만, 인스타그램 웹사이트는 앱과 비교하면 여전히 사용할 수 있는 기능이 제한적이라는 문제를 안고 있다. 내막을 모르는 사람의 눈에 이는 실수이거나 일종의 실패처럼 보일지도 모르지만 실상은 그렇지 않다.

출시 당시 인스타그램의 직접적 경쟁자는 페이스북과 트위터였다. 인스타그램에 앞서 더 확고하게 뿌리 내리고 있었던 이 소셜 미디어 회사들은 수년에 걸쳐 한 세대의 소셜 미디어 습관을 형성해왔다. 어느새 사람들에게는 이따금 다른 일에 지장이 생길 정도로 자신의 소셜 미디어 피드를 자주 확인하는 습관이 생겨났다. 인스타그램이라는 이 야심 찬 회사는 경쟁자들이 수고스럽게 형성해놓은 습관에 편승할 수 있었을 뿐 아니라, 장소라는 하나의 중요한 차별성을 지닌 습관을 구축할 수 있었다. 페이스북과 트위터 모두 일찍이 스마트폰 앱을 운용하고 있었다. 하지만 그들의 소셜 미디어 사이트는 스마트폰에 앱을 다운받지 않아도 접속할 수 있었고, 장소 의존적인 데스크톱 컴퓨터나 노트북에서 여전히 확인하는 것이 가능했다. 반면에 인스타그램에 가입한다는 것은, 시간과 장소에 구애받지 않고 확인할 수 있는 앱을 설치한다는 것을 의미했다. 연상 매체 수가 증가함에 따라 자동 조종 두뇌에는 더 강력한 습관이 구축되었다. 그 결과 2020년 즈음이 되자 인스타그램의 월간 실사용자 10억 명의 절반이 인스타그램을 매일,[4] 그중 많은 이들은 하루에도 여러 차례 확인함으로써 인스타그램을 그들의 일상 루틴 속으로 완전히 통합시켰다.

스마트폰 공간이 부족한 것 같다고 느낀 적이 있다면, 바로 이때문이다. 우리가 스마트폰을 더 많은 상황에서 확인할수록 그래서 사용 상황이 축적될수록, 자동 조종 두뇌를 지속적으로 자극하는 복잡한 연상 매체 망이 만들어져 우리의 디지털 습관이 활성화된다. 이 습관은 반복적으로 행해질수록 일상 루틴의 모든 측면에 침투하기 시작한다. 이제 우리는 끊임없이 그리고 자동적으로 스마트폰에 손을 뻗게 되며 스마트폰과 떨어져서는 절대로 살 수 없을 것 같은 느낌을 받게 된다. 2부 연습 파트에서 논의하게 되겠지만, 균형 잡힌 습관을 형성하는 열쇠 중 하나는 스마트폰을 확인하는 경우의 수를 의식적으로 줄여 우리의 자동 조종 두뇌를 촉발하는 연상 매체 네트워크를 축소·약화함으로써, 스마트폰 침투 문제를 일부라도 해결하는 것이다.

무의식 중에도 스마트폰에 손이 간다

스마트폰 사용 습관을 재고하고 싶어 하는 사람들이 흔하게 받는 조언 중 하나는 스마트폰 알림음을 꺼버리라는 것이다. 우리는 스마트폰 기기에서 흘러나오는 끊임없는 알림음이 우리를 방해한다고 생각하지만, 대부분의 경우 실상은 그렇지 않다. 2장에서 우리는 런던정경대학에서 이루어진 연구를 살펴보았다. 이 연구에서 참가자들은 카메라가 장착된 안경을 착용하도록 요청받았다. 그리고 이를 통해 연구자들은 참가자들이 스마트폰을 어떻게 사용하는지를 직접적으로 관찰할 수 있었다. 캡처된 장면을 면밀히 분석한 결과, 놀라운 사실이 밝혀졌다. 참가자들이 스마트폰을 확인한 경우 중 89퍼센트는 스마트폰 알림음이 촉발 요인이 아니었다. 그들은 특별한 이유 없이 스마트폰에 손을 뻗었는데, 우리가 스마트폰을 확인하는 경우 대부분은 이처럼 특정 자극 없이 일어난다. 우리가 스마트폰을 사용하는 방식은 너무도 습관화되어 있어서 알림이 울리건 울리지 않건 간에 우리는 몇 분마다 스마트폰을 찾는다. 습관은 은밀하게 진행되므로 윙윙거리는 소리나 알림음보다 눈치채기 쉽지 않으며, 집중해야 할 때 방해받는 일들이 생겨나는 이유도 습관이 아닌 다른 요인들 때문이라고 생각하게 만든다.

자동 조종 두뇌는 우리의 주변 환경에 존재하는 외부 단서들에 반응하도록 프로그램되어 있다. 하지만 많은 경우에 스마트폰 기기를 확인하고 싶다는 강한 충동은 우리 내부에서 나온다. 원래는 외부 연상 매체들에 의해 촉발되었던 행동이 시간이 지나면서 내부 연상 매체로 발전하는 것은 드문 현상이 아니다. 문제는 두뇌가 형성하는 연상관계를 우리가 통제할 수 없다는 것이다. 손거스러미 같은 물리적 유발 요인으로 손톱을 물어뜯을 수는 있지만, 이 행동이 여러 상황에서 반복된다면 두뇌는 손톱 물어뜯기라는 행동을 특정 감정 상태와 연결하기 시작한다. 누군가에게는 오래지 않아 불안, 초조 혹은 좌절감이 내부 연상 매체가 되어 물리적 유발 요인이 없는데도 무심코 손톱을 물어뜯는 행동을 하게 만든다.

스마트폰을 아무 때나 아무 곳에서나 자유롭게 사용하게 되면, 우리의 두뇌 기관은 습관을 외부 연상 매체들뿐만 아니라 내적 상태와도 연결하기 시작한다. 따라서 미래에 같은 내적 상태에 직면하는 상황에 놓이게 되면 스마트폰으로 손을 뻗게 된다. 이러한 신체 행동이 우리가 느끼는 감정의 보편적 배출구 역할을 하기 때문이다. 우리의 스마트폰은 분노에서 슬픔 그리고 지루함에 이르기까지 많은 불편한 감정으로부터 벗어날 수 있는 일시적인 피난처를 제공할 수 있다. 때로는 이러한 현대적 대처 전략이 유용할 수 있다. 시간이 지나면서 감정이 희미해지면, 이성적 판단력을 회복하고 감정적 지지를 얻기 위해 친구에게 연락을 취할 수 있게 될지도 모른다. 하지만 이러한 전략이 잘못 적용될 경우, 상황을 개선하는 데 필요한 적극적 조치를 취하지 못하게 될 수도 있는데 이에 대해서는 정신 건강을 다루는 11장에서 보다 상세하게 논의할 것이다.

나 또한 스마트폰의 알림 소리를 제한해서 스마트폰의 습관 형성 특성을 약화하라는 일반적인 권고 사항에 찬성한다. 하지만 이러한 권고 사항이 이제는 너무도 복잡하게 되어버린 문제에 대한 지나치게 단순한 조언이라는 점을 염두에 둘 필요가 있다. 일부 연구에 따르면, 알림 소리를 심지어 과감하게 무음 상태로 전환해도 전반적인 스마트폰 사용 패턴에는 어떠한 영향도 나타나지 않는 것처럼 보인다고 한다.[5] 내 경험으로도 많은 사람이 알림을 무시하는 습관(특히 알림이 많아서 알림 피로도가 증가하는 경우)을 갖고 있으며, 알림이라는 자극이 전혀 없는 상황에서도 계속해서 스마트폰을 찾는 경향이 있는 것으로 나타났다. 누군가의 스마트폰 사용이 일상생활을 잠식할 정도로 심각한 문제를 안고 있다면, 그에게는 다수의 외부 연상 매체들뿐 아니라 가장 중요하게는 내부 연상 매체들과도 강력하게 연관된 습관이 이미 형성되었을 가능성이 크다. 따라서 그러한 경우에는 알림을 *끄*는 전략 이상의 조치들을 취할 필요가 있을 것이다.

우리의 스마트폰이 때로는 문제에 대한 하나의 대처 메커니즘 역할을 하기도 한다는 점을 인식하는 것이 중요하다. 하지만 스마트폰에 관한 한, 판단을 유보하는 자세로 접근하는 것 또한 마찬가지로 중요하다. 바로 이 지점이 5분 규칙과 그것의 고급편인 충동 서핑이 작동하는 곳이다. 내가 빌딩 블록 1에서 소개한 이 방법들은 당신의 두뇌가 불편한 감정들을 관리 가능하고 통제된 방식으로 소화할 수 있는 기회를 제공한다. 5분 규칙을 통해 당신은 스마트폰 확인이 자동반사적으로 이루어지는 일을 미룰 수 있으며 지나치게 강압적이지 않으면서도 대안적인 전략들을 개발하도록 자신을 고무할 수 있다. 단 5분만으로도 연상 매체와 소소한 행동 사이에 간극을 만들어냄으로써, 습관 퍼즐의 첫 번째 두 조각을 해체하여 결과적으로 문제성 행동을 해결하는 데 도움을 받을 수 있다. 이 일시 중지를 진행하다 보면 점점 더 편안함을 느낄 것이다. 그렇다면 습관에 따라 즉각적으로 행동하지 않을 때 나타나는 감정과 충동을 인식하고 관찰하는 단계인 충동 서핑을 시작해도 좋다. 이러한 실천 방안들은 불편함을 주의 깊게 탐색할 수 있는 힘을 당신에게 부여하여, 결과적으로 더 적합한 반응이 드러날 수 있도록 한다는 점에서 매우 중요하다.

시작은 쉽지만 멈추기는 어렵다

스마트폰은 일상 업무에 도움이 되는 방식으로 사용되는 경우도 많다. 우리는 스마트폰으로 시간을 확인할 때도 있으며, 정보를 빠르게 찾거나 누군가에게 메시지를 보내기도 한다. 그러나 연상 기관인 우리의 두뇌는 곁길로 새는 방식으로 사고하는 경향이 있다. 예컨대 하려고 했던 일, 미처 답장을 보내지 못한 메시지, 잘 기억나지 않는 영화 제목 같은 관련 없는 생각들이 튀어나오곤 한다. 과거의 우리는 이럴 때면 그저 흘려버리거나, 아니면 정말로 생각할 가치가 있는 문제인지를 노트에 적어 내려가거나 했다. 하지만 오늘날의 우리는 그러한 생각들을 스마트폰을 집어 드는 행동으로 연결할 수 있게 되었다. 이러한 연결은 우리가 저전력 모드에 있거나 지루하거나 산만한 상태일 때 일어날 가능성이 더 크다. 이러한 생각의 흐름을 따라가기 시작하다가 토끼굴보다 빠져나오기가 훨씬 더 어렵다는 스크롤 구멍에라도 떨어지게 되면 마치 이상한 나라의 앨리스라도 된 것처럼 우리는 가상 세계로 빠져들게 된다.

우리의 일상생활은 습관을 시작하는 연상 매체뿐 아니라 습관을 중지시키는 다수의 연상 매체 또한 제공한다는 특징을 가지고 있다. 이 중지 연상 매체들은 우리의 자동 조종 두뇌에 언제 습관적인 행동을 끝내야 하는지를 알 수 있는 종결 시퀀스를 제공한다. 이 일시 중지로 우리는 다음에 무엇을 해야만 할지를 생각할 시간을 벌 수 있다. 즉 일시 중지는 우리의 다음 행동을 결정하는 실행 두뇌를 활성화한다. 따라서 일시 중지가 없다면, 우리의 자동 조종 두뇌는 같은 과정을 계속 반복하게 될 것이다. 시작 연상 매체들처럼 중지 연상 매체들도 내부와 외부 매체로 세분화된다. 예를 들어 우리는 배가 부르다고 느낄 때(내부 연상 매체) 식사를 마칠 수도 있지만, 접시가 비었을 때(외부 연상 매체) 식사를 마칠 수도 있다.

빈 접시 같은 외부 연상 매체가 내부 연상 매체보다 더 확실한 중지 연상 매체 역할을 하는 경우도 있다. 연구자들이 접시를 50프로 더 큰 사이즈로 몰래 바꿔치기한 상태로 진행된 연구에서, 사람들은 여전히 평소처럼 한 접시를 모두 비워냈다. 이것이 가능했던 이유는 그들이 접시에 얼마나 많은 음식이 남은 것처럼 보이는가 하는 외부 단서에 과도하게 의존했기 때문이었다.[6] 이 책을 읽는 여러분 가운데에도 어느 순간 배가 찼다고 느끼면서도 그 시점을 지나쳐 어느샌가 감자칩 작은 봉지가 아니라 큰 봉지를 다 먹어버리거나 아이스크림 한 통을 전부 깨끗이 비워버리는 사람이 많을지 모른다. 우리는 중단 시점을 알기 위해 외부 연상 매체들에만 의존함으로써, 포만감과 배부름이라는 내부 신호들을 무시한다.

우리가 스마트폰 기기를 자주 확인하는 이유는 시작 연상 매체들이 넘쳐나기 때문이다. 따라서 새로운 메시지나 새로운 스토리, 혹은 이메일의 부재가 강력한 중지 연상 매체 역할을 하게 된다면, 우리는 스마트폰을 내려놓게 될 것이다. 그러나 기술 회사들의 성공은 우리의 관심을 붙잡아 두느냐 붙잡아 두지 못하느냐에 달려 있다. 그 결과 상당수의 앱이 가능한 한 일시 정지나 중지 연상 매체들이 없도록 설계된다. 예를 들어 소셜 미디어 사이트들이 소셜 미디어 피드를 늘 시간 순서대로 제공했을 때, 일반 사용자에게 신속하고 빈번한 확인이란 이전에 읽었던 지점까지 빠르게 스크롤을 내려 같은 내용이 보이면 읽기를 중단하는 것을 의미했다. 완료했다는 성취감은 하나의 강력한 중지 연상 매체로 작용했다. 그래서 끊임없이 새로운 콘텐츠를 전달하는 소셜 미디어의 무한 피드 알고리즘이 도입되는데, 이 기능은 바닥이 없는 가상의 아이스크림 통과 같다. TV 프로그램의 다음번 에피소드를 자동적으로 시작하는 자동 재생 기능은 실행 두뇌가 계속해서 시청할지 말지를 결정할 필요조차 없애버린다. 이제 우리는 조금의 수고도 들이지 않은 채 제일 편한 경로를 그저 따라가기만 해도 된다. 하지만 그 대신 시청 시간이 더 길어지는 결과가 초래되었다.

우리 위장 속의 신장 수용기stretch receptor는 우리가 포만 시점을 지나쳐 먹게 되는 경우 두뇌에 신호를 보낸다. 하지만 폭식하듯 콘텐츠를 몰아보거나binge watching 부주의하게 스크롤에 탐닉하는 행동들에는 포만감을 감지할 수 있는 확실한 신경 체계가 존재하지 않는다. 시작 연상 매체는 많은 데 비해 중지 연상 매체는 상대적으로 적다는 수적 불균형으로 인해, 스마트폰을 집어 들기는 쉬워도 내려놓기는 훨씬 더 어렵다. 이러한 불균형 효과로 이따금 우리는 통제력을 상실하고 있다는 느낌을 받기까지 한다. 우리는 앱 사용을 중지하는 대신에 우리의 주의를 끌기 위해 경쟁 중인 또 다른 온라인 활동에 정신이 팔리기도 하고, 앱에서 앱으로 혹은 링크에서 링크로 옮겨 다니기도 하면서 가상의 스크롤 구멍 속으로 점점 더 깊이 빠져든다. 하지만 그러는 동안에도 우리의 신경 경로는 계속 활성화되어 역시나 또다시 반복하게 될 새로운 행동 습관을 형성한다. 그리고 이 과정이 몇 번이고 반복된다.

무엇보다 소셜 미디어 회사들은 끝없는 알고리즘 피드를 제공한다고 비난받으면서도, 이를 해결해야 한다는 사회적 책임도 부여받아 왔다. 그 결과 그들은 당신이 얼마나 많은 시간을 앱에 소비했는지를 알려주는 팝업창을 해결책으로 제시한다. 당신이 엄격하게 팝업창의 조언을 따른다면 이 해결책은 효과적일 수 있다. 그러나 겨우 몇 번만 무시해도 우리의 자동 조종 시스템에는 금세 새로운 습관이 추가될 수 있다. 이제 우리는 여전히 끝없이 스크롤을 하면서 중간에 뜨는 어떠한 팝업창도 가뿐히 무시한다. 결국 팝업창이라는 해결책은 유용한 툴이라기보다 약간의 불편함을 증가시켰을 뿐이다.

통제력을 회복하기 위해서는 가능할 때마다 중지 연상 매체들을 재도입하는 것이 무엇보다 중요하다. 간단하고 실용적인 방법은 당신이 콘텐츠를 스트리밍하는 모든 플랫폼에서 자동 재생 기능을 비활성화시키는 것이다. 이럴 경우, 당신의 실행 두뇌에게는 다음 에피소드나 동영상으로 자동적으로 넘어가는 대신에 계속 시청해야 할지 말지를 결정할 기회가 주어진다. 만약 몰아보기를 하는 경향이 있는 사람이라면, 이 작은 변화로도 큰 차이가 생길 수 있다. 이 접근 방법을 더욱 강화하고 싶다면, 에피소드 사이에 5분 규칙(빌딩 블록 1)의 실행을 고려해보자. 이 휴식 시간을 활용하여 스트레칭을 하거나, 일기에 생각들을 적어 내려가거나, 심지어는 몇 가지 소소한 집안 허드렛일을 시도해보자. 에피소드 시청은 휴식을 취하는 것보다 중요하지 않다. 일단 5분이 지나면 조금 더 기다리는 일도 감수할 수 있을지 모른다. 서스펜스 드라마cliff hanger의 유혹을 이겨내기가 어렵다면, 다음 에피소드의 시작과 동시에 타이머를 설정하고 처음 몇 분간만 시청해보자. 손에 땀을 쥐게 하는 서스펜스 상황은 일반적으로 다음 에피소드의 처음 5분에서 10분 사이에 대부분 해결된다. 그렇게 함으로써 내부 중지 신호들을 개선하여 두뇌가 스토리 종결을 인식하고 화면을 떠날 시간이라는 것을 이해하도록 효과적으로 학습시킬 수 있다.

외부 타이머나 팝업창을 중지 연상 매체로 활용하기로 선택했다면, 추가적인 비생산적 습관이 생성되지 않도록 이들 매체를 무작정 꺼버리지 않는 것이 중요하다. 만약 이러한 유형의 습관이 이미 형성된 경우라면, 현재로서는 이들 매체를 비활성화시킨 다음 이 책에서 제시하는 다른 방법들을 따르는 것이 도움이 될 수 있다. 두뇌가 이러한 습관과 어느 정도 거리를 두게 되고 나면, 그 후에 다시 시도해도 좋다. 알림이 뜨면 5분 규칙을 실행해보자. 활동을 갑자기 무기한 종료하는 대신에 5분간의 짧은 휴식을 취하기만 하면 다시 바로 스마트폰으로 돌아갈 수 있는 선택지가 있다고 자신에게 말해주자. 이 소소하고 제어하기 쉬운 방법을 실천하는 데는 많은 의지력이 필요한 게 아니며, 당신이 저전력 모드일 때도 충분히 실행 가능하다. 처음에는 대수롭지 않은 방안처럼 보일지도 모른다. 하지만 5분 규칙을 꾸준히 적용하다 보면, 끊임없이 나타나는 알림창을 부주의하게 닫아버리던 해로운 패턴에 대한 대안을 제공하여 시간이 지날수록 긍정적인 습관을 기르고 확대하는 데 일조하게 될 것이다.

맥락이 변하면 습관도 변한다

우리의 습관은 모두 다양한 내·외부의 연상 매체들과 연결되어 있으며, 어떤 매체들은 눈에 잘 띄는 데 반해 어떤 매체들은 포착하기 힘들다. 그리고 우리의 자동 조종 두뇌는 이 연상 매체들을 조합하여 습관을 활성화한다. 일반적으로 과학자들은 이 조합을 '맥락'이라 부른다. 맥락은 습관의 실행에서 결정적인 역할을 하지만, 전부 아니면 전무라는 식의 이분법적 방식으로 작동하지는 않는다. 오히려 특정 맥락은 특정 디지털 습관에 참여할 가능성을 증가시키거나 감소시키는 역할을 하므로, 맥락이 아주 조금 달라지기만 해도 행동의 변화를 유발할 수 있다.

다음과 같은 예를 살펴보자. 당신이 저녁 시간에 거실에 있고, 그 시간과 장소는 당신에게 외부 연상 매체 역할을 한다고 가정해보자. 마음이 혼란스러운 상태라면 기분 전환 삼아 소셜 미디어를 스크롤할 수도 있다. 하지만 당신이 보다 쾌활한 성향을 지닌 사람이라면 스크롤 대신 게임을 하기로 선택할지도 모른다. 결국 같은 앱에 접속한다 하더라도 맥락에서의 아주 미세한 차이가 다른 행동을 유발할 수 있다. 소셜 미디어를 예로 들면 이러한 차이가 당신을 매료시키는 콘텐츠의 유형, 콘텐츠에 대한 당신의 반응, 당신이 찾는 계정, 심지어 당신이 친구에게 메시지를 보내는 방식에 영향을 미칠 수도 있다. 우리의 실행 두뇌는 이 습관들을 무시할 수 있는 잠재력을 지니고 있다. 하지만 이러한 행동 중에는 자동적이고 잠재 의식적인 수준에서 작동하는 것들이 많아서 우리가 의식적으로 알아차리지 못하는 경우가 자주 발생한다는 점에 유의하는 것이 중요하다. 게다가 실행 두뇌가 자동 조종 두뇌에 발휘하는 영향력의 정도는 실행 두뇌의 상태에 좌우된다. 즉 실행 두뇌가 완전히 충전된 상태인지 아니면 저전력 상태로 가동 중인지에 따라 달라진다.

맥락이 변하면 습관도 변한다. 근무일과 휴일의 루틴은 다르다. 이는 우리의 자동 조종 두뇌가 특정 맥락에 부합하는 일련의 새로운 습관들을 생성하기 때문이다. 휴가를 떠나는 것처럼 완전히 새로운 맥락에 직면한다면, 우리의 외부 환경뿐 아니라 내부 상태도 변하기 때문에 기존의 습관들을 촉발했던 시작 시퀀스의 많은 수가 약화될 가능성이 커진다. 예상치 못한 상황에 당면하거나 생소한 환경에 처했을 때 우리의 루틴에 혼선이 생기는 것은 드문 일이 아니다. 예를 들어 여행 중이라면 우리는 자신이 수년 동안 해왔던 일들을 '잊어버릴'지도 모른다. 하지만 신경과학의 입장에 따라 아주 정확히 말한다면, 우리에게 결코 잊어버리는 일 따위는 발생하지 않는다. 우리를 자극해서 특정 습관을 실행하도록 하는 연상 매체가 존재하지 않았을 뿐이다.

휴가를 비롯하여 이사, 결혼, 파트너와 살림 합치기나 새로운 직장, 학교 혹은 대학에 다니기 시작하는 것 같은 생활 속 특정 이벤트들은 우리의 맥락을 크게 변화시켜 루틴과 저장된 습관을 완전히 붕괴시키기도 한다. 그 결과 자동 조종 두뇌에 일종의 백지상태가 생겨나면서 새로운 상황에 맞는 일련의 새로운 습관들이 고안된다. 이러한 이벤트들은 느리게 단계적으로 일어나지 않는 대신에, 많은 습관을 전면적으로 분해 및 점검하고 우리의 목표에 보다 유익한 새로운 습관들을 구축할 수 있는 기회를 제공한다. 생활상의 큰 변화를 경험할 예정이라면, 그 이점을 이용해 이 책에서 제시하는 전략들을 실천해보자. 실행하기가 한결 쉬울 것이다.

중요한 것은 모든 맥락 변화가 우리의 통제 아래 있다거나 항상 더 나은 습관을 구축하는 기회가 되지는 않는다는 사실에 유의하는 것이다. 가장 큰 맥락 변화의 하나는 부모가 되는 것이다. 대부분 부모라는 새로운 책임이 습관의 엄청난 지각변동을 수반한다는 것을 몸소 입증하게 된다. 부모가 되는 순간 기존의 루틴 모두가 완전히 분해 및 점검된 다음, 예측 불가능한 욕구를 지닌 어린아이를 돌보는 일을 중심으로 새롭게 돌아간다. 그러다 보니 많은 초보 부모들이 어린아이를 돌보고 그에 따른 걱정거리들을 처리하는 일은 실행 두뇌에도 부담을 준다. 동시에 수면 부족으로 인해 실행 두뇌를 재충전할 수 없게 되면서 많은 부모가 대부분의 시간 동안 저전력 모드에 놓이게 된다. 아이를 안고 있을 때처럼 그밖에 다른 일을 할 수 없는 상황이라면, 잠들지 않거나 조언을 얻기 위해서라도 가장 가까이 있는 대상으로 손을 뻗게 될 수도 있다. 그 결과, 애석하게도 일부 부모의 경우 아이를 낳은 후 스마트폰을 확인하는 횟수가 늘어나기도 한다. 또한 일단 자동 조종 두뇌에 부호화되는 순간, 그 행동은 습관으로 전환되어 장기적으로 지속될 가능성이 커진다.

불확실성이 스마트폰 과다 사용을 부른다

삶이 국면이 달라짐에 따라 우리의 습관도 변화하기 마련이다. 하지만 코로나19 팬데믹이라는 상황을 경험하게 되면서, 우리의 기술 습관에도 중대하지만 의도치 않은 변화가 나타났다. 우리가 스마트폰에 소비하는 시간은 지나 20년 동안 꾸준히 증가해왔다. 하지만 2020년 초, 세계 곳곳의 정부들이 코로나19 바이러스의 확산을 줄이기 위해 '자택 격리stay at home' 명령을 발효했을 때, 그 명령은 목숨을 구하기도 했지만 동시에 디지털 습관을 가속화하는 계기가 되었다.

팬데믹은 맥락의 극적인 변화를 조장했다. 봉쇄 정책으로 사람들의 일상생활 관례가 완전히 바뀌어 버렸기 때문이다. 엄청난 수의 사람들이 재택근무를 하게 되면서 그들의 평범한 습관 기반의 아침 루틴도 무너져내렸다. 누군가는 맥락 변화로 자동 조종 두뇌가 너무나 혼란스러운 나머지 집 책상에 앉고 나서야 양치질을 까먹었다는 사실을 깨닫기도 했으며, 다른 누군가는 옷을 갈아입지 않고 잠옷 차림으로 지내겠다고 선택하면서 잠옷이라는 의복이 연상시키는 게으름 탓에 하루 종일 굼뜬 느낌에 시달려야 했다. 봉쇄 조치로 인해 전 세계적으로 야외 활동 참여가 금지되면서 많은 비기술 습관 연상 매체들이 줄어들었다. 동시에 그처럼 불안하고 무서운 시대에 스크린이 커뮤니케이션의 주된 수단이자 뉴스를 따라잡는 핵심 방법이 됨에 따라, 기술 습관을 자극하는 실마리들이 증가했다.

위협적인 뉴스 스토리를 곱씹거나 의학적 진단 검사 결과를 앞두고 불안해 하는 것처럼, 높은 불확실성을 초래하는 이벤트는 뭐가 됐든 우리의 두뇌에 강력한 영향을 미칠 수 있다. 우리의 실행 두뇌가 미래 지향적 성격을 지닌다는 점을 고려할 때, 미래의 결과에 대한 우려는 큰 압박감으로 작용하여 정신적 피로를 유발하는 경향이 있다. 또한 가능한 모든 선택지를 고려하느라 우리가 많은 에너지를 소비하면 할수록 두뇌의 힘은 줄어든다. 실제로 부정적 결과가 있을 것이라는 사실을 확실히 알고 있을 때보다 미지의 것이 만들어내는 피로 효과가 훨씬 더 크다. 한 연구에 따르면 연구 참가자들에게 (다른 사람들이 연설을 평가하게 될 거라는 말을 듣게 함으로써, 의도적으로 보다 위협적인 분위기를 조성한 상황에서) 그날 연설을 하게 될지 아닐지를 두고 확실한 정보를 주지 않아 불확실한 상태를 유발하면 할수록, 그들의 집중력은 떨어지는 것으로 밝혀졌다. 그들은 이 불안을 유발하는 연설 상황에 언제 놓이게 될 것인지를 분명하게 통보받은 두 번째 집단과 비교할 때, 과제 수행에서 더 많은 실수를 범했다.[7] 모호함이 실행 두뇌에 소모적인 영향을 미친다는 사실은 첫 번째 집단의 가용 사탕 소비량이 더 많았다는 점으로도 알 수 있었다. 그들은 자동 조종 두뇌에 따라 행동함으로써 즉각적인 보상을 추구할 가능성이 더 컸으며, 보통 때라면 식습관을 잘 통제하던 사람들이라 하더라도 비슷한 영향을 받는 것으로 나타났다.[8]

우리 대부분에게 스트레스성 섭식stress eating은 친숙할 뿐 아니라 어쩌면 개인적으로도 한 번쯤은 경험해봤을 법한 개념이다. 그런데 놀랍게도 스트레스 상황에 처하게 되면 우리는 스트레스성 섭식과 매우 비슷한 기술 사용 습관을 보인다. 이러한 사실은 참가자들에게 스트레스가 높은 과제를 할당한 연구를 통해 조명되었다. 연구자들은 참가자들에게 그들이 왜 특정 직업에 어울리는 이상적인 지원자인가라는 주제와 관련하여 발언해달라고 요청하면서 5분간 준비할 시간을 주었다. 발언 과정은 카메라로 녹화될 예정이었으며, 그 사실만으로도 참가자들이 느끼는 압박감은 증가했다. 참가자들은 과제 중간에 대기실에서 휴식을 취했는데 그들을 은밀하게 관찰한 바에 따르면, 결과적으로 그들은 스트레스가 더 적은 과제(해당 직업을 시작하려는 다른 누군가에게 서면으로 조언을 작성하라)를 할당받은 사람들보다 스마트폰을 훨씬 더 많이 사용했다.[9] 스트레스가 과식을 촉발할 수 있는 것처럼 높은 스트레스 상황은 스마트폰의 사용량을 증가시켰다.

코로나19 팬데믹은 많은 사람이 느끼는 불확실성과 스트레스의 양을 압도적으로 끌어 올렸다. 팬데믹이 우리의 실행 기능에 미친 영향은, 많은 사람이 '브레인 포그brain fog'를 호소하면서 광범위하게 관찰되었다. 브레인 포그는 의학적 진단명은 아니다. 하지만 주의력 감소, 작업 기억력 저하, 정신적 피로 같은 브레인 포그 증후들은 모두 지속적으로 변화하는 환경에 끊임없이 적응하느라 실행 두뇌가 피곤하고 소진된 상태임을 가리킨다. 실행 두뇌가 불확실한 미래라는 과도한 부담을 진 채로 저전력 모드에서 운용됨으로써 그 기능마저 위협받는 상황이다 보니, 우리는 자동 조종 습관에 점점 더 많이 의존할 수밖에 없게 되었다. 우리의 집안에서 또한 감정적으로 스마트폰을 연상시키는 매체들이 강화되고 있는 반면에 야외에서 비기술적 활동을 배출할 수 있는 통로는 제한적이라는 점을 고려할 때, 팬데믹으로 스마트폰 사용량이 늘어났다는 사실은 놀라운 일이 아니다.

스마트폰 기기는 우리를 모든 것에 연결하면서 우리를 계속 일하고 공부할 수 있게 해주는 강력한 연결고리가 되었지만, 그 과정에서 우리의 두뇌에는 스크린 타임을 증가시키는 연관성과 연상 매체들이 그 어느 때보다 많이 생성되었으며, 스마트폰 기기에 얽매이지 않는 활동들을 덮어쓰기 하듯 제거해버림으로써 우리가 더이상 스마트폰이 필요 없는 활동에 참여하지 못하도록 만들었다. 우리의 신경회로 속으로 부호화된 이러한 습관들은 쉽게 제거할 수 없을 뿐 아니라 문제를 일으킬 소지가 크다. 코로나19 팬데믹이 우리의 기술 습관에 미치는 장기적인 영향을 완전히 이해하기에는 여전히 시기상조다. 그러나 팬데믹으로 형성된 새로운 디지털 습관이 팬데믹 제한 조치가 해제된 이후에도 여전히 지속되고 있다고 말하는 사람들이 존재한다.

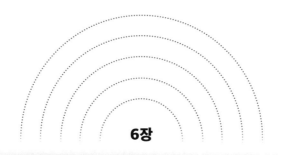

6장

습관 형성은 작은 것에서 시작된다

2016년 인스타그램은 전례 없는 성공을 거두었다. 하지만 그로 인해 많은 문제에 봉착하게 되었다. 처음에 인스타그램 앱의 목적은 순간 포착된 아름다운 사진들을 즉시 공유할 수 있게 하는 것이었다. 모바일 앱으로만 사용할 수 있다 보니 스마트폰으로 직접 사진을 찍고 공유하는 과정이 매우 간단해졌으며, 이미지를 주기적으로 업로드하고 이미지로 상호작용하는 습관을 구축하기에 용이했다. 하지만 인스타그램 사용자 수가 급증하자 완벽한 이미지를 게시해야 한다는 압박감 또한 증가했다. 인스타그램 설립자들의 비전이기도 했던 자연스러움을 포기하는 대신, 사람들은 인스타그램 피드를 아주 세세한 부분까지 일일이 다 큐레이팅*curating*하기 시작했다.[1]

인스타그램으로서는 걱정이 깊어졌다. 사용자들은 자신이 게시한 사진들이 중요한 순간을 포착한 것이라서 피드에 기록하기에 괜찮을 정도는 되어야 한다고 생각하다 보니, '정말로 소소한 행동' 이었던 사진 업로드하기가 신중한 계획이 필요한 일로 전환되었다. 점차 게시물 수가 줄어들었고, 급기야 평균 사용자의 경우 대략 일주일에 한 번 게시물을 올리는 것으로 나타났다.[2] 게시물이 적다는 것은 결과적으로 사람들이 새로운 콘텐츠를 보기 위해 앱을 여는 횟수가 줄어든다는 것을 의미했다. 습관이 바뀌고 있었다. 많은 업체가 사람들의 관심을 끌기 위해 경쟁하는 상황에서, 인스타그램이라는 공간을 계정 주인도 찾지 않는 곳으로 방치할 수는 없었다. 사진 업로드를 훨씬 더 쉽게 할 수 있는 기능이 필요했다. 즉 인스타그램은 사진 업로드를 또다시 정말로 소소한 행동으로 만들 필요가 있었다.

습관의 규모를 파악하라

대학 진학이나 이사, 입사 지원 등 살면서 경험하게 되는 큰일들은 신중한 계획과 심사숙고 과정을 필요로 한다. 앞에서 논의했듯이 실행 두뇌는 이 복잡한 결정들을 일일이 따져보고 판단하는 역할을 하는 데 반해, 정말로 소소한 일들은 자동 조종 두뇌에 위임한다. 자동 조종 두뇌에 저장된 습관은 사람들이 기대하는 것보다 항상 훨씬 더 작다. 화장실 사용 후 손을 씻는 행동은 어린 시절부터 배워온 몸에 밴 습관 중 하나다. 하지만 이 습관이 단순히 손 씻는 과정에 불과한 것은 아니다. 우리의 손 씻기 기술을 구성하는 모든 움직임은 그 자체로 하나의 습관이다. 예컨대 어떤 손을 사용하여 수도꼭지를 트는지부터 비누를 얼마나 많이 쓰는지, 어떤 식으로 두 손을 문지르는지에 이르기까지 우리는 각자 나름의 독특한 시퀀스에 따라 손 씻기를 실행한다. 이는 훈련 과정 동안 보다 철저하고 임상적인 손 씻기 방법을 배우기 위해 몸에 밴 습관의 일부를 없애느라 상당한 시간과 노력을 들이는 의료 전문가들만 봐도 분명해진다.

이처럼 정말로 소소한 습관들이 자동적으로 실행된다는 사실은, 그러한 습관들이 실행 두뇌가 설정한 중요한 목표들과 충돌할 수 있음을 의미한다. 내 경험을 예로 들어보자. 코로나19 팬데믹 동안 의사 노릇을 한다는 것은 평소보다 훨씬 더 자주 손을 씻어야 한다는 것을 의미했다. 이로 인해 나는 피부염에 걸렸고, 손등 피부가 빨갛게 되면서 피부가 벗겨지기 시작했다. 치료법은 일반 비누보다 피부 자극이 덜하고 피부 본연의 유분과 수분을 보호하는 데 도움을 주는 항균 세정제를 사용하는 것이었다. 하지만 손을 씻을 때면 어김없이, 내 자동 조종 두뇌는 크림 성분의 세정제가 아니라 그 옆의 익숙한 펌프형 비누로 손을 뻗었다. 그러다 손에 예상치 못한 쓰라림을 느끼고 나서야 내가 실수했음을 깨닫고는 했다. 내가 그 순간에 집중하며 의식적으로 생각할 수만 있었다면 범하지 않았을 실수였다. 하지만 대개의 경우 내 자동 조종 두뇌는 외부 연상 매체에 의해 활성화되는 저장된 습관을 되풀이하는 일에 열심이었다.

실제로는 일련의 복잡해 보이는 행동들도 정말로 소소한 습관들로 구성되어 있다. 예를 들어 좋아하는 음식을 요리하는 행동은 하나의 습관이 아니라 찬장에서 요리 도구 꺼내기, 야채 다지기, 냄비 젓기 등 수십 개의 습관으로 이루어져 있다. 이따금 우리가 레시피를 확인하고 다음에 무엇을 해야 하는지를 고민하느라 잠시 요리를 멈출 때, 실행 두뇌로부터 지시가 내려올 수도 있다. 하지만 일단 결정되고 나면, 실행 두뇌는 자동 조종 두뇌에게 지휘권을 넘기고 뒤로 물러나 무언가 다른 중요한 것들에 대한 생각으로 빠져든다.

기술은 정말로 소소한 행동에 좌우된다

일반적으로 기술의 목표는 삶을 보다 편리하게 만드는 것이다. 따라서 새로운 기술이 창조되면, 이전에 수고스러웠던 행동도 손쉬운 행동으로 바뀐다. 리모컨은 TV를 켜고 끄는 일을 쉽게 만들었으며, 온라인 쇼핑은 사고 싶은 물건을 더 쉽게 발견할 수 있게 해주었다. 또한 이메일로 커뮤니케이션 장애물이 줄어들었으며, 비접촉형 결제contactless payment(결제 단말기와 마그네틱 카드 같은 결제 수단이 물리적으로 접촉함으로써 결제가 이루어지는 방식을 말한다.-옮긴이)로 보다 신속하게 결제를 끝낼 수 있게 되었다. 이러한 혁신은 의심할 여지없이 유익하지만, 가장 편한 경로를 따르기 때문에 습관을 형성하기에도 용이하다. 스마트폰을 손닿는 곳에 둔다는 것은 최소한의 움직임만으로도 스마트폰에 접근할 수 있다는 것을

의미한다. 쉬운 행동일수록 생각할 필요도 줄어들며, 실행 두뇌의 개입이 줄어들수록 자동 조종 모드에 따라 행동할 가능성이 더 커진다.

스마트폰 시대가 열리기 전에는, 자신의 생각을 발표하기까지 상당한 시간과 노력이 들었다. 일반적으로 책과 논문을 발표하기 위해서는 초안을 마련하고 집필하고 편집하는 등 준비 과정에 많은 시간이 필요하다. 이러한 상황은 21세기로 접어들며 블로그가 폭발적으로 증가하고, 그 덕분에 누구나 쓰고 싶은 것을 쓰고 온라인상에서 바로 발표까지 할 수 있게 됨에 따라 바뀌기 시작했다. 블로그에 글을 쓰는 일은 잡지나 책에 글을 발표하는 것보다 수월해졌다. 하지만 웹사이트나 플랫폼을 관리하기 위해서는 여전히 상당한 양의 의식적인 노력이 필요했으며, 따라서 습관 형성에 제한적이었다. 소셜 미디어는 그러한 제한에 대안이 되어주었다. 소셜 미디어는 비교적 간단한 계정 생성 과정만 거치면 생각이나 이미지를 공유할 수 있는, 그래서 그러한 공유 작업이 정말로 소소한 행동이 될 수 있는 플랫폼을 제공함으로써 발표에 따른 비용을 낮췄다. 몇 단어를 쓰건 아니면 사진 한 장을 올리건, 이제는 겨우 몇 번의 단계만 거치면 잠재적으로 전 세계가 그것을 볼 수 있게 되었다.

습관을 형성할 수 있느냐 없느냐에 따라 성공 여부가 결정되는 기술 영역에서는 정말로 소소한 행동이 중요하다. 인스타그램이 피드에 올리기에 적합하다고 여겨지는 콘텐츠의 기준을 의도치 않게 올려버렸다면, 스냅챗Snapchat이라는 또 다른 앱은 그 기준을 낮췄다. 스냅챗의 구상은 인스타그램이 창조해낸 세련된 세상을 거부하는 것에서 시작되었다. 스냅챗은 스토리stories라 불리는 자발적이고 즉흥적이며 필터링되지 않은 콘텐츠를 게시했다가 사라지게 했다.[3] 일주일에 한 번씩만 이뤄지는 고도로 큐레이팅된 인스타그램의 '정말로 거창한 행동really big action'과 비교하면, 스냅챗은 고도의 편집과 계획 없이 하루에도 여러 차례 수행될 수 있는 정말로 소소한 행동이 전부였다. 그 결과 사람들은 자신의 하루 전체를 시간순으로 기록하는 습관을 만들어냈다. 일어나서 포스팅하고, 커피를 마시다 포스팅하고, 운동을 끝내고 포스팅하는 등 그날 한 모든 일을 공유했다. 스토리가 제공하는 정말로 소소한 행동은 엄청난 습관 형성의 힘을 가졌다.

인스타그램으로서는 스냅챗에 맞대응하고 계속해서 습관 형성을 유도하기 위해서라도 과감한 조치를 취하지 않으면 안 됐다. 2016년 8월, 인스타그램은 스냅챗을 그대로 모방한 스토리 자체 버전을 출시했다.[4] 기준이 다시 낮아졌다. 인스타그램 피드에서는 여전히 고도로 정제된 큐레이팅 작업이 이루어졌지만, 스토리에 무언가를 업로드하기 위해서는 정말로 소소한 행동만 있으면 됐다. 문화 또한 바뀌었다. 사람들은 특별한 순간이 아니라 일상 활동들을 게시함으로써 자신의 팔로워들을 위한 수많은 습관을 형성할 수 있었다.

인스타그램과 스냅챗의 스토리 사용은 기술 행동이 자동 조종 두뇌에 부호화될 때 소소한 행동일수록 더 많이 자동화될 수 있다는 것을 보여주는 많은 사례 중 하나다. 기술 회사들은 이 분야에서 끊임없이 혁신을 이루고 있다. 얼굴 인식을 사용하면, 스마트폰 잠금을 해제하기 위해 더 이상 버튼 하나라도 누를 필요가 없다. 뿐만 아니라 우리는 이메일 클라이언트(Gmail, Outlook, AppleMail처럼 사용자가 이메일을 전송하고 수신하며 저장할 수 있게 하는 소프트웨어 프로그램 혹은 웹 응용 프로그램-옮긴이)로부터 소셜 미디어, 게임에 이르기까지 우리가 사용하는 모든 앱에 영구적으로 로그인되어 있다. 디자이너들은 특정 행동을 인지하면 이를 더 쉽게 만들 수 있는 솔루션을 발견한다. 이를테면 몰아보기를 할 때 사람들이 크레딧과 지난 에피소드 줄거리를 건너뛴다는 사실에 주목하여, 스트리밍 서비스를 제공할 때 시청자들이 건너뛰기를 할 수 있는 단일 버튼을 생성하는 식이다. 작은 버튼을 누르는 대신 사진 자체를 2번 탭하는 것 같은 사소한 항목들도 편의를 증진하기 위해 설계된다. 하지만 이러한 편리함은 많은 디지털 습관을 형성하는 대가로 얻어진다.

습관이 정말로 소소하다는 말은 습관의 크기를 묘사하는 것이 아니라, 습관을 실행하는 데 필요한 정신적 노력의 양을 의미한다. 긴 블로그 글을 작성해서 게시하는 데에는 많은 정신적 노력이 필요하다. 트윗 하나당 140자를 넘지 않도록 글자 수에 맞게 생각을 줄여 편집하는 것도 마찬가지다. 2017년에 이 문제를 인식한 트위터 측은 게시물의 글자 수를 2배로 늘렸다. 그럼으로써 사람들에게 자신의 생각을 트윗할 수 있는 충분한 공간을 제공하면서도, 더 긴 글을 게시하거나 읽기 위한 기준을 크게 올리지 않아 사람들이 정신적 노력을 많이 소모하지 않게 할 수 있었다. 1분 길이 동영상으로 유명해진 틱톡 앱은 사용자에게 더 긴 영상을 생성할 수 있는 선택지를 부여함으로써 편집에 필요한 시간을 줄일 수 있게 해주었다. 인스타그램이 그 뒤를 따랐다면, 긴 동영상으로 유명한 유튜브 플랫폼은 만들고 시청하는 데 노력이 덜 드는 보다 짧은 콘텐츠 형식을 사용자들에게 제공했다.

기술 회사들은 여전히 우리의 디지털 작업을 더 쉽게 만들겠다는 목표를 가지고 있는 반면, 비기술적 활동은 우리에게 여전히 과거와 같은 정도의 노력을 기울이라고 요구한다. 우리가 더 많은 디지털 습관을 형성함에 따라, 이 둘 사이의 균형은 기술 활동 쪽으로 더 기울게 된다. 이는 습관이 내부의 힘을 덜 쓰도록 하기 때문이다. 즉 습관이 형성되면 자동 조종 두뇌의 전원이 켜지면서 두뇌가 정신적 노력을 덜 기울여도 된다. 이러한 균형 파괴는 자동 조종 두뇌로의 위임이 일어나는 저전력 모드일 때 특히 두드러진다. 저전력 모드에서 우리는 비기술 활동을 하기보다는 차라리 그 시간에 스마트폰을 들어 인스타그램을 확인하려 한다. 하지만 그런 행동을 하는 이유는 그것이 습관이어서가 아니라, 우리의 두뇌가 비기술 활동을 자동 조종 두뇌의 지원을 받지 못하는 보다 수고스러운 일로 여기기 때문이다.

이는 우리의 디지털 습관과 관련하여 중요한 불일치가 존재함을 보여준다. 앞에서 논의했듯이 달성하고 싶은 목표를 설정할 때 종종 우리는 지속하기 어려운 높은 기준을 자신에게 부과하는 경향이 있다. 하지만 정반대로 기술은 보다 사용자 친화적인 제품을 만들기 위해 끊임없이 방법을 모색하는 중이다. 이러한 불일치를 바로잡기 위해서는, 저전력 모드처럼 당신이 그러한 높은 기준을 충족할 수 없을 때를 대비하여 플랜 B(빌딩 블록 2)를 세우는 것이 중요하다. 이 방법은 특히 당신이 피하고 싶은 기술 행동들의 크기를 증가시키는 장애물 삽입하기(빌딩 블록 3)와 함께 사용한다면, 이 균형을 재설정해서 자동 조종 두뇌가 가장 쉬운 선택지로 엇나가는 것을 방지하는 데 효과적이다.

습관은 또 다른 습관을 부른다

신경과 전문의는 환자를 진찰할 때 얼굴, 팔, 다리의 다양한 신경 기능을 검사하는 복잡한 과정을 거친다. 그러고 나면 의사는 힘줄 망치로 신체의 전략적 부분들을 두드려 반사작용이 일어나도록 유도한다. 초보 의사에게 이 일련의 과정을 배우는 일은 힘들 수 있지만, 노련한 임상 전문의에게는 자연스러운 일이다. 두 사람의 차이는 습관에서 기인한다.

소소한 신체 행동들 자체가 다음 행동을 유발하는 연상 매체의 역할을 할 수 있다. 이는 일련의 정말로 소소한 행동이 고리로 연결된 하나의 사슬을 형성하여, 마치 연쇄적으로 줄지어 넘어가는 도미노처럼 각각의 행동이 다음 행동을 시작하게 할 수 있음을 의미한다. 만약 당신이 나에게 신경학적 진찰 과정을 평소와 다른 순서대로 완료해보라고 요청한다면, 나는 이미 검사한 항목과 그다음으로 검사할 항목을 기억하기 위해 내 실행 두뇌를 사용해야만 할 것이다. 하지만 정말로 소소한 행동이 하나의 사슬로 예측 가능하게 연결되어 있다는 것은 일단 내가 첫 번째 도미노 조각을 넘어뜨리기 시작하면, 나머지도 자연스럽게 따라 넘어지게 된다는 것을 의미한다. 이 시퀀스는 자동 조종 두뇌에 의해 실행될 수 있으므로 실행 두뇌는 다음에 해야 할 일을 고민하는 대신, 이상 현상을 찾고 잠재적인 진단명들을 유추하는 일에 자유롭게 집중할 수 있다.

이 '도미노 효과'는 우리가 기술을 사용할 때도 관찰된다. 일단 스마트폰을 집어들면, 당신은 일련의 행동들을 매번 비슷한 순서대로 실행한다. 즉 우리는 모두 각자 나름의 독특한 앱 확인 사이클(예를 들어 메시지, 이메일, 뉴스 앱과 소셜 미디어 순으로 확인하는 것처럼)을 자신의 저장된 습관에 기초하여 발전시켰다. 좀 더 자세히 들여다본다면 각각의 앱에서도 당신은 비슷한 순서대로 행동하고 있음을 발견할 수 있을 것이다. 예컨대 소셜 미디어 앱의 경우, 당신은 공지 확인에서 시작하여 피드를 훑어보거나 여타 기능들에 접근했다가 다음 앱으로 나가기 전에 최종적으로 새로고침하는 것으로 앱 활동을 마무리할지도 모른다.

몇 시인지 시간을 확인하기 위해 스마트폰을 집어 드는 것처럼 단순한 행동도 첫 번째 도미노 조각 역할을 할 수 있다. 연이은 개별적인 행동 각각은 정말로 소소하지만 다음 도미노 조각이 넘어지도록 유발하는 역할을 할 수 있으며, 그러다 보면 그 모든 조각이 더해져 결국에는 자동 조종 두뇌에 강력한 디지털 사이클이 저장되고 자동으로 실행된다. 이런 식으로 도미노 효과는 각각의 '빠른 확인'을 의도치 않게 디지털 우회로로 바꿀 수 있는 잠재력을 가지고 있다. 런던정경대학에서 실시한 연구에 따르면, 당시 참가자들의 약 20프로에서 이러한 도미노 효과가 발생했다고 한다. 5명 중 4명은 스마트폰 확인에 그쳤지만, 나머지 한 명은 가상 세계에 빠져들면서 자신만의 고유한 개인적 디지털 사이클에 사로잡혔다.

일단 그러한 사이클에 사로잡히면 중단하기가 어려울 수 있다. 이는 실행 두뇌에게 결정을 내리도록 자극을 가할 수 있는 정지 사인이 부족할 뿐만 아니라 모든 행동을 다 수행하기 전까지는 아무것도 끝나지 않았다는 느낌이 들기 때문이기도 하다. 원래 의도는 뭔가를 빠르게 확인하는 것이었을지도 모른다. 하지만 그 의도를 인지했을 때는, 이미 상당한 시간이 지나버린 뒤다. 디지털 사이클의 지속 시간이 통제하기 어려울 뿐 아니라 그 성격상 마찰이 없다는 것은, 스마트폰에 열중하는 동안 우리의 두뇌가 종종 시간의 흐름을 오산한다는 것을 의미한다. 사이클을 중단시키기 위해서는 사이클의 구성 요소를 확인해서 다양한 주요 지점에 장애물을 삽입(빌딩 블록 3)할 필요가 있다. 장애물 덕분에 사이클의 작동 기반인 자동 조종 모드가 중단되고 실행 두뇌가 활성화되면, 당신은 다른 선택을 할 수 있는 힘을 얻게 된다. 저전력 모드일수록 장애물이라는 이 대안적 선택은 스마트폰 사용을 미루고 5분 규칙(빌딩 블록 1)을 사용하는 것처럼 소소할 수 있다.

정말로 소소한 시간과 행동을 간과하지 말라

—

지금 즈음이면 이 책을 읽고 있는 독자 중 대다수가 스마트폰에 손을 댔거나, 아니면 손을 대고 싶었거나 했을 것이다. 당신이 그랬다 한들 크게 문제가 될 건 없다. 어쨌거나 그것은 그저 빠른 확인의 일환이며 당신은 다시 돌아와 책 읽기를 이어갈 수 있다. 우리가 그렇게 생각하는 이유는, 정말로 소소한 행동 각각이 그 순간에 미치는 영향력이란 늘 무시해도 좋을 만큼 미미해 보이기 때문이다.

우리 두뇌의 실행 시스템은 큰일을 고민하는 데 상당한 노력과 에너지를 쓰느라 자동 조종 두뇌에 위임한 작은 일들을 쉽게 잊고는 한다. 이는 우리가 정말로 소소한 행동의 힘은 과소평가하는 데 반해 큰 행동들의 힘은 과대평가하는 일관된 경향을 지니고 있음을 의미한다. 실행 두뇌는 전반적인 비전을 제시하는 일을 한다. 하지만 그러한 목표는 자동 조종 두뇌 속에 저장된 습관을 통해 끊임없이 발품을 팔아야만 실현될 수 있다. 크고 야심 찬 행동은 적지만, 습관은 셀 수 없이 많다. 우리의 삶은 소수의 위대한 결정의 결과가 아니라 무수히 많은, 정말로 소소한 행동의 산물이다. 예를 들어 살면서 이사를 하는 횟수는 몇 번 안 되지만, 말끔하게 치워진 집에 살려면 사용한 물건들을 제자리에 놓기 위해 셀 수 없이 여러 번 정리 정돈을 해야 한다. 이 원칙은 우리의 스마트폰 습관이라는 문제에 있어서 특히 적절하다. 우리가 시간을 보내고 에너지를 집중하고 장기적으로 관계를 키워가는 법을 결정하게 될 조력적 디지털 습관은 일회성 정밀 점검으로 만들어지는 것이 아니라, 지속적인 노력을 기울일 때 구축하고 유지할 수 있다. 시간은 또한 정말로 소소한 행동의 힘을 배가시킨다. 물리적 세계에서 5분은 스마트폰을 빠르게 훑어보는 것 외에 다른 어떤 중요한 일을 하기에는 길지 않은 시간이라는 생각에 그 중요성을 간과하는 것이 일반적이다. 독서를 할 정도로 충분한 시간은 아닌 관계로 당신은 그 몇 분을 스크롤하는 데 쓴다. 또한 학회 논문을 쓸 정도의 시간을 아니니 그 대신 트윗을 날리며, 운동을 하기에도 부족하니 틱톡 동영상 몇 편을 시청하는 것으로 대신할 수 있다. 하지만 대부분의 기술 회사로서는 우리가 간과하는 그 정말로 소소한 행동(그 5분)이 모여서 중요한 결과를 낳을 수 있다는 사실을 이미 잘 알고 있다.

앞 장에서 배웠듯이 우리가 어떤 특정 행동을 하게 될 가능성은 주변 환경과 내부 상태는 물론이고 이전에 한 일에 의해서도 좌우될 수 있다. 심지어 같은 맥락이라 할지라도, 정말로 소소한 행동 하나의 실행이 도미노 효과를 통해 우리의 행동 경로를 완전히 바꿔놓을 수 있다. 종종 사람들은 일어나자마자 침대를 정리하면 생산적인 하루를 보내게 된다고 하는 반면, 계속 잠옷 차림으로 있으면 비생산적인 하루를 보내게 된다고 말하곤 한다. 아주 가벼운 손놀림으로 첫 번째 도미노 조각을 쓰러뜨리기만 해도 나머지 조각들이 연이어 쓰러지는 법이다. 누군가에게는 악기를 집어 드는 행동이 성공적으로 연습 시간을 마무리하기 위해 넘겨야 하는 첫 번째 도미노 조각일 것이다. 마찬가지로 다른 누군가에게는 운동화를 신는 행동이 달리기를 위한 첫 번째 도미노 조각일 수 있다. 이 시작 습관들은 출발점을 제공하며, 모든 활동은 출발점이 있어야 일어날 수 있다. 책상에 앉거나 운동화를 신는 행동이 글쓰기와 운동에 유리한 환경을 조성하는 것처럼 스마트폰을 집어 드는 행동은 스크롤을 하기에 최적의 환경을 조성한다. 도미노 효과는 정말로 소소한 행동(우리의 목표에 도움이 되건 아니면 목표와 충돌하건 간에)의 힘을 증폭할 수 있는 잠재력을 지니고 있다.•

　중요한 것은 기술 사용을 두려워하기보다는 유용한 디지털 습관과 문제성 디지털 습관 사이의 균형을 회복하는 것이다. 우리의 스마트폰에는 생산성을 올리고 여흥을 즐기기 위해서라도 사용해야 할 타당한 이유가 차고 넘치며, 때로는 스마트폰을 사용하는 것이야말로 가장 합리적인 경우도 존재한다. 하지만 정말로 소소한 행동과 디지털 습관이 자동 조종 두뇌에 미치는 영향을 염두에 두어야 한다. 습관에는 악의가 없고 또한 알아차리기도 힘들다. 이러한 특성으로 인해 습관은 우리의 생활 곳곳으로 은밀하게 침투하며, 시간이 지남에 따라 또다시 도미노 효과를 통해 증식한다. 그러다 보니 나는 지금 이 책을 쓰면서도, 5분간 스마트폰을 빠르게 확

• 이 책을 쓰는 동안 나의 도미노 습관은 일단 한 단어라도 쓰는 것이었다. 어리석게 들릴 수도 있지만 이 방법은 매우 효과적이었다. 내게는 커피 한 잔을 마시고 책상에 앉은 다음 워드 문서를 열어 마지막에 쓴 내용을 확인한 후에야 다음에 쓸 단어와 내용을 결정하는 버릇이 있었다. 그리고 대개 이 행동 뒤에는 폭포처럼 다른 행동들이 연이어 나오곤 했다. 생활이 바쁠 때면, 여러 주가 지나도록 전혀 글을 쓰지 못하기도 했다. 하지만 전과는 다르게 하루에 한 단어라는 습관으로 내 두뇌에 강력한 글쓰기 습관을 구축할 수 있었다.

인한 다음 다시 글쓰기로 돌아오면서도 아무도 알지 못할 거라 자위하기를 반복한다. 하지만 이런 일이 하루에도 여러 번 1년 이상을 반복해서 일어난다면, 그래서 거기에 빨려든 나머지 원고를 끝내기 힘들 정도로 집중력이 분산되는 상황이 생긴다면, 어떤 기분이 들겠는가? 나는 내가 내릴 답을 이미 알고 있다. 이제 당신이 답할 차례다.

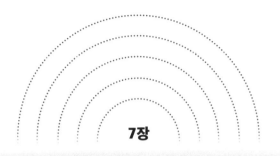

7장

좋아요는 어떻게
우리의 관심을 사로잡는가

페이스북의 '좋아요' 버튼은 디지털 통화digital currency가 번창하는 사회를 만들어내는 데 일조했지만, 사실 그것은 우연의 산물이었다.[1] 좋아요 버튼의 원래 목적은 게시물에 수고스럽게 댓글을 다는 일을 간소화해서 정말로 소소한 행동으로 대체하는 것이었다. 또한 중요한 발표에 달리는 다양한 축하 댓글들을 그저 버튼 하나를 탭하는 것으로 대체할 수 있다면 그 총계를 집계할 수도 있을 터였다. 물론 여전히 사람들은 엇비슷한 댓글 속에 파묻히는 대신에 더 길고 더 진심 어린 댓글을 남겨 이목을 집중시킬 수도 있을 것이었다. 하지만 좋아요 버튼은 의도한 목표를 달성했다. 그런 데다 의도치 않은 결과가 보상처럼 따라왔다. 사람들이 '좋아요'를 얻기 위해 게시물을 더 많이 올리기 시작한 것이다.

우리는 본능적으로 스마트폰이 유익하다는 것을 알고 있다. 손을 뻗기만 하면 스마트폰은 우리에게 오락이나 흥밋거리를 제공하거나, 타인과 의사소통하고 싶어 하는 인간의 욕구를 충족시켜 주기도 하며, 지루한 순간이나 피하고 싶은 어려운 과제에 대한 편리한 대안이 되어주기도 한다. 그렇다면 대체 그 순간 우리의 두뇌에는 어떤 일이 벌어지고 있는 걸까? 이 장에서는 습관 퍼즐의 세 번째 조각인 '보상'에 초점을 맞출 것이다. 보상은 반복과 함께 작용하여, 정말로 소소한 습관 행동을 연상 매체라는 촉발 요인에 결합하는 역할을 한다. 이런 과정이 어떻게 일어나는지를 설명하기 위해서는 더 세밀하게 살펴볼 필요가 있다. 지금부터는 두뇌에서 생성되는 도파민이라는 화학 물질에 관해 이야기할 차례다.

보상은 습관을 저장한다

뇌간brainstem에서 뇌 물질은 좁아지다가 줄기 모양을 형성하며 척수spinal cord에 부착된다. 이 뇌간과 자동 조종 두뇌 사이에는 중뇌midbrain라는 기관이 존재하는데, 바로 이곳에서 소규모 뉴런들(두뇌에 존재하는 총 뉴런 개수의 대략 1프로에도 미치지 못하는)이 복측피개영역ventral tegmental area을 구성한다. 복측피개영역은 자동 조종 두뇌 내부의 흑색질과 함께 도파민을 생성하는 두뇌의 2가지 주요 영역 가운데 하나이며, 흑색질은 '흑색 물질substantia nigra'을 뜻하는 라틴어에서 명칭이 유래한 것에서 알 수 있듯이 어두운 외관이 특징이다. 뉴런은 신경 전달물질이라는 화학 물질을 이용해서

다른 뉴런과 소통한다. 그리고 도파민은 뇌에서 발견되는 이러한 신경 전달물질의 하나다. 두뇌는 미세하게 변동하는 도파민의 지연 준위background level(안정적인 환경에서 분비되는 물리적 양을 표시한 값으로 기준값에 해당한다.-옮긴이)가 안정적으로 유지될 때 제대로 기능할 수 있다. 하지만 도파민은 폭발이 일어나듯 밀리초 단위로 급속히 방출될 수도 있다. 도파민의 기본적인 분출 수준과 급속한 분출 시점, 그리고 연이은 짧은 중단은 일종의 도파민 모스 부호를 생성한다. 하지만 과학자들이 70년 넘게 그 부호를 해독하려 애써왔음에도 불구하고 우리는 여전히 도파민의 복잡성과 기능을 발견하는 과도기에 있다.

인터넷의 빠른 검색 기능을 사용하면 도파민을 '쾌락 분자 pleasure molecule'라고 부르는 검색 결과를 가장 흔하게 접할 수 있을 것이다. 하지만 도파민은 뇌에서 그보다 훨씬 더 복잡한 역할을 한다. 예를 들어 흑색질에서 생성되는 도파민은 운동 기능에서 중요한 역할을 담당한다. 도파민의 운동 기능을 가장 잘 보여주는 예가 파킨슨병Parkinson's disease이다. 파킨슨 질환으로 흑색질의 도파민 세포가 훼손되면 신체 움직임이 느려지고 떨림이 동반된다. 흑색질의 도파민이 운동 기능에서 결정적 역할을 한다면, 복측피개영역의 도파민 세포들은 보상 신호전달에서 중요한 역할을 한다. 여기서는 복측피개영역 도파민의 다음 2가지 기능을 주목할 필요가 있다.

➤ 도파민은 학습 신호를 제공한다

> 도파민은 행위 동기를 부여한다

복측피개영역에는 자동 조종 두뇌에 직접 연결되는 고속도로처럼 큰 연결부가 존재한다. 우리가 보상을 받으면 복측피개영역에서는 도파민이 방출되어 자동 조종 두뇌에게 상황을 판단하라는 지시를 내린다. 그러면 자동 조종 두뇌는 과거를 회고한다. 정말로 소소한 행동 중에 이러한 보상을 가져온 행동이 있었는가? 그때 주변의 환경 연상 매체는 무엇이었는가? 그렇게 보상이 주어지는 동안 방출되는 도파민은 우리의 두뇌에 강력한 학습 신호를 보냄으로써, 연상 매체와 정말로 소소한 행동 사이를 연결하는 방식으로 두뇌의 연결 구조에 변화를 일으키기 시작한다. 본질적으로 보상은 습관을 저장하는 과정을 시작하며, 반복은 그러한 저장 과정을 마무리짓는다. 이 저장 과정으로 우리의 자동 조종 두뇌에 이미 저장되어 있는 습관 시퀀스들은 업데이트된다. 그러므로 자동 조종 두뇌는 같은 보상 상황에 직면할 경우, 과거에 그 보상을 가져왔던 같은 행동을 반복하려 한다.

우리의 두뇌는 끊임없이 세상을 평가하고 무슨 일이 발생할지를 예측한다. 따라서 언제 이러한 예측이 엇나가는지를 인지할 필요가 있다. 이는 예측한 보상보다 예측하지 못했던 보상이 도파민을 더 많이 방출하며, 학습 신호를 더 강렬하게 보낸다는 것을 의미한다. 우리의 화학적 신호전달에서는 보상의 정확한 가치보다 보상이 예측하지 못한 상태에서 주어졌다는 사실 자체가 더 중요하다. 예를 들어 자신이 보통 때 받는 급료에 비해 상대적으로 적은 금액이라 할지라도 추가로 얼마간의 돈이 더 생긴다면 일반적으로는 그 돈이 급료보다 더 큰 활력을 불러일으킬 것이다. 이것이 가능한 이유는, 급료는 예측 가능한 일인데 반해 그 추가적인 돈은 의외의 일이기 때문이다. 마찬가지로 보장된 보상은 우리의 뇌를 자극하지 않는다.

그러므로 보상은 디지털 습관을 자동 조종 두뇌에 부호화하는 데서 결정적인 역할을 한다. 우리가 앞에서 이미 논의했던, 일을 시작하기 위해 책상에 앉는 상황을 떠올려보자. 당신은 집중하지 못하는 자신을 발견할 수도 있다. 뭔가 다른 걸 찾다가 소셜 미디어 앱을 열고 게시글을 올린다. 땅 하는 소리와 함께 게시글에 좋아요가 넘쳐나며 지루하던 아침에 비로소 활기가 돈다. 도파민이 급상승한다. 스마트폰 속의 이 매혹적인 콘텐츠는 바로 지금 당신의 자동 조종 두뇌에, 외부 환경(책상)과 내적 상태(지루함)라는 연상 매체를 이 정말로 소소한 행동에 연관 짓는 학습 신호를 제공했다. 새로운 디지털 습관의 시작이다.

페이스북이 좋아요 버튼을 도입하기 전에는 댓글을 달기 위해 추가적인 노력이 필요했다. 그러다 보니 댓글이 상대적으로 적었으며 누군가 당신의 게시글을 읽었다 한들 그게 누군지를 알 수 없었다. 댓글이 적다는 것은 자연히 게시글 작성의 보상적 성격을 제한했다. 하지만 좋아요 버튼으로 이 모든 것이 바뀌었다. 소셜 인증에 따른 보상이 갑자기 많아졌고, 공지 알림을 확인했을 때 예상치 못한 좋아요가 넘쳐나는 순간을 목격하는 것은 그 자체로 강력한 보상이 되었다. 나아가 보상은 두뇌에 하나의 학습 경험으로 작용했으며, 보상을 일으킨 행동은 습관으로 저장되었다. 그 결과 게시물 수가 증가하게 되었다.

우리의 일상생활 대부분은 단조롭고, 그에 따라 우리의 두뇌는 어떤 일이 생길지 이미 예측하고 있다. 반면에 디지털 세상은 방대하고 넓어서 예기치 못한 보상을 얻게 될 가능성이 더 크다. 생각지도 못했던 긍정의 이메일을 받게 된다든지, 마음을 사로잡는 뉴스 스토리나 친구가 보낸 메시지를 보게 되는 경우처럼 우리는 물리적 환경에서보다 스마트폰을 들여다보면서 예상치 못한 보상과 우연히 마주칠 가능성이 더 크다. 이러한 예상치 못한 보상들은 더 큰 도파민 학습 신호를 방출하는 계기가 된다. 또한 디지털 세상은 평소라면 보상받지 못했을 다양한 삶의 측면에 대한 보상도 제공할 수 있다. 보통 때라면 빠르게 잊혔을 무작위적인 산만한 생각도 꼬리에 꼬리를 무는 인터넷상의 흥미로운 링크를 따라감으로써 가치 있는 생각이라는 보상감을 얻을 수 있다. 마찬가지로 머릿속에 얼핏 들다 사라졌을 생각도 소셜 미디어에 게시되어 좋아요 반응을 모을 수 있다.

도파민은 동기부여 분자다

———

도파민은 이중의 힘을 발휘한다. 즉 도파민은 학습을 돕는 역할을 할 뿐 아니라 행동에 강력한 동기를 부여하기도 한다. 도파민의 동기부여 역할은 1990년대에 원숭이와 과일 주스라는 일련의 획기적인 실험들로 조명되었다. 과일 주스를 얻을 수 있다는 기대 심리는 원숭이에게 적지 않은 흥분을 유발하고, 그에 따라 체내 도파민 수준도 급상승한다. 이 실험을 진행하는 동안 과학자들은 과일 주스를 꺼내기 바로 몇 분 전에 불을 켜는 행동을 계속해서 반복했는데, 처음에 원숭이들은 불빛에 주의를 기울이지 않았다. 하지만 도파민의 학습 역할이 원숭이의 행동에 변화를 유발했다. 원숭이의 두뇌는 불빛이라는 환경 속 단서를 과일주스라는 보상적 결과에 적극적으로 연결하기 시작했다. 이윽고 불을 켜는 행동만으로도 원숭이들의 기대감은 증폭되었는데, 이는 주스가 나타나기도 전에 입맛부터 다시는 원숭이들의 모습을 통해 입증되었다. 하지만 그보다 훨씬 더 흥미를 자아냈던 것은 도파민 신호 자체에서 나타난 변화였다. 처음에 주스라는 보상과 궤를 같이하며 급상승했던 도파민이 이제는 불빛이라는 연상 매체에 의해 촉발되었다. 도파민은 보상 그 자체에 대한 반응이라기보다 보상에 대한 기대감으로 방출되는 중이었다.[2]

이 실험은 도파민이 기대/동기부여와 학습에서 수행하는 이중적 역할을 더할 나위 없이 잘 조명한다. 예측하지 못했던 보상이 주어지면, 도파민은 자동 조종 두뇌에게 과거에 이것과 같은 보상이 주어졌던 적이 있는지를 되돌아보도록 자극하는 학습 신호를 제공한다. 하지만 일단 두뇌가 보상을 정확히 예측하는 법을 학습하고 나면, 두뇌는 오히려 보상을 기다리고 기대하기 시작한다. 이러한 도파민의 급상승이야말로, 우리가 보상을 갈망하도록 만드는 동기이기도 하다. 과학적으로 볼 때, 도파민은 특정 보상이 우리의 한정된 에너지 자원을 소비하면서까지 얻어야 할 정도로 가치 있는지를 보여주는 하나의 추정치를 제공한다. 제공되는 보상이 클수록 도파민의 급격한 상승세는 더 맹렬해지고, 행동 충동은 더 강렬해진다.

이것이 바로 디지털 습관을 관리하기 어렵게 만드는 이유다. 불빛이라는 단일 연상 매체만 가졌던 원숭이들과 달리, 우리는 우리의 외부 환경과 내부 상태를 통해 작동하는 많은 연상 매체들을 가지고 있다. 침대부터 책상, 식탁, 심지어 (누군가에게는) 화장실에 이르기까지 모든 것이 잠재적 보상을 나타내는 연상 매체가 되어 스마트폰을 찾게 만들 수 있다. 행복하건 슬프건, 아니면 지루하건 열정적이건 간에 우리가 느끼는 내부 상태도 마찬가지 역할을 할 것이다. 우리의 두뇌는 그러한 연상 매체를 만나는 순간 심지어 스마트폰에 손을 대지 않았음에도 잠재의식적으로 디지털 보상을 기대할 것이다. 그렇게 하지 않기 위해서는 실행 두뇌가 개입해서 귀중한 정신 에너지를 소모해가며 자동 조종 두뇌의 작동을 중단시켜야만 한다. 만약 실행 두뇌가 하루에도 여러 번 그와 같은 일을 해야 한다면 피로가 누적될 것이며, 우리는 더 쉽게 저전력 모드에 빠지게 될 것이다. 그리고 애석하게도 저전력 모드의 우리는 스마트폰이 즉각적으로 제공하는 직접적인 보상에 훨씬 더 취약하다.

도파민 급상승에 대한 이러한 기대감이 있기에 접하는 내용 대부분이 지루하더라도, 우리는 여러 차례 화면을 두드리는 수고를 마다하지 않으며 기꺼이 이메일과 소셜 미디어 피드를 재차 확인한다. 우리의 두뇌는 이러한 행동이 그럴 만한 가치가 있다고 판단한다. 어쨌든 흥미로운 정보가 하나라도 있으면 보상을 받을 수 있을 거라고 희망하기 때문이다. 우리의 행동을 부추기는 것은, 보상 자체라기보다는 잠재적 보상에 대한 매혹적인 약속이다. 우리는 이 약속된 보상이 종종 실현되지 않는다는 사실을 잘 알고 있다. 그럼에도 불구하고 우리는 과거에 일어났던 무언가 흥미로운 일이 현재에도 일어나는지를 알고 싶어 한다. 예를 들어 한 시간에 10번이나 소셜 미디어를 확인한다고 해서 그때마다 만족감이 추가될 공산은 크지 않다. 하지만 보상을 '원하는 것'과 결과를 '좋아하는 것'은 다른 문제다. 마음이 심란하다는 이유로 한 번 더 확인한다면 자괴감으로 결국에는 기분이 나빠질 것이라는 사실을 잘 알지만, 그럼에도 우리는 보상이 나타날 거라 희망하며 이러한 행동을 몇 번이고 되풀이한다.

소셜 미디어는 어떻게 보상을 설계하는가

———

페이스북의 좋아요 버튼은 우연히 만들어졌다고 알려져 있다. 하지만 스마트폰에 탑재된 기능과 앱들은 처음부터 의도적으로 보상을 늘리도록 설계된다. 이러한 설계상의 선택은 기술에 한정되지 않고 다양한 부문에서도 발견되는데, 이들 모두는 신경과학적 통찰을 활용하여 습관 형성을 촉진시킨다. 이러한 통찰을 구현하는 방식은 제각각일 수 있지만 우리 주변의 곳곳에 다양한 형태로 존재한다. 예를 들어 음식점에서 식사를 하다가 식사가 끝날 무렵 예상치 못한 무료 디저트를 제공받을 수도 있고, 슈퍼마켓에서 쇼핑을 하는 중에 이웃 상점에서 사용할 수 있는 상당한 액수의 할인권을 받을 수도 있다. 어쩌면 커피숍에 들어갔다가 늘 마시던 레귤러 사이즈 라떼를 시즌 한정으로 업데이트 받을지도 모른다. 이러한 생각지도 못한 보상들은 당신의 습관 저장 버튼을 눌러 당신이 계속 그 습관을 유지하도록 동기부여 하려는 전략적 목적하에 이루어진다.

보상 설계가 사람들의 행동에 어떠한 영향을 미치는지를 잘 보여주는 사례로는 소셜 미디어 플랫폼의 알고리즘 피드를 들 수 있다. 새로운 소셜 미디어 플랫폼이 일으키는 처음의 흥분과 신기함은 그 자체로 큰 보상이었다. 하지만 사용자 기반이 증가함에 따라, 새로운 플랫폼들이 주던 매력이 사라지기 시작했다. 초반 소셜 미디어 피드는 오직 게시물이 올라온 시간에 따라 단순히 시간 역순으로만 제시되었다. 그러다 보니 가장 최근에 올라온 게시물이 항상 피드 최상단에 위치할 수밖에 없었다. 하지만 시간이 지나면서 이러한 접근법으로 인해 정말로 유용한 콘텐츠를 발견하기가 더 어려워졌다. 대신에 흐릿한 저녁 식사 사진처럼 자주 올라오지만 질은 떨어지는 게시물들이 피드를 지배하면서, 보다 흥미로운 발표나 즐거운 뉴스가 허튼소리들 사이로 묻혀버렸다. 기대 도파민 덕분에 우리는 끊임없이 보상이 이루어지지 않더라도 습관을 유지할 수 있다. 하지만 균형을 유지하는 것이 무엇보다 중요하다. 소셜 미디어 사용 습관은 우리의 관심을 사로잡을 수 있을 정도로 보상이 자주 주어질 때만 유지될 수 있다. 앱을 열 때마다 우리를 사로잡는 매력적인 콘텐츠가 존재하지 않는다면, 앱 탈퇴가 일어날 가능성이 커질 것이다. 보상이 너무 가끔씩 주어진다면, 우리의 두뇌는 더 많은 보상을 주는 다른 디지털 활동들을 찾아 나서게 될 것이다. 그리고 이는 실제로 완전히 다른 앱으로 옮겨가는 행동으로 나타난다. 그러므로 보상이 우리의 참여와 관심을 유지할 만큼 충분히 자주 일어나는지 확인하는 것이야말로, 디지털 습관 유지의 관건이다.

수익성 높은 콘텐츠의 빈도를 높이기 위해 소셜 미디어 플랫폼들은 일반적으로 사용자 참여에 기반한 알고리즘을 실행하여 게시물의 우선순위를 정한다. 이 과정은 신문이 제1면에 사람들의 마음을 사로잡는 헤드라인을 배치하는 전략과 유사하다. 하지만 소셜 미디어의 경우, 그러한 선택은 인간 편집자가 아닌 정교한 컴퓨터 코드에 의해 일어난다. 당신의 소셜 미디어 피드 이면에 작동하는 알고리즘은 사람들이 집합적으로 참여하는 콘텐츠에 우선순위를 매길 뿐 아니라 개인 취향에 따른 맞춤 추천도 제공한다. 또한 알고리즘은 좋아요, 댓글, 공유 같은 당신의 온라인 상호작용 데이터를 이용하여 자신의 예측 내용을 스스로 개선하는데 바로 이러한 자체 개선을 머신 러닝machine learning이라 부른다. 머신 러닝을 통해 알고리즘은 당신이 유익하다고 생각할 콘텐츠 제공 능력을 미세 조정하여 습관 형성을 촉진시킨다. 이에 따라 인스타그램의 현 CEO 아담 모세리Adam Mosseri는 자체 실험 결과, 사용자들이 기존의 알고리즘을 덜 선호하며 그러한 알고리즘 플랫폼에 시간을 덜 할애하는 경향이 있다고 공개적으로 인정한다.[3]

당신이 지금까지 팔로우할 사람을 찾고 당신의 피드를 채우기 위해 시간과 노력을 들여왔던 여러 소셜 미디어 플랫폼들과는 달리, 2016년에 출시된 틱톡TikTok의 차별화된 주요 기능은 거의 노력을 들이지 않고도 예상치 못한 보상을 전달할 수 있다는 것이었다. 만약 누군가가 틱톡에 가입하면, 가입하자마자 그의 피드는 틱톡 플랫폼에서 가장 인기 있는 동영상들로 즉각 채워진다. 그리고 알고리즘이 그의 좋아요와 싫어요에 대한 정보를 수집함에 따라, 피드를 그의 개인 전용공간으로 만들어줄 수 있다. 틱톡이 출시되었을 때, 틱톡 알고리즘은 앱 동영상 시청을 보상적인 행동으로 만들었을 뿐만 아니라 동영상을 게시하는 경우 보상감이 더 크게 충족되도록 만들었다. 다른 소셜 미디어 사이트가 전달하는 좋아요가 예측 가능한 반면, 틱톡 게시물들은 입소문이 퍼지듯 확산할 가능성이 더 크고 그럼으로써 예측하지 못했던 보상을 제공한다. 이는 마치 잭 팟을 터뜨린 것과 같아서, 틱톡 플랫폼의 인기가 급상승하는 데 중요한 역할을 했다.

소셜 미디어가 습관을 뿌리내리는 데서 거둔 성공은, 예측하지 못한 보상의 영향력이 얼마나 막대한지를 보여준다. 나아가 보상의 영향력은 우리가 선천적으로 사회적 인정과 소속감을 필요로 하는 존재라는 사실에 의해 더욱더 증폭된다. 좋아요가 쇄도하거나 팔로워가 갑자기 급증한다면 혹은 뜻하지 않은 긍정적 댓글이 달린다면, 스마트폰 화면을 반복적으로 새로고침하고 싶은 충동이 촉발될 수 있다. 입소문을 타는 때처럼, 단 한 번이라도 예상치 못했던 보상적 경험을 하게 되면 그 경험이 습관 형성의 촉매제가 되는 것은 드문 일이 아니다. 그럴 경우, 우리는 자신의 소셜 미디어 메트릭스metrics(제품 혹은 데이터의 다양한 특성과 사용자 환경을 한눈에 살펴볼 수 있는 평가 지표-옮긴이)를 모니터링하는 데 몰두하는 한편으로 다음에도 자극적인 사건과 또 다른 보상적 순간이 펼쳐지기를 간절히 기대하게 된다.

스마트폰은 마약이 아니다

도파민을 마치 일종의 불가항력적이고 위험한 마약인 양 지나치게 단순화하면서 '나쁜 물질'로 분류하지 않는 자세가 무엇보다 중요하다. 도파민은 우리의 신경 화학적 구조를 구성하는 데 없어서는 안 되는 통합적 요소로서, 생명 유지에 필요한 다양한 역할을 한다. 따라서 도파민의 역할에서 본질적으로 부정적인 것들이란 없다. 이러한 메커니즘을 이해하고 관리해야만 도파민에 대한 오해를 바로잡을 수 있다. 도파민은 판단하지 않는다. 도파민은 우리가 보상을 추구하고 행동을 반복하도록 동기부여를 제공해 조력적 습관뿐 아니라 문제성 습관도 형성하게 한다. 하지만 '쾌락 분자'라는 오해를 불러일으킬 수 있는 표현이 계속 쓰이면서, 스마트폰이 우리에게 일종의 '도파민 히트dopamine hit(즐거움, 분노, 재미, 호기심 등 특정 감정적 반응이 기대될 때 도파민이 분비되는 현상을 말한다.-옮긴이)'를 제공한다는 잘못된 관념을 조장해왔다. 도파민 히트가 부각하는 일종의 마약이라는 관념은 우리의 기술 관련 행동에 대해 불안감을 조성하는 유언비어를 유포할 때 가장 흔하게 사용되곤 하는 서사다.

나는 내 박사학위의 상당 부분을 도파민을 연구하는 데 바쳤다. 그래서 이 책에서는 도파민의 작동 방식을 명확히 설명하고, 데이터를 과도하게 해석하지 않으려 주의하며, 이러한 개념들이 우리의 스마트폰 습관에 어떻게 적용될 수 있는지를 보여주기 위해 노력했다. 대중 매체에서 그려지는 도파민의 모습 대부분은 일반적으로 과도하게 단순화된 것이거나 순전히 추측에 기초한 것이라는 점을 명심하는 것이 중요하다. 예를 들어 원숭이와 과일 주스를 주제로 한 연구들에서, 연구자들은 미세 투석법microdialysis을 사용하여 급상승하는 도파민의 양을 측정해냈다. 이 기법으로 두뇌에 탐사 침을 이식하면 액체 상태로 떠다니는 신경세포의 샘플을 채취하여 도파민 수준을 측정할 수 있다. 하지만 이 절차뿐만 아니라 뉴런에서 방출되는 도파민을 측정하는 보다 발전된 기술들은 인간에게 사용하기에는 지나치게 침습적invasive이라는 문제를 안고 있다. 결과적으로 도파민이 어떻게 기능하는지와 관련하여 우리가 수집하는 지식의 대부분은 원숭이, 생쥐나 들쥐 같은 동물 대상 실험에서 나온다. 이러한 연구들이 물론 귀중한 통찰들을 제공하는 건 사실이지만, 무엇보다 인간이 기술과 어떤 독특한 방식으로 상호작용하는지에 관해서는 한계를 드러낼 수밖에 없다.

우리는 스캔을 이용하여 인간의 도파민 체계를 시각화할 수도 있다. 이러한 스캔은 장기간에 걸쳐야만 수행될 수 있는데, 그렇게 얻은 이미지들은 도파민 수치 감소와 관련된 질병들을 진단하는 데 있어 중요한 역할을 한다. 예를 들어 파킨슨병 진단을 내리기에 불확실한 경우라면 이러한 스캔을 요청할 수도 있다. 하지만 스캔으로는 스마트폰 확인처럼 우리가 보상적 경험을 할 때 폭발하듯 급속하게 개별적으로 일어나는 도파민의 분출을 밝혀낼 수 없다. 만약 우리가 실험실에서 얻은 결과들을 우리의 일상적인 기술 습관에 적용하려고 한다면, 그래서 디지털 세상과 우리의 상호작용을 이해하고자 한다면, 이러한 한계를 인정하는 것이 절대적으로 필요하다.

수많은 경험에 '도파민 히트'라는 꼬리표를 붙이는 현대 세계에서, 보상적이라는 말이 해롭다는 말과 동의어는 아니라는 점을 기억할 필요가 있다. 실제로 도파민의 학습과 동기부여 역할은 그저 필요한 것을 넘어 우리의 생존 자체에 필수적이다. 이는 파킨슨병 환자들이 직면하는 어려움을 고려할 때 특히 명확해진다. 파킨슨병 환자들에게서 낮은 도파민 수준은 운동 능력을 떨어뜨릴 뿐 아니라 상당한 정도의 동기 결여를 초래한다. 무관심으로 알려진 이 상태는 아무리 높은 보상도 도파민이 관여하지 않으면 동기를 더 이상 유인하지 못한다는 것을 의미한다.[4] 내 환자 중에는 디지털이든 비디지털이든 그들이 즐기는 활동들을 시작할 만큼의 도파민이 더 이상 나오지 않을 정도로 그 상태가 심각한 경우도 있다. 마찬가지로 도파민이 부족하다는 것은 파킨슨병 환자들이 습관 형성에 어려움을 겪게 된다는 것을 의미한다.[5] 도파민이 수행하는 이러한 기본적인 역할은 과학 연구의 세계를 살펴보면 더욱 분명해진다. 예를 들어 유전자 조작으로 도파민을 생성할 수 없는 생쥐를 생각해보자. 이 생쥐들은 맛있는 음식의 유혹 앞에서조차 움직이려는 욕구를 거의 보이지 않았다. 그대로 내버려두면 글자 그대로 굶어 죽을 것이다. 도파민이 없다면 우리 인간도 비슷한 운명에 처하게 될 것이다. 하지만 도파민 결핍을 겪는 생쥐들에게 파킨슨병 치료에 사용되는 약물인 L-DOPA를 사용하여 도파민 수준을 회복시키자 활기를 되찾았고 우리 안을 이리저리 뛰어다녔으며 음식을 섭취했다.[6] 이는 도파민의 동기부여 추동력이 우리의 생존에서 필수 불가결한 역할을 하고 있음을 보여주는 강력한 증거다. 바로 이 도파민의 추동력이야말로 인류가 끝없이 탐험을 추구하고, 새로운 것을 향해 손을 뻗으며, 또 끊임없이 혁신할 수 있게 해준 원동력이다. 그러니 우리의 삶에서 복잡한 역할을 하는 도파민을 존중해주자. 도파민은 악당이 아니라 우리를 전진하게 하는 추동력의 핵심 요소 중 하나다.

인체에서 가장 중요한 것은 균형이다. 우리 두뇌가 자연적으로 생성하는 도파민 같은 물질이라 할지라도 너무 많으면 문제를 일으킬 수 있다. 그러나 바로 이 지점에서 우리는 두뇌 기관이 자체적으로 방출하는 도파민과 약물로 인한 도파민을 확실히 구분할 필요가 있다. 스마트폰에 의해 촉발된 도파민 급증은 우리가 맛있는 음식을 즐기고 사랑하는 사람을 보거나 동물을 쓰다듬을 때 경험하는 화학 반응과 동일하다. 많은 기분 전환용 약물은 우리의 뇌를 속여 생리적으로 가능한 것보다 많은 도파민을 분출하게 할 수 있다. 이를 통해 쾌감은 증가할 수 있을지 모르지만 이러한 인위적 황홀감은 중독을 유발한다. 이 장에서 살펴보았듯이 도파민은 습관 '저장' 버튼을 누른다. 그러나 약물을 통한 초 생리적 도파민 분출은 두뇌 회로를 완전히 바꿔버린다. 이러한 재구성은 실행 두뇌의 볼륨을 줄이는 것과 같다. 약물 중독은 뇌를 변화시킴으로써 약물 사용이 건강, 재정, 인간관계에 미치는 해로운 영향을 숙고할 수 있는 능력을 떨어뜨린다. 자제력의 원천인 실행 두뇌가 존재하는 한 중독자 중에도 누군가는 중독에 저항하느라 고군분투하겠지만,[7] 그럼에도 불구하고 약물을 손에 넣고 사용하는 것을 최우선으로 삼게 될 것이다. 의료 현장에서 동료들이 키라 같은 환자의 재발로 인해 좌절할 때마다 나는 그들에게 이 과정을 설명해주곤 한다. 우리 대부분에게는 무해한 물건인 숟가락이나 라이터 같은 일상용품들도 약물 사용과 깊은 관련이 있다면 재발을 촉발할 수 있을 만큼 강력한 연상 매체가 될 수 있다. 바로 이것이 중독을 해결하기에 엄청나게 어려운 문제로 만드는 이유다. 즉 중독은 단지 중독을 일으키는 물질만의 문제가 아니다. 약물 중독에서 벗어나기 위해 고군분투하는 사람들은 약물이 그들의 두뇌에 새겨둔 강력한 각인과도 싸우는 셈이다.

인위적으로 도파민 수치를 높이는 의학적 방법들조차 역효과를 낳을 수 있다. L-DOPA는 정상적인 도파민 수치를 가진 사람들에게 투여할 경우, 그들의 의사 결정에 영향을 미침으로써 더 큰 위험을 감수하더라도 보다 충동적인 선택을 하고 단기적인 보상에 집중하게 만든다.[8] 나를 비롯한 신경과 전문의들은 도파민 수용체 작용제 *dopamine receptor agonist*로 분류되는 특정 도파민 약물들을 파킨슨병 환자에게 처방할 때, 이 약물로 충동 조절 장애가 나타나 쇼핑,

도박, 과식, 포르노 시청과 관련된 병리적 과잉 행동이 일어날 위험이 있음을 경고하는 등 매우 세심한 주의를 기울인다.[9] 이 약을 복용하는 환자는 주의 깊게 모니터링할 필요가 있다. 우리의 기술은 보상을 극대화해서 기술 습관이 형성되도록 설계된다. 하지만 기술이 곧 중독성 물질인 것은 아니다. 그리고 바로 이것이 중독 해결에 필요한 개입 조치들 없이도 우리 스스로 자신의 스마트폰 습관을 바로잡을 수 있는 이유다.

미래의 보상을 기대하라

———

만약 우리가 자신의 스마트폰 사용을 이성적으로 평가할 수만 있다면, 스마트폰 확인으로 얻게 되는 보상이 미래의 꿈을 달성하려는 목표보다 훨씬 더 가치 없는 일이라는 사실을 깨닫게 될 것이다. 나에게 이 책을 쓰는 일은 인스타그램을 빠르게 스크롤하는 행동보다 훨씬 더 큰 충족감을 안겨주었다. 그리고 당신 역시 더 만족스러운 일을 찾을 수 있으리라 확신한다. 그럼에도 왜 우리는 그렇게도 자주, 또 다른 무엇보다도 먼저, 스마트폰에 손을 뻗는 것인가? 이런 일이 발생하는 이유는 시간 측면에서 스마트폰이 우리에게 주는 보상에 중요한 특징이 있기 때문이다.

두뇌에는 지연 할인delay discounting이라는 독특한 특징이 있어서 미래에 멀리 있는 보상의 가치를 자동적으로 깎아내리는 경향이 있다. 예상되는 도파민 급상승도 이 할인 효과를 통해 줄어들게 된다. 이를테면 내일 상당한 액수의 돈을 얻게 될 거라는 전망은 그 돈으로 할 수 있을 온갖 것에 대하 백일몽을 꾸게 만들지도 모른다. 하지만 그처럼 짜릿한 현기증도 같은 보상이 1년 후에, 심지어는 그보다 훨씬 더 먼 미래인 10년이나 25년 후에 주어진다고 생각하면 크게 줄어들 것이다.

지연 할인은 생존 메커니즘의 하나다. 그 덕분에 우리는 자신의 즉각적인 안위를 돌볼 수 있다. 지연 할인은 우리가 미래의 보상을 여전히 소중히 여기지만, 그 보상이 가치를 지니기 위해서는 우리 두뇌가 실행하는 할인을 상쇄시킬 정도로 커야 함을 역설한다. 바로 이 부분에서 기술은 특히 유리한 위치를 점한다. 생각이 떠오르는 순간 바로 발표할 수 있고, 빠르게 전달할 수 있으며, 에피소드 사이를 기다릴 필요가 없다는 즉각성imminence으로 인해 기술은 무엇보다 강력한 보상을 제공한다. 이것이야말로 스마트폰 확인처럼 소소하고 즉각적인 보상을 줄 것으로 기대되는 행동이 보다 중요하지만 멀리 있는 성취보다 그 순간에는 더 매력적이고 더 가치 있게 보이는 이유다.

사전 약속(빌딩 블록 4)이 매우 효과적인 이유도 지연 할인 메커니즘 때문이다. 지연 할인 경향으로 인해 우리는 미래에 얻게 될 보상을 과소평가한다. 따라서 선택지들의 경중을 따져야 하는 순간이 오기 전에 미리 보다 건강한 선택을 내려두는 것이 더 쉽다. 예를 들어 다음 한주의 식단을 미리 계획할 때가, 특히 배가 고픈 상태에서 무엇을 먹을지를 바로 결정해야 할 때보다 영양가 있는 선택을 내릴 가능성이 더 크다. 같은 개념이 우리의 디지털 습관에도 적용된다. 앱을 내일 확인하겠다는 계획은 바로 지금, 특히 당신이 저전력 모드 상태에 돌입해 있는 순간이라면, 앱을 확인하고 싶다는 거의 거부할 수 없는 충동보다 구미가 당기지 않는 제안처럼 보인다. 심지어 잠깐의 지연도 상당한 영향을 미칠 수 있다. 만약 당신이 5분 규칙(빌딩 블록 1)을 적용해서 지금 그 몇 분이 어서 지나가기를 손꼽아 기다리는 중이라면, 대부분은 곧 스마트폰 기기를 더 이상 확인하고 싶어 하지 않는 자신을 발견하게 될 것이다. 보상의 매력이 줄어드는 데는 5분이라는 이 짧은 지연만으로도 충분하다.

우리가 바라는 조력적 습관의 대부분은 구축하는 데 어려움이 따르지만, 단기 보상을 활용하여 장기적으로 이득이 되는 습관을 구축함으로써 해결할 수 있다. 예를 들어 참가자들에게 오직 체육관에 올 때만 구미에 맞는 오디오북(단기적 보상)을 들을 수 있게 했던 한 연구를 예로 들어보자. 결과적으로 이 방법은 참가자들의 체육관 출석률(장기적 보상)을 증가시켰는데, 오디오북이 제공한 즉각적 보상이 출석이라는 습관을 굳히는 데 일조했기 때문이다.[10] 두 활동 사이에 연관성을 형성하기 위해 반드시 이 둘을 동시에 수행해야 하는 것은 아니다. 습관이 이행된 후에 자신에게 보상을 주는 것 또한 효과를 거둘 수 있다. 그렇다고 해서 모든 습관마다 그에 맞는 새로운 보상을 고안해야만 한다는 말은 아니다. 평소에 간식을 먹기 전에 조력적 습관을 끼워넣는 것도 효과적이다. 예를 들어 저녁마다 좋아하는 TV 프로그램을 시청하는 것이 당신에게 즐거운 일이라면, 이것을 동기로 활용하여 TV 시청 전에 미리 집을 빠르게 청소하는 것 같은 조력적 습관을 이행할 수도 있다. 이러한 방법을 사용한다면 이전에는 평범하기만 했던 일과가 좋아하는 프로그램을 시청하는 데서 오는 즐거움과 연결되게 된디.

보상에 대해 생각할 때 대부분의 사람은 외적 혹은 물리적 보상만을 염두에 두지만, 내적 보상도 그에 못지않게 강력할 수 있다. 당신이 충분히 하지 못했다거나 더 잘할 수도 있었을 거라는 생각처럼 자신에게 비판적인 내적 사고는 습관 형성을 방해할 수 있다. 하지만 당신이 행하는 정말로 소소한 행동 하나하나가 습관 형성을 향한 첫걸음이자 두뇌 회로를 재배치하는 과정이라는 점을 이해한다면, 성과를 바라보는 사고방식에 큰 변화가 생긴다. 이 책의 규칙들을 실천할 때마다 스스로에게 보상을 주도록 하자. 글자 그대로 자신의 등을 두드려주건 아니면 은유적 방식이건 간에 확실하게 보상해주자.

스스로 보상을 조절하라

기술 보상 활동을 평가할 때, 문제는 총 소요 시간이 아니라 통제 정도라는 사실을 잊지 말아야 한다. 즉 의도하지 않고 통제되지 않은 시간의 양이 관건이다. 이는 몰아보기를 관찰한 대규모 연구를 통해 분명하게 예증되었다. 4000명의 참가자를 대상으로 한 이 연구에서 연구자들은 대상자들을 독특한 특징에 따라 4개의 집단으로 분류했다.[11] 특정 스펙트럼의 한쪽 극단에는 '열렬한 몰아보기 시청자avid binge-watchers'가 위치했다. 이 집단은 장르를 불문하

고 다양한 시리즈에 몰입했으며 자신의 TV 시청 시간에 크게 만족했다. 다양한 TV 장르에 몰두하며 상당한 시간을 보냈지만 이들은 자신의 시청 습관에 문제가 있다고 생각하지 않았다. 오히려 의도적으로 이 활동을 즐기고 있다고 인식했다. 반면에 '오락형 TV 시청자recreational TV viewers'는 TV 콘텐츠 시청으로 같은 만족감을 얻지 못했으며 결과적으로 시청 빈도가 낮았다.

'통제되지 않는 몰아보기 시청자unregulated binge-watchers'로 알려진 세 번째 집단이 특히 흥미롭다. 이들은 열렬한 몰아보기 시청자와 비슷한 시간을 콘텐츠 시청에 쓰는 것으로 나타났다. 하지만 열렬한 몰아보기 시청자들이 자신이 진정으로 열의를 가진 대상에 의도적으로 몰입했다면, 통제되지 않는 몰아보기 시청자들은 이러한 의도성과 목적이 부족했다. 그러다 보니 이들은 시청 시간을 통제하느라 애를 먹었고, 의도치 않게 몰아보기를 하느라 자주 상당한 시간을 소비했으며, 그 결과 자신의 시청 습관에 문제가 있다고 판단했다. 이는 '통제된 몰아보기 시청자'라는 마지막 집단과 정반대의 결과였다. 이 집단은 자신의 시청 습관에 대한 통제력을 계속 유지할 수 있었으며, 그렇게 하는 과정에서 절제를 보여주는 한편으로 자신의 몰아보기 습관에 대해 높은 만족감을 표시했다.

이 연구를 보자마자 당신은 이미 자신이 어느 집단에 속하는지 빠르게 확인해봤을지도 모른다. 이러한 구분은 몰아보기를 넘어 도박, 소셜 미디어 스크롤 혹은 온라인 쇼핑 같은 다른 활동들에 적용할 수도 있다. 만약 당신이 기술의 '열렬한 사용자'라면 기술은 당신이 지금 이 시간을 보내기 위해 의도적으로 선택한 방법으로서 당신의 열정을 부추긴다. 그러니 이보다 좋을 수는 없다. 하지만 만약 당신이 통제되지 않는 집단에 속한다면, 더 건강한 디지털 습관을 확립해서 기술 사용에 대한 통제권을 되찾는 것이 해결의 실마리다. 통제된 집단으로 소속을 옮긴다면 당신도 잠재적인 문제성 행동을 줄이고 통제 감각을 회복할 수 있다. 그렇게만 된다면 좌절감을 억제하고 기술을 문제시하지 않고 보다 통제되고 유의미한 방식으로 즐기기 시작할 수 있을 것이다.

보상을 조절하는 데서 핵심은 기대를 실천하는 법을 배우는 것이다. 도파민은 보상이 있을 거라고 예상할 때 방출된다. 즉 본질적으로 단순히 보상을 수령하는 것이 중요한 것이 아니라, 기대할 무언가가 있다는 것 자체가 중요하다. 이는 우리의 일상생활에서도 발견된다. 사람들의 전반적인 기분은 주말에 대한 기대에 좌우되며, 주 후반으로 갈수록 점점 더 상승하는 경향이 있다. 일반적으로 우리의 기분은 주말이 앞으로 다가온 토요일에 정점을 찍는다. 하지만 일요일이 되면 여전히 많은 이들에게 쉬는 날임에도, 기분은 가라앉기 시작한다.[12] 이는 우리의 미래 지향적인 두뇌가 월요일의 도래를 이미 고려하는 중이기 때문이다. 우리는 크리스마스까지 남은 날들을 계산한다. 우리는 다음 휴일을 고대하고, 휴일이 끝나면 기대할 만한 무언가가 생기도록 바로 다음번 휴일을 계획하기 시작한다. 때로는 보상에 대한 기대가 너무 강렬해서 실제로 보상을 얻었을 때 실망하는 경우도 있다. 우리의 유전 구조가 저마다 다르고 그에 따라 도파민 신호체계도 상이하다는 것은, 우리 모두가 이러한 느낌을 상이한 정도로 경험하게 된다는 것을 의미한다.

이를 염두에 두면서 통제된 몰아보기 시청자 대 통제되지 않는 몰아보기 시청자라는 개념을 한 단계 더 발전시켜 이들 두 집단의 보상 경험을 설명해보자. 통제된 몰아보기 시청자라면 에피소드 사이의 기대감을 음미함으로써 다음 에피소드를 기다리는 동안 즐거움이 증가할 것이다. 따라서 계획한 시간에 얻게 되는 보상이 기대보다 적을지라도 더 큰 만족감을 나타낼 가능성이 크다. 반대로 즉각적인 만족이 중요한, 통제되지 않는 몰아보기 시청자라면 아이러니하게도 많이 시청할수록 즐거움이 줄어드는 경험을 하게 될 것이다. 이는 문제성 행동이라는 자신의 인식에 따른 죄책감, 좌절감과 결합하여 시청 경험을 덜 보상적으로 만들 가능성이 크다.

기술과 상호작용하는 과정에서 우리는 이따금 통제되지 않는 범주에 속할 수도 있고, 또 보상에 대한 약속에 조바심을 낼 수도 있다. 하지만 기술이 지닌 보상의 즉각성은 우리에게 더 이상 어떠한 것도 기대할 시간적 여유를 거의 주지 않는다. 우리는 많은 보상을 매우 짧은 시간 안에, 때로는 즉석에서 얻을 수 있다. 이는 모든 보상이 순식간에 주어지고 끝난다는 것을 의미한다. 즉 보상이 너무 빨리 끝나서 우리에게는 아무런 준비도 필요 없고, 기대하며 기다릴 시간도 없다. 본질적으로 우리는 수많은 보상에 둘러싸여 있지만, 기대할 만한 보상은 더 적어진 셈이다. 이러한 보상들을 제거해서 우리의 물리적 혹은 기술적 환경을 보다 '따분한' 것으로 만드는 것으로는 이 문제를 해결할 수 없다.

내 소셜 미디어 피드가 내가 좋아하는 것들에 맞추어져 있고, 마치 맛있는 음식을 먹고 흥미로운 책을 읽듯이 내 마음을 사로잡는 TV 프로그램을 시청할 수 있음에 감사한다. 이러한 보상은 우리의 삶을 풍요롭게 한다. 하지만 우리는 어느 정도 균형을 회복힐 필요가 있다. 그리고 이 균형 감각은 나라는 개인이 갖추고자 하는 핵심적인 자질이기도 하다.

이러한 균형을 가능하게 하는 열쇠는 보상을 완전히 박탈하는 것이 아니라 적절히 통제하는 것이다. 이는 즉각적인 보상을 잔뜩 쟁여놓으라는 말이 아니다. 보상의 수를 줄이고 보상에 대한 기대를 더 많이 실천한다면 기대감에 기인하는 도파민을 최대한 활용할 수 있다는 의미다. 즉 중요한 것은 '양보다 질quality over quantity'이다. 더불어 스마트폰에 반복적으로 손을 뻗을수록 돌아오는 보상이 줄어든다는 사실을 이해한다면, 과도한 사용을 억제할 수 있을 뿐 아니라 스마트폰을 보다 계획적으로 사용할 수 있게 된다. 이를 염두에 두고 이제부터는 습관 퍼즐의 마지막 조각인 반복을 살펴보도록 하자.

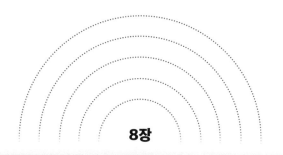

8장

반복으로 습관을 뇌에 각인시켜라

헨리의 삶 대부분은 간질로 지배되어 있었다. 일곱 살 때 자전거에 치여 두부 외상을 입은 뒤로, 간질 발작은 점점 더 악화되었고, 마침내 극심한 발작이 너무 빈번하게 일어나서 아예 집 밖으로는 한 발짝도 나가지 못하게 되었다. 스물일곱 살 때에는 고용량의 약 복용에도 불구하고 병증이 계속 나빠져서 받을 수 있는 치료 선택지도 제한적이었다. 최후의 수단으로 실험적인 뇌수술을 받아보자는 제안을 받았다. 1951년에 실시된 뇌수술의 효과로 그는 신경과 학계에서 가장 유명한 환자 가운데 한 사람이 되었다.

수술로 그의 간질 발작은 억제되었다. 하지만 헨리가 깨어났을 때 놀라운 결과가 나타났다. 헨리의 뇌에서 제거된 2개의 골프 공 크기의 영역에 우리의 기억 수신함인 해마*hippocampus*가 포함되어 있었음이 명백해졌다. 두뇌의 오른쪽과 왼쪽에 각각 하나씩 존재하는 해마는 모든 새로운 기억을 수신했다가 두뇌의 다른 부분들에 있는 영구 저장소로 이동시킨다. 그래서 과거 기억은 온전했지만, 기억 수신함의 부재로 헨리는 어떠한 새로운 기억도 형성할 수 없었다. 헨리는 대화를 이어나갈 수는 있었지만 주의력이 분산되는 순간, 무슨 이야기를 하고 있었는지 그새 잊어버리곤 했다. 82세의 나이로 사망할 때까지 헨리는 자신이 20대라고 믿었으며, 그렇게 시간 속에 갇힌 채로 살았다.

헨리는 새로운 경험을 기억할 수 없었다. 하지만 그럼에도 불구하고 그의 두뇌는 여전히 학습할 수 있었다. 거울에 반사된 모습(시각적으로 좌우가 뒤바뀐)만을 보고 종이에 별의 경로를 따라 그리게 하자 횟수를 거듭할수록 점점 더 잘 그리게 되었다. 그러나 그는 건망증으로 인해 자신이 따라 그린 적이 있다는 사실을 전혀 기억하지 못했다. 그는 매번 마치 새로운 일인 양 주의 깊게 지시 사항을 경청하며 과제에 임했고, 생각보다 더 좋은 결과가 나올 때마다 놀라며 즐거워했다.[1]

심각한 건망증에도 불구하고 그는 여전히 습관을 형성할 수 있었던 것으로 보인다. 이는 파킨슨병처럼 두뇌의 도파민 형성 기관이 손상되는 질환을 앓는 사람들과 흥미로울 정도로 대조적인 결과다. 파킨슨병 환자들은 새로운 기억을 형성할 수 있는 능력을 보유하고 있음에도 새로운 습관을 형성하는 데 어려움을 겪는다. 반대로 헨리 같은 환자는 심각한 건망증에도 불구하고 자동 조종 두뇌가 온전한 덕분에 여전히 습관을 발전시킬 수 있다. 조사 연구들에 따르면, 건망증 환자들은 습관 발달에 좌우되는 과제의 수행에서, 비록 그 과제를 수행한 적이 있다거나 수행 방법에 대한 의식적 기억을 가지고 있지 않았음에도, 파킨슨병 환자보다 훨씬 더 높은 성취도를 보인다.[2]

습관은 두뇌의 잠재의식적 부분에 의존한다. 따라서 헨리뿐 아니라 우리 모두에게 습관은 우리가 깨닫지 못하는 사이에 형성될 수 있다. 하지만 그런 식으로 두뇌에 각인되기 위해서는 핵심적인 요소가 갖추어져야 한다. 그리고 이것이 바로 습관 퍼즐의 마지막 핵심 조각인 '반복'이다.

반복이 습관을 만든다

한 번의 행동으로는 의미 있는 변화를 만들어내기란 쉽지 않다. 운동 한 번으로 건강해지거나 한 학기 공부로 학위를 딸 수는 없는 법이다. 반복에는 각각의 모든 행동을 증폭시킬 수 있는 잠재력이 있다. 벽돌 하나를 놓는 것은 무의하지만, 벽돌 쌓기를 반복하면 건물이 만들어질 수 있다. 디지털이든 비디지털이든 간에 우리의 모든 습관은 반복적인 행동을 통해 형성된다. 지금까지 우리는 연상 매체가 자동 조종 두뇌에게 정말로 소소한 행동, 즉 습관을 실행할 수 있는 시작 신호를 제공하는 과정에 대해 살펴보았다. 또한 보상으로 습관 퍼즐의 처음 두 조각을 연결하는 도파민이 방출되면 연상 매체와 정말로 소소한 행동이 한데 묶이면서 습관이 형성되기 시작한다는 것도 알게 되었다. 하지만 이 과정은 시작에 불과하다.

컴퓨터의 저장 버튼은 한 번만 눌러도 되지만, 두뇌에 습관을 저장하기 위해서는 퍼즐의 마지막 조각인 '반복'이 필요하다.

헨리가 수술을 받던 시대에 과학자들은 우리의 두뇌가 바뀌는데 한계가 있는 고정된 기관이라고 생각했다. 하지만 이러한 생각은 잘못된 것으로 밝혀졌다. 우리의 두뇌는 끊임없이 변화하는 중이다. 그래서 나는 이 책을 읽는 동안에도 당신의 뇌는 이미 바뀌고 있으며 이 책을 다 읽을 즈음이면 완전히 달라지게 될 거라고 장담한다. 우리는 두뇌의 각 부분에 수십억 개의 뉴런이 분포하며 이 뉴런은 서로 무수한 연결 고리를 형성하며 시냅스를 형성한다는 것을 배웠다. 시냅스는 공작용 점토 플라스티신plasticine처럼 끊임없이 개조할 수 있는 능력을 갖추고 있다는 점에서 가소성plastic을 특징으로 한다. 그리고 바로 이 시냅스 가소성synaptic plasticity이 습관을 보관하는 두뇌의 저장 과정을 묘사하기 위해 동원된다. 우리 두뇌의 연결 회로인 시냅스는 사용할수록 강해지며 사용하지 않을수록 약해진다. 따라서 우리는 우리의 퍼스낼리티뿐 아니라 일상생활의 모든 경험과 모든 순간이 각인된 저마다의 독특한 두뇌를 만들어내게 된다.

같은 일도 초보자는 서투른 데 반해 전문가는 능숙하게 해내는 모습을 보는 건 흔한 일이다. 운전을 배우는 것도 초보자에게는 상당한 집중력을 요하는 일이지만, 어느 순간에는 더 이상 아무 생각 없이 자연스럽게 할 수 있게 된다. 우리는 그저 운전할 뿐이다. "함께 점화되는 뉴런은 서로 연결되어 있다"라는 신경과학계 격언처럼, 반복은 우리의 두뇌 속 신경 연결을 구축하고 강화하여 행동을 보다 쉽게 할 수 있게 해준다. 이는 숲속에 길을 만드는 것과 같다. 충분히 여러 번 다니다 보면 어느새 길이 평평해지면서 지나다니기 쉬워진다. 일단 길이 만들어지면 한때 힘들었던 일도 보다 자동적으로 되면서 의식적인 노력이 덜 필요하게 된다.

이 과정을 통해 우리의 뇌는 변화한다. 우리가 익히 알고 있듯이 모든 행동은 처음에는 실행 두뇌에 의지한다. 그러다 반복적인 훈련으로 자동 조종 두뇌가 어떤 행동을 자동적으로 수행할 수 있게 되면, 그 행동은 습관이 된다. 그렇게 반복적인 연습을 마친 두뇌를 스캔해보면 자동 조종 두뇌의 활성화가 증가된 것을 볼 수 있다.[3] 실행 두뇌가 통제권을 포기하는 순간 자동 조종 두뇌가 행동에 따른 부담의 전부 혹은 일부를 떠맡게 된다. 실행 두뇌와 자동 조종 두뇌 모두를 활용할 수 있다는 말은, 행동에 따른 정신적 피로를 줄여주는 여분의 두뇌 능력을 갖추고 있다는 것과 같은 의미다. 일부러 과거를 회상하며 기억을 더듬지 않고서는 무언가를 얼마나 어렵게 시작했는지 인식하기 어려운 것도, 바로 이 과정 때문이다.

기술은 반복을 촉진한다

———

습관을 형성하는 가장 좋은 방법은 무언가를 빈번하게 하는 것임을 우리는 직관적으로 알고 있다. 어쩌다 일어나는 이벤트가 습관이 되는 경우는 좀처럼 없다. 자주 반복되지 않기 때문이다. 이것이 바로 양치질이 습관인 데 반해 자동차보험 갱신은 습관이 아닌 이유다. 당연하게도 어떤 일을 하루에 한 번 이상 한다면 강력한 습관을 형성할 가능성은 훨씬 더 커진다. 평균적인 사람이 하루에도 수백 번 스마트폰에 손을 뻗는 것을 생각해보자. 이 횟수는 일상생활에서 이루어지는 그 어떤 일보다도 몇 배 더 많으며, 기술 습관이 구축되고 깊이 각인되는 이유가 무엇보다 이러한 반복 덕분임을 알 수 있다.

반복은 기업들이 자신의 제품이나 서비스와 관련된 소비자의 습관을 발전시키기 위해 자주 채택하는 전술 중 하나이기도 하다. 커피숍에서는 일정 횟수 이상을 구매한 고객에게 무료 음료를 제공하여 재방문을 유도할 수 있다. 이러한 유형의 로열티 프로그램 loyalty programme(선물이나 기타 인센티브를 반복 구매한 고객에게 전달하는 방법으로 고객을 유지하기 위해 특별하게 디자인된 프로그램-옮긴이)은 반복을 늘리고, 반복과 보상을 결합하여 습관 형성을 촉진하는 것을 목표로 한다. 기술이 반복을 촉진하는 방법에는 여러 가지가 있다. 개중에는 24시간 후면 사라지는 인스타그램과 스냅챗 스토리의 짧은 지속 시간처럼 미묘한 것들도 있다. 이러한 비영속성은 규칙적으로 게시물을 올려야 한다는 암묵적인 목표를 제공하거나 긴박감을 조성함으로써, 업데이트를 놓치지 않도록 규칙적으로 앱을 확인하게 만드는 효과가 있다. 보다 명시적으로 반복을 조장하는 기능들로 있다. 예를 들어 스냅챗은 당신이 친구와 연속적으로 며칠간 상호작용했는지를 보여주는 스냅스트리크Snapstreak를 제공함으로써 이 측정치가 0으로 초기화되지 않게 하기 위해서라도 매일 하루도 빠짐없이 앱을 사용하도록 유도한다.

새로운 습관을 시작하는 일은 무엇보다 진척이 없거나 느린 것처럼 보이는 경우라면, 좌절감을 불러일으키는 과정일 수 있다. 하지만 기술은 반복이라는 보상을 통해 이 문제를 극복한다. 기술 설계자들은 우리가 진행 상황을 추적할 수 있는 다양한 방식들을 모색해왔다. 스냅챗 외에도, 우리는 소셜 미디어 사이트에서 게시물, 팔로워, 좋아요 수가 쌓이는 모습이라든지 게임 레벨이 올라가는 모습을 확인할 수 있다. 대부분의 소셜 네트워크 지표들은 눈에 잘 띄도록 배치된다. 인스타그램과 트위터의 사용자 프로필에는 각 게시물의 진행 상황과 게시물 수가 확연히 눈에 들어오도록 표시된다. 또한 틱톡에서 사용되는 가장 확연한 지표 중 하나인 좋아요의 누적 총계는 동영상이 게시될 때마다 그 숫자가 증가하도록 설계되어 있다. 우리에게 지금까지 우리가 투자한 총액을 보여준다는 것은 우리에게 잃고 싶지 않은 무언가를 제시한다는 뜻이며, 그럼으로써 우리는 그것을 잃지 않기 위한 행동을 반복한다.

반복하기 쉬운 습관으로 시작하라

———

습관이 형성되기까지는 21일이 걸린다는 오랜 속설이 있지만, 그것을 뒷받침할 만한 과학적 근거는 존재하지 않는다. 습관 형성과 관련하여 최초이자 가장 많이 인용되는 과학적 연구에 따르면, 연구 참가자들 모두가 새로운 습관을 형성하는 데 걸린 평균 시간은 21일의 3배보다 긴 66일이었으며, 후속 연구들에서도 비슷한 기간이 걸리는 것으로 나타났다.[4,5] 하지만 그렇다고 해서 66일이라는 숫자가 모든 습관이 형성되는 데 걸리는 시간을 의미하지는 않는다.

습관 형성에 걸리는 시간은 어떤 습관인지에 따라 그리고 그에 상응하는 습관 퍼즐에 따라 달라진다. 연상 매체 수가 많고 보상 수준이 높으며 반복이 자주 일어나는 쉬운 행동이라면 빠르게 습관으로 형성될 것이다. 습관 형성에 대한 조사 연구들은 운동하기, 과일과 야채 많이 섭취하기, 혹은 물 마시기 같은 건강 관련 행동에 주로 초점을 맞춘다. 하지만 기술 습관은 건강 관련 습관보다 구축하기가 훨씬 더 쉽다. 습관 퍼즐의 각 부분을 매우 효과적으로 충족시키기 때문이다. 이를테면 스마트폰 확인은 수많은 연상 매체를 지닌 정말로 소소한 행동이며 높은 보상을 받는다. 더욱이 하루에 한 번이 아니라 한 시간에 수차례에 이를 정도로 반복 빈도가 높다 보니, 습관 형성이 가속화되는 경향이 있다.

습관 형성을 이해하는 가장 좋은 방법은 시간이 아니라 반복의 관점에서 사고하는 것이다. 하루에 한 번 하는 행동은, 우리의 스마트폰 확인처럼 한 시간에도 여러 번 반복되는 행동과 비교하면 습관이 되기까지 더 오랜 시간이 걸릴 것이다. 초기의 반복들은 습관의 강도를 구축하고 그 습관이 지속될지 아닐지를 결정하는 데 가장 큰 영향을 미친다. 그러다가 몇 번이라도 반복이 일어나면, 습관이 아직 완전히 형성된 것은 아니더라도 습관 형성의 시작을 위한 초반의 장애물을 극복한 셈이 된다. 따라서 그제서야 습관 형성에 탄력이 붙으며 유리한 국면이 조성된다. 반복이 계속 축적됨에 따라 습관 강도가 거의 최정점에 도달하면 강도는 정체되기 시작한다. 즉 우리가 수년 동안 가져온 습관은 더 이상의 강도가 증가하지 않는 최고 강도에 도달하게 된다.

그러므로 습관 형성에 관한 한, 기술 습관이건 아니면 비기술 습관이건 간에 일단 시작하는 것이 가장 어려운 부분이다. 게다가 우리의 스마트폰에 탑재된 기능들이 습관 형성을 불가피하게 할 정도로 저항 불가능한 것들은 아니다. 예를 들어 우리 중 많은 이들이 처음에는 사용할 목적으로 스마트폰에 그 많은 앱을 다운받지만, 결국에는 배경 화면만 지저분하게 할 뿐 열어보지 않는 경우가 태반이다. 우리가 앱 기반 습관을 형성하는지 아닌지는 반복 초기 단계에서 일찌감치 결정된다. 성패의 기로에서 습관은 힘을 얻거나 아니면 중도 탈락하거나 한다. 이는 메타Meta가 소유한 새로운 소셜 미디어 플랫폼 스레드Threads를 통해 분명하게 입증되었다. 처음에 스레드는 엄청난 입소문과 흥미를 불러일으키며 4400만 명이 가입하는 기염을 토했다. 하지만 그다음 주에 일일 이용자 수가 70프로로 급락했다. 이는 많은 사람이 아직은 스레드 사용 습관을 확고하게 구축하지 못했음을 시사한다.[6] 만약 우리가 앱을 다운받고 사용하기 시작한다면, 습관 강도는 그 즉시 증가할 터였다.[7]

앱 개발자들은 앱이 설치될 때 알림과 리마인더reminders and notifications를 켜도록 권장함으로써 반복 가능성을 높이려 시도하는 경우가 많다. 이러한 기능들은 습관 형성의 초기 단계에서 성패의 순간을 넘어설 승산을 높이기 위해 설계된다. 따라서 습관 경로가 아직 마련되지 않았을 때 중요한 역할을 한다. 하지만 일단 경로가 확립되고 나면, 자동 조종 두뇌는 앱 알림에만 의존하기보다는 우리의 내·외부 환경에 존재하는 다수의 연상 매체들을 활용할 가능성이 더 크다. 사람들이 내재된 습관을 바꾸려 할 때 직면하는 주된 어려움은, 습관을 재프로그래밍하도록 제일 먼저 실행 두뇌에 동기를 부여해야 한다는 점이다. 일반적으로 동기부여는 처음에 가장 높았다가 그 후 고갈되는 양상을 보이는데, 우리가 저전력 모드 상태라면 특히 그러하다. 많은 사람에게 이러한 동기부여는 충분한 반복으로 습관이 자동 조종 두뇌로 삽입되기도 전에 고갈된다. 따라서 이 단계에서 포기한다는 것은 어떠한 실질적인 변화도 일어나지 않았음을 의미한다. 그러다 보면 어느새 우리는 처음부터 다시 시작해야 하는 상황에 처하게 된다.•

이 간극을 메우는 것이 중요하다. 6장에서 살펴보았듯이 기술 기업 접근법의 핵심은 작업을 단순화하여 더 쉬운 것으로, 즉 정말로 소소한 행동들로 만드는 것이다. 마찬가지로 우리의 삶에서도

• 이는 실행 두뇌의 기능에 문제가 있는 사람들에게 더 큰 영향을 미친다. 그들은 동기부여가 정점을 찍으면, 보다 빠르게 동기의 고갈을 경험하는 것으로 알려져 있다. 이로써 동기부여의 소멸과 새로운 습관의 성공적인 부호화 사이에 존재하는 간극은 더 크게 벌어진다. 예컨대 도파민 조절 이상이 연구의 핵심 관심사인 파킨슨병이나 ADHD의 경우, 습관 형성을 위한 두뇌의 '저장 버튼' 자체에 본질적으로 결함이 존재한다. 습관 퍼즐의 다른 구성 요소들에 존재하는 강점이 이러한 약점을 상쇄시킬 수 있으므로, 습관을 형성하기 위해서는 추가적인 반복이 필요하다. 그러나 이러한 추가적 반복이 동기부여와 습관 형성 사이의 간극을 더 크게 확대하는 효과를 발휘할 수도 있다.

'더 열심히 하자'라고 자신을 호되게 몰아세우는 대신에, 벽돌을 하나씩 쌓아 올리듯 정말로 소소한 행동 위에 정말로 소소한 행동을 하나씩 쌓아나가는 식으로 천천히 습관을 구축할 필요가 있다. 5분 규칙(빌딩 블록 1)과 플랜 B(빌딩 블록 2)는 모두 이러한 소소한 행동들의 예로, 저전력 모드 상태나 실행 두뇌가 최적으로 기능하지 않는 상황에서도 반복을 증가시켜 습관 형성의 가능성을 높인다. 이러한 습관을 발전시킴으로써, 우리는 처음의 동기가 소진되는 시점과 습관이 공고화되는 시점 간의 간극을 메울 수 있다.

반복은 보상을 변화시킨다

우리의 습관은 저장 과정을 시작하는 보상과 저장 과정을 완료하는 반복을 토대로 구축된다. 하지만 저장 과정을 완료할 정도로 충분한 반복이 이루어지고 있는 경우라면, 더 이상 저장 버튼을 누를 필요가 없기 때문에 초기 보상은 그렇게 중요하지 않다. 처음에는 의식적 통제가 필요하고 그래서 실행 두뇌에 의지하던 행동도 반복을 통해 자동 조종 두뇌로 위임된다. 일반적으로 자동적인 행동일수록 그 행동을 계속하기 위해 필요한 보상이 줄어드는 경향이 있다. 습관은 너무도 뿌리 깊고 자동적이어서, 우리는 보상이 전혀 존재하지 않을 때조차 습관을 계속해서 실행에 옮긴다. 이러한 일이 발생하는 이유는 습관을 지원하는 신경 경로가 너무도 빈번하게 사용되고, 또 너무나 잘 확립되어 있어서, 그 경로를 자동 조종 두뇌가 힘들이지 않고도 조종하며 통과할 수 있기 때문이다. 이는 우리가 어떤 행동을 계속 반복하는 이유가 난순히 그 행동을 이전에 숱하게 해왔기 때문이라는 의미다.

'연상 매체'를 다룬 5장에서 우리는 참가자들을 영화관 환경과 회의실 환경으로 나누어 팝콘을 먹게 한 다음, 그 과정을 비밀리에 관찰했던 실험에 대해 살펴봤다. 실험이 진행되는 동안 연구자들은 한 단계 더 나아가 일부 참가자들에게는 한 시간 전에 막 튀긴 신선한 팝콘을, 일부 참가자들에게는 일주일 전에 튀긴 상한 팝콘을 제공하는 추가적인 실험도 함께 진행했다. 실험이 끝나고 참가자들은 "팝콘이 좋았는가"라는 질문을 받았을 때 당연하게도 상한 팝콘을 먹은 사람들은 좋지 않았다고 답했다. 하지만 팝콘 상자의 무게를 측정한 결과, 연구자들은 어쨌거나 영화관에서 팝콘을 소비하는 습관이 강한 사람일수록 팝콘을 많이 먹었다는 사실을 알게 되었다.

무수히 반복되어온 강력한 습관일수록 보상에 무감각하다는 특징을 보인다. 그리고 그러한 습관일수록 그것과 연관된 보상은 시간이 지날수록 가치가 떨어졌으며, 때로는 아예 보상이 없는 경우도 있었다. 이것이 바로 많은 강력한 문제성 습관들이 그 부정적 영향에도 불구하고 계속 지속되는 이유다. 보상 무감각reward insensitivity은 조력적 습관을 구축할 때 유리할 수 있다. 왜냐하면 습관을 확립하기 위해 처음에는 자신에게 의식적으로 보상을 제공할 필요가 있지만, 습관이 강해짐에 따라 그러한 보상의 필요성은 점차 덜해지기 때문이다. 예를 들어 자녀에게 양치질 습관을 형성시키려는 부모는 칭찬도 하고 보상 차트reward chart도 활용해야 할 것이다. 하지만 성인이 된 우리가 양치질 습관을 계속 이어나가기 위해 스티커 차트sticker chart를 필요로 하지는 않는다. 습관이 강할수록 우리가 그 습관을 계속해서 하게 될 가능성은 커지며, 심지어 피곤해서 곧장 잠자리에 드는 것이 더 보상적인 선택지로 보이는 저전력 모드 상태일 때조차도 그 습관을 이어나가기 쉽다.

물론 팝콘 사례는 다소 극단적인 예다. 만약 당신이 영화관에서 팝콘을 살 때마다 상한 팝콘이 나온다면, 영화관을 바꾸거나 다른 간식거리를 선택하거나 할 것이다. 일반적으로 우리가 경험하는 보상의 감소는 팝콘의 경우와 달리 훨씬 더 미묘하다. 대개의 경우 동일한 단기적 보상이 반복적으로 주어진다면 시간이 지남에 따라 처음의 매력은 점차 희미해진다. 우리의 두뇌가 새로운 기준선을 설정하기 때문이다. 예를 들어 어쩌다 먹는 케이크 한 조각은 간식거리이지만 계속해서 먹는 다면 습관이 된다. 그러다 보면 보상에 대해 무감각해지면서 이전에는 보상으로 여겨졌던 것이 일상이 되어버려 하루라도 달콤한 간식을 놓치기라도 하면 실망감이 들 수 있다. 따라서 우리는 보상을 받기 위해서라기보다는 상실감을 피하기 위해서라도 습관을 더더욱 계속하게 된다. 때로는 우리의 간식이 예전만큼 보상적이지 않다는 것에 좌절한 나머지 더 많은 보상을 얻기 위해 행동을 증폭시킬 수도 있다. 초콜릿 케이크 한 조각이 루틴의 일부가 되었으니, 그 위에다 크림을 좀 얹어서 특별한 간식거리로 만들어보는 것도 괜찮지 않을까? 물론 이것도 그 보상적 매력을 상실할 때까지만 유효한 것이긴 하지만 말이다.

이 보상 무감각 개념은 상당수의 불필요한 스마트폰 확인을 정확히 설명해준다. 보고서들에 따르면, 개중에는 자신의 스마트폰을 '시간당 10번' 정도로 빈번하게 혹은 '거의 항상' 확인하는 사람들도 있다.[8] 곰곰이 따져본다면 이것이 과연 그들이 보상적이라고 생각하기 때문인지, 아니면 상한 팝콘을 먹었던 사람들처럼 그들도 그저 스마트폰에 손을 뻗으라는 자동 조종 두뇌의 답안을 그대로 따르는 것뿐인지 의문이 들 것이다. 아마도 후자 때문일 가능성이 클 것이다. 그리고 이러한 행동은 좌절감을 동반하는 경향이 있다. 일반적으로 스마트폰 확인과 확인 사이의 간격이 너무 짧아서 어떤 가치 있는 일이 생길 거라고 기대하기는 힘들 수 있다. 그럼에도 확인하지 않는 데서 오는 불편함을 방지하기 위해 습관은 계속된다. 좌절감은 이러한 보상 무감각에서 기인하는데, 그러한 무감각으로 인해 우리의 두뇌 기준선이 재설정되기 때문이다. 자꾸만 멀어지는 보상감을 되찾기 위해서라도 이러한 행동은 증폭되며 거의 끊임없는 확인 습관으로 발전된다. 유감스럽게도 이러한 패턴은 남용으로 인해 보상이 점점 더 줄어드는 결과를 가져온다. 마치 초콜릿 조각 여러 개를 한꺼번에 소비하는 것과 같아서 다음 조각을 먹을 때마다 맛이 주는 만족감이 계속해서 줄어든다.

팝콘이나 케이크 같은 사물에서 얻는 예측 가능한 보상과는 달리 우리가 스마트폰이나 온라인 세상의 사회적 연결로부터 얻는 보상은 여전히 예측 불가능하다. 특히 우리가 보상 무감각을 경험하는 중이라면 이러한 차이는 매우 중요하다. 앞에서 논의했듯이 도파민은 쾌락 분자보다는 학습 신호와 동기부여 인자의 기능을 더 많이 수행한다. 이는 곧 우리가 스마트폰을 자주 확인하고 싶어 하는 욕구가 예기치 못한 보상 가능성에서 기인한다는 것을 의미한다. 우리가 매일 스마트폰을 확인하는 과정에서 특별히 가치 있는 정보를 발견할 수도 있고, 그럴 경우 그것은 엄청나게 중요한 보상이 될 것이다. 이러한 가능성이 우리가 습관을 유지할 동기를 제공한다.

기술이 주는 모든 보상적 측면을 완전히 피하는 것만이 능사는 아니다. 대신에 우리의 목표는 기술을 주의 깊게 사용하고 스마트폰 확인 횟수를 제한하는 것이 되어야 한다. 적극적으로 몰입하는 것으로 보상을 조절하고 도파민 기대를 활용한다면, 수많은 사소한 스마트폰 확인보다 더 만족스러운 경험을 하게 될 것이다.

반복으로 인해 단기적 보상이 그 처음의 새로움을 잃게 된다면, 반복은 장기적 보상에 정반대의 효과를 발휘한다. 새로운 기술을 학습하는 것 같은 장기적 이점이 있는 활동에 참여하면, 그러한 활동 자체가 우리의 실행 두뇌 기능에 크게 의존하는 탓에 처음에는 좌절감을 일으킬 수 있다. 하지만 시퀀스가 자동 조종 두뇌 속으로 부호화됨에 따라 이 활동이 점점 더 쉬워지고 즐거워진다. 장기적으로 유익한 혜택이 무엇인가 하는 문제는 사람마다 다르겠지만 개인적 성장과 자기 개선은 계속해서 추구해야 할 중요한 특징이다. 디지털 활동과 비디지털 활동 모두 이 범주에 해당하므로, 기술을 활용하여 장기적인 혜택을 제공받을 수 있도록 해야 한다. 예를 들어 같은 앱을 수십 번 반복적으로 확인하는 대신에, 이러한 확인 중 일부를 온라인 강좌를 듣고 새로운 기술을 배운다거나 오디오북을 듣고 유익한 기사를 읽는 데 사용할 수 있다. 의미 있고 장기적인 보상을 제공하는 활동에 투자함으로써, 우리는 끊임없는 단기적 보상 추구의 악순환 구조를 끊을 수 있다. 이것이 전부 아니면 전무라는 식의 접근법과는 다르다는 점을 잊지 말자. 단기적인 보상 역시 삶에서 즐거움의 원천 중 하나다. 단지 그러한 보상이 덜 빈번하고, 더 다양하며, 우리의 장기적 목표와 덜 충돌한다면, 더 많은 즐거움을 주게 될 거라는 것뿐이다. 단기적 보상과 장기적 보상 간의 균형을 유지하는 것은 삶의 즐거움을 극대화하고 우리의 장기적 목표를 달성하게 해주는 열쇠다.

조력적 습관을 구축하라

———

습관 퍼즐의 4가지 조각이 한데 모이면, 습관 경로가 구축되고 점차 강화된다. 뿌리 깊은 스마트폰 습관으로 인해, 많은 상황에서 스마트폰에 손을 내미는 행동은 이미 우리의 자동 조종 두뇌 속의 기본 설정 선택지default option가 되어버렸다. 일단 그러한 연결이 강화된 상태라면 연결을 약화하는 데는 시간이 걸린다. 무언가를 당신의 두뇌에서 제거하기란 어려운 일이다. 이는 고통스러운 기억은 아무리 잊으려고 열심히 노력해도 좀처럼 바로 잊을 수 없다는 사실만 봐도 명백해진다. 두뇌에는 마법의 삭제 버튼이 존재하지 않기 때문이다. 기억이 희미해지고 감정이 처리되기까지 시간이 걸리는 것처럼 마찬가지로 구축된 습관 경로가 줄어들다 서서히 사라지기까지도 시간이 걸린다.

만약 습관을 바꿔야 할 필요성에 압박을 느낀다면 문제성 습관이 우리가 지닌 다른 많은 조력적 혹은 중립적 습관보다 눈에 잘 띈다는 사실을 명심하자. 문제성 습관이 부정적 성격을 가지고 있다는 것만으로도 우리는 자연스럽게 그것에 더 많이 집중하게 된다. 하지만 무엇보다 중요한 것은 오직 나쁜 습관을 변화시키는 일에만 지나치게 몰두한 나머지 조력적이고 중립적인 습관들을 간과해서는 안 된다는 것이다. 조력적 습관을 구축하는 데 집중하는 것이 중요한 이유는 습관 해체 과정을 가속화하기 위해서라도 자동 조종 두뇌에 대안적인 선택지를 제시할 필요가 있기 때문이다. 그렇게 대안적인 경로를 구축함으로써 오래된 습관을 새로운 습관으로 대체해야 한다.

오래된 경로를 무시하는 한편으로 새로운 경로를 만들어나간다는 것은, 시간이 흘러 오래된 경로가 완전히 없어지기 전에 자동 조종 두뇌가 새로운 습관 경로를 선택하기 시작한다는 것을 의미한다. 이 방법이 효과를 보기 위해서는, 당신의 스마트폰 습관을 스마트폰 습관과 같거나 아니면 비슷한 필요를 충족하는 정말로 소소한 행동으로 대체해야만 한다. 당신이 선택하는 대안적인 활동은 스마트폰 확인 자체에 필적하는 그러한 종류의 마이크로브레이크microbreak(잠깐의 휴식—옮긴이)를 제공해야 한다. 예를 들어 당신의 스마트폰 확인 루틴 중 하나를 빠르게 할 수 있는 스트레칭 동작, 산책, 식물에 물주기로 대체할 수도 있다. 그렇다고 해서 당신이 '생산적'이라고 여기는 활동으로는 대체하지 말기 바란다. 왜냐하면 스마트폰 확인과 동일한 욕구를 충족시키지 못할뿐더러 성공하지 못할 가능성이 크기 때문이다. 2부 연습 파트에서는 자동 조종 모드를 재프로그래밍하는 방법에 대해 좀 더 깊이 탐구하고, 1부에서 살펴본 기본 습관을 강화하고 확장할 수 있는 기회를 제공해보려 한다.

스마트폰 끄기 연습 2회차

자동 조종 모드
재프로그래밍하기

이제 디지털 습관이 어떻게 형성되는지 이해했을 것이다. 지금부터는 디지털 습관을 변화시킬 시간이다. 2부의 연습 파트는 두 단계로 구성된다. 첫 번째 단계에서 문제성 디지털 습관을 허문 다음, 두 번째 단계에서는 문제성 습관이 있던 자리에 조력적 습관을 형성하는 방법을 보여줄 것이다.

∷ 빌딩 블록 5

장소 활용하기

———

장소 기반 연상 매체의 수를 줄여서 시작 습관을 방지하자.

> 장소는 우리의 자동 조종 두뇌가 습관을 촉발하도록 만드는 강력한

연상 매체다. 장소 기반 연상을 활용하면 특정 습관들이 활성화되는 것을 선제적으로 예방할 수 있다.

> 특정 장소 습관의 구축을 시작하자. 이 장소들에 부합하는 다양한 스마트폰 활동이나 앱 사용을 위한 규칙들을 설정하자. 같은 앱을 확인하는 문제성 습관이 있다면, 이 앱의 확인을 위한 별도의 '디지털 존 *digital zone*'을 지정하자.

> 이 새롭고 건강한 패턴을 긍정적으로 확립하는 것이 무엇보다 중요하다. 스마트폰을 사용하면 안 되는 공간에서 스마트폰의 특정 기능을 사용할 수 있는 공간으로 장소에 대한 사고 프레임을 바꾸자.

> 동시에 장소의 힘을 이용해서 조력적 습관을 키우자. 예를 들어 책상은 집중을 위한 성역으로 침대는 휴식을 위한 안식처로 지정하자. 시간이 지날수록 이 공간들에서 스마트폰 습관을 두고 씨름할 필요가 줄어든다는 사실을 발견하게 될 것이며, 그러다 보면 어느 순간 습관 자체가 활성화되지 않게 된다.

> 생활 공간을 휴식, 집중, 놀이 영역들로 구분하자. 기능에 특화된 장소는 특정 방 하나거나 여러 개(주방이나 거실처럼)일 수도 있으며, 때에 따라서는 방 안의 특정 공간(특정 의자처럼)일 수도 있다.

> 여러분이 사용하는 스마트폰 기능 중에 컴퓨터나 태블릿에서 더 잘 구동되는 기능들이 있는가? 컴퓨터나 태블릿을 이용한다면 사용 장소를 자동적으로 제한할 수 있다.

> 골치 아픈 앱들은 낡은 스마트폰에 설치한 다음 특정 장소에 보관하는 방안을 고려해보자.

- 스마트폰은 정해진 장소에 두고, 스마트워치를 사용해서 중요한 알림을 수신할 수 있도록 설정해두자.

- 특히 문제가 되는 앱이라면, 쉽게 기억해내지 못할 만큼 어렵고 복잡하게 비밀번호를 설정한 다음 지정된 장소에 비밀번호를 적어두는 방법을 쓸 수도 있다.

스마트폰을 절대로 확인하지 않는 것 자체가 목표는 아니라는 점을 기억하자. 오히려 아무 생각 없이 자동적으로 스마트폰을 확인하는 습관에 제동을 걸어 스마트폰 기기를 보다 주의 깊게 의도적으로 사용할 수 있게 되는 것, 그것이 목표다. 자동 조종 두뇌가 시키는 대로 스마트폰에 손을 뻗었다고 해서 좌절할 필요는 없다. 그런 자신을 포착한다면 그 순간 여러분이 미리 지정해둔 '디지털 존' 중 하나로 그저 장소를 옮기기만 하면 된다. 시간이 지나고 이러한 행동이 반복된다면, 여러분의 두뇌도 장소와 스마트폰의 관계를 이해하고 연관 짓게 될 것이다.

과제
디지털 환경을 재설계하라

스마트폰의 앱 배치를 바꾸자.

> 더 이상 필요하지 않은 앱들을 제거하자. 이들 앱은 디지털 소음을 발생시켜 주의력을 분산시킨다. 우리가 사용하는 앱들을 찾는 동안 우리의 두뇌는 이 불필요한 앱들을 무시하기 위해 노력을 기울여야 하기 때문이다.

> 툴이나 장기적으로 여러분에게 유익한 앱들만 배경 화면에 남겨두자.

> 문제성 앱들은 배경 화면에서 제거하고 폴더로 이동시켜, 앱 아이콘의 크기를 축소시키자. 문제성 앱이 있던 자리를 유용한 앱으로 대체하자.

> 채팅 앱들의 대화 알림을 무음으로 전환하자. 대신에 채팅 메시지들을 확인하고 답변할 시간을 사전 약속하자(빌딩 블록 4).

> 새 앱을 다운로드할 때, 앱 알림음을 무음으로 설정하자.

> 자동 재생 같은 기능들을 끄자.

스마트폰의 앱 위치를 바꾸는 것은 장애물을 삽입하는 것과 같아서, 관련된 디지털 습관을 보다 의식적으로 통제(앱을 이동시킨 위치를 기억해야 하기 때문이다)할 수 있게 해준다. 결과적으로 실행 두뇌를 더 취약하게 하는 셈이지만, 이는 일시적이며 얼마 안 가서 새로운 앱 위치 양식이 새로운 습관으로 자리 잡는다. 따라서 건강한 디지털 습관을 만들고 싶다면, 앱 배치 바꾸기는 이 책에서 거론된 다른 방법과 함께 전개하는 것이 중요하다.

해야 할 과제 추가하기

작업 부하workload를 늘려서 스마트폰의 보상적 특성을 약화하자.

› 스마트폰을 빈번하게 확인하게 되는 부분적 이유는 일반적으로 간단
하고 쉬우며 그로 인해 어떤 대수로운 일이 추가되거나 하지 않기 때
문이다. 그러므로 스마트폰 확인은 종종 어려운 일에서 도망칠 수 있
는 빠른 도피처로 이용되곤 한다.

› 5분 규칙(빌딩 블록 1)과 장애물 삽입(빌딩 블록 3)은 여러분의 스마트
폰을 덜 보상적인 것으로 만든다. 이들 방법으로 인해 여러분의 두뇌
가 어느 정도 지연 할인을 적용하게 될 것이기 때문이다.

› 특정 스마트폰 확인마다 힘든 과제를 덧붙인다면, 스마트폰의 보상성
을 크게 약화할 수 있다. 즉 추가된 힘든 과제로 인해 스마트폰 확인은
훨씬 덜 매력적이고 지루한 잡일로 바뀌게 된다. 곧 여러분의 두뇌는
계획되지 않은 시간에 이루어지는 짧은 확인들로 인해 귀찮은 일들이
더 많아진다는 사실을 깨닫게 될 것이다. 스마트폰 확인 습관의 빈도
또한 자연스럽게 감소할 것이다.

보상 조절하기

———

도파민의 기대감을 극대화하여 보상을 조절하자.

> 보상을 따질 때는 양보다 질에 우선순위를 두고 시작하자. 적지만 더 중요한 보상들을 예의주시하자. 기대 도파민에 힘입어 간절히 기다리다 획득한 보상은 즉각적인 보상에 비해 훨씬 큰 만족감을 가져온다.

> 계획에 없던 스마트폰 확인을 했을 때 따라오는 좌절감에 대한 사고 프레임을 바꾸자. 기대할 만한 무언가 특별한 것이 있어서 스마트폰을 확인한 것이라고 자신에게 적극적으로 말해주자.

> 짧고 파괴적인 확인을 무수히 시도하는 대신에, 사전 약속(빌딩 블록 4)을 활용하여 좋아하는 디지털 활동에 언제 참여할지 계획해보자. 보상 계획은 스마트폰 확인으로 주의력이 분산되는 것을 방지할 뿐 아니라, 여러분의 두뇌가 작고 사소한 보상을 끊임없이 추구하기보다 지연된 중요한 보상을 간절히 기다리도록 훈련하는 효과가 있다.

> 이 접근법은 특히 보상을 연상시키는 장소 활용(빌딩 블록 5)과 함께 사용된다면, 실행 두뇌에게 일시적이긴 하지만 꼭 필요한 유인책을 제공한다. 스마트폰 확인과 끊임없이 싸우느라 의지력을 소진하는 대신, 사전에 정한 시간과 '디지털 공간'에서 회복을 위한 보상적 휴식을 여러분의 실행 두뇌에 제공해보자.

기대의 힘을 활용하라

—

다음과 같은 매일의 기대 루틴을 포함하여 기대감을 극대화하자.

▸ 매일 아침 여러분이 고대하는 3가지 일, 예를 들어 커피 한 잔, 친구와의 만남, 취미 활동을 생각하며 하루를 시작하자.

▸ 여러분이 가장 좋아하는 시리즈의 새 에피소드나 게임을 앞두고 들뜬 기분을 활용하여 새로운 활동을 시작하자.

▸ 이 루틴을 적용하면 기분이 좋아질 뿐 아니라 활동이 시작됐을 때의 즐거움도 커진다. 동시에 여러분이 시간을 보다 계획적으로 사용하도록 고무하며, 보상을 기대하는 여러분의 능력 또한 강화한다.

 전략

80/20 규칙에 따른 적절한 디지털 보상

—

파레토 법칙*Pareto Principle*이라는 경제학의 80/20 규칙을 활용해 보자. 파레토 법칙에 따르면, 결과의 80프로는 투자된 노력의 20프로에서 나온다.

▸ 이 법칙을 스마트폰 사용이라는 맥락에 적용해본다면, 여러분이 앱으로부터 얻는 가치, 즐거움, 이점의 대부분은 아마도 스마트폰과의 상호작용 시간 중 처음 1/5 동안에 발생한다고 볼 수 있다. 나머지 시간은 중복적인 스크롤의 연속이어서 보상이 있다 한들, 오직 최소한의 보상만 추가될 가능성이 크다.

▸ 역으로 운동, 일지 쓰기 혹은 명상 같은 활동의 경우는 '아무것'도 하지 않던 상태에서 '무언가'를 하는 상태로 전환함으로써, 아무리 적은 양이라 하더라도 비할 데 없는 큰 이점을 얻을 수 있다.

▸ 이러한 사고방식은 완벽주의에 대한 강력한 해독제 역할을 할 수 있다. 이를 통해 여러분은 새로운 습관을 시작하고 디지털 상호작용에 대한 균형 잡힌 태도를 기르는 데 도움을 받을 수 있다.

⸬ 빌딩 블록 8

정말로 소소한 습관

여러분의 목표와 부합하는 '정말로 소소한 습관'에서 시작하자.

▸ 이 책의 초반부에서 나는 여러분에게 만약 스마트폰 확인 시간이 줄어들면 생기게 될 남는 시간과 에너지로 무엇을 하고 싶은지 고민해보라고 요청했었다. 지금이 그 고민을 행동으로 옮길 기회다.

> 여러분이 어떤 습관을 기르기로 결심했건 간에, 그에 상응하는 정말로 소소한 행동을 찾자. 그리고 이 정말로 소소한 행동은 여러분의 궁극적 목표가 아니라 출발점일 뿐이라는 점을 기억하자.

> 여러분이 선택한 정말로 소소한 행동이 저전력 모드에서 실행될 수 있을 만큼 단순한 행동인지 확인하자. 저전력 모드야말로 우리가 습관에 가장 많이 기대는 순간이기 때문이다.

> 정말로 소소한 습관은 '도미노 효과'를 통해 확장된다는 점을 기억하라. 때로는 습관 하나를 실행하는 데 그침으로써, 그저 도미노 패 하나를 넘기는 것에 불과할 수도 있다. 그래도 계속하다 보면, 때로는 도미노 패들이 폭포처럼 연쇄적으로 넘어갈 수도 있을 것이다. 결과가 무엇이든 여러분은 자신의 신경망을 활성화해서 습관을 형성하게 된다.

기술에서 얻은 교훈을 적용하자.

> 모든 행동은 그 자체로 중요하다. 그러니 여러분의 정말로 소소한 습관이 너무 사소하지 않을까 걱정할 필요는 없다. 이런 섣부른 판단이 여러분의 두뇌가 시작할 엄두를 내지 못할 정도로 기준을 높이는 경향이 있다. 그러는 대신에 기준을 낮추자.

> 연상 매체들을 부단히 적용하자. 연상 매체는 하루 중 어떤 시간일 수도 있고, 물리적 장소일 수도 있으며, 여러분의 내부 상태나 기존 루틴 중 일부와 관련된 것일 수도 있다. 정말로 소소한 행동이란 그것이 언제 어디서나 삽입될 수 있다는 것을 의미한다. 달리 말해 그러한 행동을 둘러싸고 다수의 연상 매체를 형성할 수 있다는 것을 의미한다.

> 반복은 습관을 강화한다. 행동을 정말로 소소하게 만들수록 자주 반복할 가능성도 커진다.

5분 규칙 뒤집기

정말로 소소한 습관을 공고히 한다면 여러분의 목표 달성이 좀 더 쉬워진다.

> 5분 안에 달성할 수 있는 것들로 정말로 소소한 습관을 구성하자. 그러면 시작하는 데 따른 압박감과 심리적 저항을 누그러뜨릴 수 있다. 일단 처음의 무력감을 극복하고 나면, 첫 5분을 넘어 계속할 수 있는 의지와 힘이 생겼음을 발견할 수 있을 것이다.

> 5분 규칙과 같은 원리를 이용하자. 즉 바람직하지 않은 행동을 지연시키는 대신, 긍정적인 시작 행동에 집중하자. 그러다 보면 엄두가 나지 않던 일도 한층 관리 가능한 일이 되면서 달성하기가 쉬워지며, 결과적으로 꾸준하고 점진적인 발전을 위한 기반을 마련할 수 있게 된다.

> 예를 들어 운동을 더 많이 하는 것이 목표지만 전신 운동을 시작하기에는 동기가 부족하다면, 5분 동안만 운동하기로 약속해보자. 이는 일상 루틴 속으로 바로 끼워 넣을 수 있을 정도로 소소하고 관리하기 쉬운 약속이다. 이 5분은 결코 협상의 대상이 아니다. 하지만 5분 후에

도 계속할지 아닐지는 전적으로 여러분에게 달렸다.

> 5분이 지났는데도 계속할지 아닐지는 중요하지 않다. 핵심은 지속성 consistency이지 강도intensity가 아니다. 이 규칙을 이행할 때마다 여러분은 신경망을 활성화하여 시간이 지날수록 더 크게 성장할 습관을 각인하게 된다. 작은 승리들이 쌓인다면 지속적인 변화를 위한 발판이 마련될 것이다.

> 5분 규칙에 보다 숙달된다면, 10분에서 15분을 목표로 추가해도 좋다. 하지만 그러기 힘든 상황이 오면, 다시 목표 시간을 줄여 지속성을 유지하도록 하자.

80/20 규칙을 명심하자. 아무것도 하지 않던 상태에서 무언가를 하는 상태로 변화한다는 것 자체가 무엇보다도 큰 이득이다.

╍╍ 빌딩 블록 9

문제성 습관 대체하기

———

여러분의 자동 조종 두뇌에 대안적인 선택지를 제공하자. 낡은 습관을 새로운 습관으로 대체하자.

> 습관을 대체하면 자동 조종 두뇌에게는 따라야 할 대안적인 경로가 갖춰지는 셈이다. 즉 문제성 디지털 습관이 실행되지 않는다.

> 효과적인 변화를 위해서는 기존의 스마트폰 습관을, 유사한 욕구를 충족하지만 최소한의 노력만 필요로 하는 새로운 행동으로 대체해야 한다.

> 예를 들어 여러분의 스마트폰 습관이 인지적 피로도가 높을 때 정신적 도피처의 역할을 한다면, 대체 행동 역시 회복을 위한 휴식을 '생산적' 활동으로 바꾸려는 시도는 효과적이지 않다.

> 자연스러운 종료 신호를 포함하는 대체 습관을 선택하는 것이 이상적이다. 이럴 경우 휴식이 끝났을 때 별도의 정신적 노력을 들이지 않아도 활동에서 벗어날 수 있다.

> 아무 생각 없이 소셜 미디어를 스크롤하는 대신에 보고 싶은 친구에게 메시지를 보내거나, 책 몇 페이지를 읽고, 식물에 물을 주거나, 짧은 단어 게임을 하며, 저녁 식사 메뉴를 계획하는 일들을 해보자.

> 만약 여러분에게 온라인 상점들을 둘러보는 버릇이 있다면, 옷장 서랍 하나를 정리해보자.

> 스마트폰에 손을 뻗는 일로 아침을 시작하기보다는 일어나서 커튼을 열어보자.

정말로 소소한 습관 — 고급편
정말로 소소한 행동 × 장애물

정말로 소소한 행동을 특정 스마트폰 확인 전에 장애물로 집어 넣자. 정말로 소소한 행동을 완료하기 전까지는, 스마트폰을 사용해서는 안 된다.

> 좀 더 정리를 잘하고 싶다면, 게임을 하기 전에 10가지 물품을 정리해보자.

> 독서량을 늘리고 싶다면, 소셜 미디어 검색의 필수 요건으로 책 한두 페이지를 먼저 읽어보자.

> 상체 근력을 키우고 싶다면, 뉴스를 확인하기 전에 팔굽혀펴기를 몇 회 실시해보자.

> 5분 규칙을 활용하여, TV 프로그램의 새 에피소드를 시청하기 전에 그간 미뤄왔던 프로젝트를 시작하자.

빌딩 블록 10

유혹 묶음

정말로 소소한 습관이 지닌 보상적 성격을 강화하자.

> 우리의 기술 활동 대부분이 즉각적인 보상을 제공한다. 반면에 운동

과 공부, 집안일 등 비기술 활동으로 얻어지는 이점은 일반적으로 지연되어 나타나며, 그럼으로써 우리 두뇌에 의해 지연 할인되는 경향이 있다.

> 유혹 묶음*temptation bundling*을 통해 장기적으로 이득이 되는 활동에 즉각적인 만족을 연결한다면, 긍정적 연상을 키움으로써 습관 형성을 가속화할 수 있다.

> 팟캐스트를 들으며 집안일을 하면 지루함이 줄어든다.

> 트레드밀 위에서 좋아하는 TV 프로그램을 시청하자.

> 운동을 계획하고 있다면 간식을 먹기 직전으로 운동 시간을 설정하자.

> 심지어 새로운 보상을 고안할 필요도 없다. 뭐가 됐건(좋아하는 음식과 음료, 간식을 먹을 수도 있고 TV 프로그램을 시청할 수도 있다) 자신에게 보상이 주어지는 시간대를 고려하여 그 시간 직전을 조력적 습관들을 실행할 시간으로 정하자.

> 여러분이 기르고 싶은 습관을 행하는 데 1분을 쓸 때마다, 특정 스마트폰 앱의 사용 시간을 1분씩 늘릴 수도 있다. 즉 조력적 습관에 투자하는 시간만큼 스마트폰 사용 시간을 늘리는 것도 가능하다. 이는 보상 역시 상징적일 수 있음을 의미한다.

정말로 소소한 행동 하나하나가 모두 습관 형성의 발판이자, 우리의 두뇌 회로를 재배치하는 데 일조한다는 사실을 자신에게 상기시키자. 그렇게 할수록 습관 형성을 방해하는 내부 비판이 줄어들고, 내부 보상에 집중하게 된다.

습관 추적하기

___

동기가 떨어졌다면 지금까지 시도해온 대응 방법 추이를 모니터링하자. 우리는 그간 쌓아온 좋아요나 게시물 수, 게임의 최고 레벨, 팔로워 수 같은 기록을 통해 우리의 진척 상황을 가늠해볼 수 있다. 이러한 추이를 살펴보는 것은 새로운 습관을 성공적으로 구축하는 데 매우 중요하다.

▶ '습관 추적'을 시도하자. 이 책에서 소개한 새로운 방법을 적용할 때마다 기록으로 남기자. 모든 시도 하나하나가 곧 작은 승리와 같다.

▶ 습관을 반복할 때마다 그 과정을 시각화한다면 동기를 유지하는 데 도움이 된다.

▶ 자칫 습관 추적이 전부 아니면 전무라는 사고방식을 부추길 수 있다. 추적 과정에서 습관을 연속적으로 달성하는 것은 매우 고무적이다. 하지만 습관을 깨는 일이 발생하기라도 한다면, 그로 인해 의욕이 저하되어 습관 형성을 포기할 수도 있다.

▶ 만약 이 전략에 공감한다면, 색칠 페이지를 이용해 습관을 추적해보자. 각 시도마다 특정 작은 부분에 색을 채워나가보자. 페이지가 서서히 색깔로 채워지는 모습을 볼 수 있을 것이다. 이런 기록을 통해 비록 하루 이틀을 건너뛰더라도 습관 형성의 진행 상황을 시각적으로 확인할 수 있다.

디지털 습관을 개선하는 데 추가적인 실천 툴이 필요하다면, www.drfayebegeti.com을 방문해보자. 나는 여러분의 여정을 돕기 위해 이 사이트에 지속적으로 자료들을 업데이트할 예정이다. 각각의 작은 단계는 새로운 습관 형성으로 나아가는 큰 방향의 일부임을 기억하자. 이미 몇 가지라도 실천하기 시작했기를 바라지만, 그렇지 않다면 이 글을 지금 시작하라는 신호로 읽어주기를 바란다. 나중에 하겠다는 것은 하지 않게 될 위험이 크기 때문이다. 3부에서는 기술이 우리 삶의 특정 측면들에 어떠한 영향을 미치는지에 대해 보다 심도 깊게 살펴볼 것이다.

3부
—

스마트폰으로
생산성을 높여라

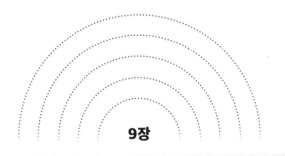

9장

도둑맞은 집중력 되찾기

우리의 두뇌는 주의를 분산시킬 수 있는 쪽으로 진화해왔다. 주의 분산 능력은 주변에 위험 상황이 발생하면 즉각적으로 주의를 돌릴 수 있게 해주는 중요한 안전장치였다. 사회가 점차 안전해지면서, 적어도 야생동물의 위협이 사라지게 되면서 특정 작업이나 업무에 집중력을 계속해서 발휘할 수 있는 능력이 뛰어난 장점이자 존경할 만한 자질로 부상해왔다. 하지만 만약 안전하지 않은 상황에 다시 놓이게 된다면 우리의 뇌는 잠재적 위험에 대처하기 위해 소리와 움직임에 매우 예민하게 반응하도록 높은 수준의 경계 태세를 갖추게 될 것이다. 주의 분산은 중요한 안전장치이며 이와 더불어 보상도 주의 사로잡기attention-captivating 역할을 한다. 예를 들어 과즙 많고 빛깔 좋은 열매가 있다면, 맛없는 나뭇잎에서 열매 쪽으로 주의를 돌리고 싶어질 것이다. 현재 우리는 대체로 안전하고 먹을 것도 쉽게 구할 수 있는 환경 속에 살고 있지만, 주의 분산이라는 인간 본성은 계속 남아 있기 때문에 쉽게 집중력을 잃을 수도 있고 기술이 우리의 이런 본성을 활용하기도 한다. 스마트폰은 잠재적 위험과 보상으로 가득 찬 온라인 세계를 제공한다. 우리는 이런 스마트폰에 본능적으로 이끌리며, 특히 특정 업무에 집중하거나 몰입하려고 할 때 문제가 될 만한 다양한 행동을 하기도 한다.

우리가 가진 실행 기능, 즉 집중력은 어느 정도 유전적 특징에 의해 결정되며, 그래서 어떤 사람들은 선천적으로 집중력이 더 좋다. 그러나 출발선이 유전자에 의해 좌우된다고 해서 집중력을 향상시킬 수 없다는 의미는 아니다. 이는 마치 경주를 위해 훈련을 하는 것과도 같다. 어떤 사람들은 선천적으로 달리기 능력을 가지고 태어나기도 하지만, 천부적 재능이 없다 해도 올바른 훈련과 기술을 습득하면 속도와 지구력을 향상시킬 수 있다. 집중력은 분명 개선할 수 있지만, 목표 달성을 위해서는 올바른 전략을 수행하는 데 좀 더 주의를 기울여야 한다. 이번 장에서는 집중력이 어떻게 작동하는지, 또한 집중력을 방해하지 않으면서도 기술을 유리하게 활용할 수 있는 방법은 무엇인지에 대해 배우게 될 것이다.

미루기라는 달콤한 유혹

———

디지털 습관이 고착되면 일을 시작하는 게 어려운 숙제처럼 여겨지고 미루고 싶은 유혹은 커지기 마련이다. 디지털 세계에서는 보상 받기가 좀 더 수월하므로 어려운 일을 피할 때 동원하는 가장 흔한 방법이 디지털 기기와 앱을 확인하는 일이다. 거듭 말하지만, 미루기는 우리의 실행 두뇌와 자동 조종 두뇌 사이에 벌어지는 갈등의 결과물이며 우리가 저전력 모드일수록 더욱 미루기 쉽다. 자동 조정 두뇌가 통제권을 가지게 되면 빠른 승리에 좀 더 민감해지기 때문이다. 우리 주변에 당장 쉽게 할 수 있는 활동이 많을수록 장기적 이익 측면에서 가치 있는 작업을 시작하는 대신 자주 사용하는 앱에 주기적으로 들락거릴 공산이 높다.

대부분의 사람들은 집중력을 발휘하려면 시간과 준비가 필요하다는 사실을 잘 모른다. 운동선수들은 근육을 활성화하고 정신적으로 몰입하기 위해 미리 정해진 일련의 워밍업 동작들을 거친다. 경기 중에 하는 이런 루틴은 몸보다는 마음을 준비하기 위한 동작들이다. 일을 할 때도 마찬가지다. 연구에 따르면 사람들은 즉각적으로 집중력을 발휘해 일을 시작하지 않는다. 오전 9시에 업무를 시작하는 사람들의 경우, 집중력은 오전 11시에 최고조에 달하는 것으로 나타났다. 그런 다음 일반적으로 점심 겸 휴식 시간을 가지고 나면 처음 얼마 동안은 부진하다가 오후 중반, 즉 오후 2시에서 3시 사이에 다시 집중력이 최고조에 이른다.[1]

물론 이 패턴은 평균에 기초한 것이며 사람마다 각자 고유한 리듬을 가지고 있을 것이다. 다시 말하지만 개개인이 가진 유전적 특성에 따라 아침 일찍부터 높은 집중력을 발휘하는 사람들이 있는가 하면 워밍업에 더 오랜 시간이 걸리는 사람이 있을 수도 있다. 여기서 중요한 점은 스스로에게 너무 가혹하게 굴지 말고 각자의 속도를 파악하여 기대치를 조절하는 것이다. 생산성에 대해 흔히 하는 조언은 가장 어려운 작업부터 시작하라는 것이지만, 이런 조언은 집중력을 발휘할 수 있는 상태로 전환되는 데 걸리는 시간을 무시한 발언이다.

이메일 확인, 뉴스 확인, 소셜 미디어 확인 같은 정말로 소소한 행동들은 단기 보상을 제공한다. 시간이 흐르고 행동을 반복하다 보면 이 디지털 워밍업 루틴이 우리의 자동 조정 두뇌에 부호화되어 업무 장소를 떠올리는 연상 매체와 연결된다. 연구에 따르면 미루기는 상당 부분 습관성이며,[2] 이처럼 미루는 습관은 자주 사용하는 앱에서 최신 소식을 모두 확인하기 전까지 더 어려운 업무를 시작해서는 안 된다는 확신을 심어준다. 우리는 마치 서브를 준비하는 테니스 선수와 같다. 다만 우리가 가진 디지털 기기를 주기적으로 확인하는 것이 준비 운동이라는 점만 다를 뿐이다.

이러한 디지털 워밍업 루틴은 비생산적일 수밖에 없다. 집중이 필요한 국면에서 쓸데없는 디지털 행동을 하게 만들고 그것이 업무의 다른 부분까지 침범하기 때문이다. 현실에서 워밍업은 시작과 끝이 있지만, 디지털 세계에서 워밍업은 시간을 예측하기 어렵기 때문에 미루기 위한 수단으로 사용될 경우 주의 분산이 더 오래 반복될 수밖에 없다. 가상 세계의 가변성은 집중력과 생산성에 상당한 영향을 미쳐서 하루 일과를 나뿐만 아니라 다른 사람의 기준에 맞춰 시작하게 만든다. 예를 들어 받은편지함이나 소셜 미디어상의 메시지와 뉴스 업데이트처럼, 걸러지지 않고 봇물처럼 밀려드는 정보는 그날의 나머지 분위기도 좌우하여 기분과 생각, 심지어 업무 진행 과정에까지 영향을 미칠 수 있다. 이처럼 스스로 정한 목표와 의도를 가지고 하루를 시작하는 대신, 가상 세계로부터 흘러들어오는 끝없는 정보와 요구사항에 반응하게 되면 혼란스럽고 주의가 산만해지기 마련이다. 게다가 이 사이클을 멈추려면 상당한 의지력이 필요하기 때문에 일을 채 시작하기도 전에 소중한 정신 에너지가 고갈되어버린 자신을 발견하게 될 것이다.

두뇌에서 먼 미래의 보상을 인위적으로 낮추는 지연 할인이 일어난다는 사실을 7장에서 언급한 바 있다. 아침에는 우리 앞에 하루 종일 해야 할 업무가 이어져 있다는 생각에, 먼 미래에 있을 마감 시한을 맞추는 것은 고사하고 그날 일과가 끝날 때까지 업무를 완수해야겠다는 동기부여조차 잘 되지 않는다. 이때 우리의 자동 조정 두뇌는 우리를 단기적인 보상으로 이끌게 되고 이는 실행 두뇌의 장기 계획과 직접적으로 충돌한다. 우리는 나중에 더 나빠질 수 있다는 사실을 이전 경험을 통해 뻔히 알고 있으면서도 스마트폰을 스크롤한다. 그러다가 마감 시한이 다가오면 우리의 단기적으로 사고하는 자동 조종 두뇌가 실행 두뇌와 보조를 맞추기 시작한다. 점심시간 전이나 퇴근 전 오후 중반 즈음에 집중력이 폭발적으로 높아지는 이유도, 이 두 시간대가 인위적으로 설정된 마감 시한을 가지고 있기 때문이다. 연구에 따르면 이 시간대는 집중력을 높이고 미루는 행동을 줄이는 데 효과가 있는 것으로 나타났다.

디지털 미루기는 집중력이 요구되는 작업을 시작할 때만 발생하는 것이 아니라, 어려운 과제에 직면할 때면 언제든 슬그머니 찾아들 수 있다. 많은 측면에서 우리 삶은 어느 정도 노력을 필요로 하기 마련이며, 우리 뇌가 본능적으로 피하고 싶어 할 만큼 일정 수준 불편함이 발생하는 경우도 많다. 공부, 운동, 청소 같은 활동은 원래부터 어렵다. 마찬가지로 어려운 대화를 나누거나 어려운 전화 통화를 해야 할 때, 실패로 끝날지 모르는 어려운 프로젝트에 도전할 때와 같이 감정 소모가 따르는 작업을 할 때도 어려움을 느낄 수 있다. 이러한 활동에는 공통점이 하나 있다. 실행하기 위해서는 노력과 감정 조절이 필요하며, 바로 그 이유로 미루기의 주요 표적이 된다는 점이다. 이런 일을 시작할 때는 일정 정도 저항감이 생기며, 저항감이 높아지면 피하고 싶어진다. 다시 말하지만 이러한 저항감을 극복하려면 실행력이 필요하기 때문에 이 기능이 이미 소진된 상태라면 미룰 가능성은 더욱 높아진다. 시작을 미루는 행동은 운동이나 정리 정돈, 심지어 수면을 청할 때조차 자주 나타나는데 이 현상에 대해서는 10장에서 자세히 살펴볼 것이다. 우리의 자동 조종 두뇌는 단기적인 보상을 추구하며 그 과정에서 습관 퍼즐이 완성되면 문제성 습관을 부호화한다. 이렇게 부호화된 스크립트는 자동으로 실행되는 경우가 많아, 앞으로 해당 작업을 시작하기가 점점 어려워질 것이다. 반면 스마트폰은 정보와 엔터테인먼트에 대한 접근 장벽이 매우 낮고 노력을 들여야 할 수 있는 일이 아니다. 우리에게 전화 받는 일은 거의 저항감을 느끼지 않는 일상적 행위이기 때문에 스마트폰을 집어 드는 행동 또한 너무도 쉽게 습관으로 고착되었다고 볼 수 있다.

우리 뇌는 미루고 싶어질 만큼 어려운 일을 만나면, 그 일을 완수할 때까지 일하는 내내 동일한 에너지가 들 거라고 착각하게 만든다. 그래서 우리는 일하는 데 필요한 에너지의 양이 작업의 시간이나 난이도에 비례한다고 가정하지만 현실은 그렇지 않다. 사실 불균형적이게도 시작할 때 더 많은 에너지가 들며, 일단 시작하고 나서 어느 정도 가속도가 붙게 되면 훨씬 적은 에너지가 들어간다. 어쨌든 시작이 어렵다고 하지만 정작 5분 규칙(빌딩 블록 1)을 사용하면 시작을 미루는 습관을 효과적으로 극복할 수 있다. 딱 5분만 작업에 전념하고 그 뒤에는 미루기를 허용하면 된다. 일단 시작이라는 초기 장애물을 극복하고 나면 신경망을 활성화하고 다시 연결할 기회가 주어지기 때문에 미루는 행동보다 일을 계속할 가능성이 높아지는 경우를 흔히 볼 수 있다(빌딩 블록 9). 플랜 B를 함께 사용하는 방법도 있다(빌딩 블록 2). 정신적으로 부담이 적은 일부터 시작하게 되면 좀 더 어려운 일, 플랜 A를 본격적으로 다루기에 앞서 당신의 뇌를 예열해 놓을 수 있다. 여기서 플랜 B를 실행하는 것은 쉬운 길을 택하라는 것이 아니라 실행 두뇌를 훈련시키기 위한 하나의 방법이니 안심하자. 헬스장에서 무거운 역기를 들기 전에 가벼운 워밍업부터 시작하는 것과 같다고 생각하면 된다. 플랜 B는 적극적이고 의식적인 선택이어야 하며, 목표 전반에 부합하는 활동이지 미루기를 부추기는 행동이 아니라는 점을 기억하자. 이렇게 시작하기를 점점 수월하게 만드는 동안 그와 동시에 디지털 미루기는 점점 어렵게 만들 수 있다. 이럴 때는 장애물을 삽입(빌딩 블록 3)하여 디지털 습관에 대한 저항감을 높이고, 과제를 추가(빌딩 블록 6)하여 디지털 습관에 빠질 가능성을 훨씬 줄일 수 있다.

미루기는 자동 조종 두뇌와 실행 두뇌가 충돌하면서 발생하기 때문에 먼 미래에 있는 마감 시한을 현재로 끌어와 실재성을 가지도록 전환하는 것이 필요하다. 안타깝게도 많은 사람들이 마감 시한을 너무 멀리 설정하는 바람에 자동 조종 두뇌가 작동하지 못하도록 만드는 실수를 범하곤 한다.

예를 들어 1년짜리 프로젝트를 3개월 간격으로 쪼개봐야 자동 조종 두뇌가 알아차리기 힘들기 때문에 드라마틱한 효과를 기대하기 어렵다. 자동 조종 두뇌를 제대로 활용하려면 인위적으로 마감 시한을 1~2시간 내로 단기 설정하는 것이 가장 좋다. 집중하는 데 정말로 애를 먹고 있다면 마감 시한을 더 가깝게 설정해야 하며, 헬스장에서 바벨 무게를 늘리는 것처럼 연습을 통해 점차적으로 마감 시한을 늘려갈 수 있다. 자동 조종 두뇌는 단기적인 인센티브에 이끌리기 때문에 마감이 한 번 끝날 때마다 스스로에게 보상을 주는 것이 중요하다. 온라인 쇼핑몰을 검색한다거나 팟캐스트를 청취하는 것과 같은 디지털 방식도 보상이 될 수 있다. 목표는 도파민의 동기부여 속성을 활용해 마음속으로나마 보상을 받게 될 거라 확신하는 습관을 기르는 것이다. 보상을 기대하는 행위는 보상의 효과를 확대할 수 있고 보상을 조절하는 데 도움이 되므로 기대를 실천으로 옮기는 것이 중요하다(빌딩 블록 7).

무엇이 우리를 방해하는가

—

스마트폰으로 우리의 집중력이 흐트러지는 이유에 대해 물어보면 대부분의 사람들은 방해물, 예를 들면 일에 집중하지 못하게 끊임없이 울려대는 바람에 작업으로 돌아가기 전에 재빨리 읽어 치우는 편이 낫겠다는 생각이 들게 만드는 왓츠앱 메시지, 뉴스 알림, 새 메일 수신 같은 알림들을 가장 먼저 떠올린다. 우리의 뇌가 집중 상태에 들어가기 위한 필수 요건은 방해받지 않는 시간을 충분히 확보하는 것이다. 위에서 설명한 것처럼 우리 뇌가 더 깊은 집중 단계로 진입하는 데는 시간이 걸리므로 자주 방해를 받으면 주의가 분산되고 사고의 흐름이 끊어진다.[3] 이렇게 되면 대부분의 작업을 피상적인 수준에서 수행할 가능성이 있으며, 메시지를 받은 후 주의력이 분산된 상태에서는 실수할 확률이 높아진다는 연구 결과도 있다. 연구에 따르면 방해로 인해 예상보다 더 많은 시간을 허비할 수 있으며, 심각하게 방해받는 경우 원래 작업으로 돌아가는 데 무려 23분 15초나 소요된다.[4]

방해는 2가지 범주로 나눌 수 있다. 첫 번째 범주는 외부 방해 external interruption로 전화나 메시지, 알림 등 외부인이나 외부 시스템으로부터 오는 방해다. 두 번째 범주의 방해는 내부 방해internal interruption로 자연스럽게 쉴 타이밍break point에 도달하기 전에, 그러니까 우리가 일을 한참 하는 도중에 스스로를 방해하는 경우에 해당한다. 이러한 내부 방해는 무의식적으로 일어난다. 우리가 5장에서 살펴보았듯이 사람들이 스마트폰을 확인하는 시간 가운데 알림과 같은 외부적 요인에 의한 방해가 차지하는 시간은 11프로에 불과하다. 대부분 사람들은 아무 생각 없이 스마트폰에 손을 뻗는 경우가 압도적으로 많은데, 이것이 바로 자기 방해self-interruption다. 연구에 따르면 집중해서 일을 하려고 할 때 자기 방해는 외부 방해와 거의 같은 빈도로 발생한다.[5] 자기 방해는 자동 조종 두뇌에 따라 행동하고 있다는 신호로 우리는 거의 인지하지 못한다. 잠재적으로 방해가 될 수 있는 여타 외부 요소와 거리를 두는 것과 같은 방식으로는 자기 방해를 피할 수 없으므로, 자기 방해가 지속적으로 발생하게 되면 훨씬 더 큰 혼란이 발생할 가능성이 커진다.

5장에서 '연상 매체'를 외부 범주와 내부 범주로 나누어 논의한 것을 기억할 것이다. 언뜻 보면 연상 매체는 방해와 동의어처럼 보일 수 있으나 서로 다른 기능을 수행한다. 연상 매체는 자동 조종 두뇌가 특정 습관을 시작하도록 하는 신호 역할을 한다. 반면 외부 및 내부 방해는 진행 중인 활동을 중단시켜 집중력을 분산시키고 작업 흐름을 끊어놓는다. 연상 매체 역시 우리 자신을 스스로 방해할 수 있기 때문에 때때로 연상 매체와 방해, 이 두 용어 사이에 약간의 혼동이 생길 수 있다. 예를 들어 우리가 스마트폰을 들여다보다 소셜 미디어 확인 습관이 활성화되어, 피드를 스크롤하려고 우리가 하던 작업을 멈추게 될지도 모른다. 그러나 연상 매체와 방해 사이에 차이점을 이해하는 것이 중요하다. 연상 매체는 "이 행동을 시작하라"라는 녹색 신호등과 같고, 방해는 "현재 하고 있는 행동을 중지하라"라는 빨간색 신호등에 가깝다. 연상 매체로 인해 어떤 작업이 중지되면, 바로 그때 방해가 발생하는 것이다.

실행 두뇌가 피로할 때 자기 방해가 발생할 가능성이 더 높다. 이 경우 우리는 저전력 모드라는 사실을 알면서도 휴식을 취하지 않고 꾸역꾸역 밀어붙이며 일을 한다. 이 상태에서는 빠른 보상에 이끌리기 때문에 실행 두뇌가 자동 조종 두뇌에 통제권을 넘겨준다는 점을 기억해야 한다. 외부의 방해도 이러한 현상의 원인이 될 수 있다. 연구에 따르면 자신이 통제할 수 없는 방해 요소를 경험한 사람은 나중에 자기 방해를 할 가능성이 더 높다. 이는 외부 방해 요소로 인해 주의 집중력이 떨어지고 실행 두뇌가 피로해지면서 자기 방해가 더 쉽게 일어나기 때문이다. 시간이 지나면 미루기처럼 자기 방해도 습관이 되어 자신도 모르게 스마트폰을 확인하거나 주의를 산만하게 하는 다른 활동을 하게 될 수 있다.

자기 방해 습관이 저장되면 자동 조종 두뇌는 저전력 모드가 아닐 때에도 주변 환경이나 내부 연상 매체를 통해 자기 방해 습관을 실천에 옮기도록 유도한다. 이 사이클을 끊으려면 스스로를 방해하는 구체적인 행동과 활동이 무엇인지 파악하고, 자동 조종 모드를 중단하여, 실행 두뇌를 활성화할 수 있는 장애물 삽입(빌딩 블록 3)을 시도해야 한다. 그런 다음 자기 방해 충동이 자동적으로 일어나는 반응인지 아니면 정말로 휴식이 필요해서 일어나는 반응인지 테스트하기 위해 충동 서핑(빌딩 블록 1 고급편)을 실행해보자. 5분 이내에 충동이 사라진다면 자동적인 반응일 가능성이 높으므로 다시 업무에 집중할 수 있다. 이 규칙을 꾸준히 실천하면 실행 두뇌가 강화되고 즉각적인 충동에 대응할 가능성은 줄어든다. 하지만 자기 방해 충동이 지속된다면 이는 실행 두뇌를 잠깐 멈출 필요가 있다는 신호일 수 있다. 빠른 업무 전환을 현명하게 활용하면 피로에 지친 실행 두뇌에 필요한 휴식을 제공할 수 있다.

많은 사람에게 자기 방해는 뇌가 인지적으로 피곤한 상태라는 신호다. 지친 실행 두뇌가 휴식을 취하려고 할 때, 우리는 자동 조종 두뇌로 작동하는 덜 까다로운 작업 쪽으로 방향을 틀 때가 많다. 그러나 생산적이 되려고 노력한다고 해서, 특별히 편안한 휴식을 취해야 할 필요는 없다. 일반적인 예를 들어보자. 이메일을 확인하기 위해 받은편지함을 열어 내용을 확인하지만, 너무 피곤해서 답장을 보내지 못하고 새 메시지를 그대로 방치해두면 미완성 작업만 여러 개 쌓여 실행 두뇌에 더 큰 부담을 주게 된다. 이는 비효율적이며 이러한 '가짜 휴식faux break' 이후에는 더욱 피곤한 상태로 업무에 복귀하게 되므로 자기 방해를 일으킬 가능성이 커진다. 이를 방지하려면 수신한 모든 이메일에 읽자마자 답장하는 등, 해야 할 과제를 추가하여(빌딩 블록 5) 무엇이 업무이고 무엇이 휴식인지 명확하게 구분해보자.

회복을 위한 휴식이 되려면 피로에 지친 신경망에 휴식을 취할 수 있는 기회를 적절하게 주어야 한다. 3장에서 설명한 것처럼, 이는 개인차가 있고 부분적으로는 이전에 수행하던 일에 따라 달라질 수 있으므로 선택한 활동이 실행 두뇌에 활력을 주는 활동인지, 아니면 고갈시키는 활동인지 숙고할 필요가 있다. 우리가 자동 조종 두뇌를 사용해서 즉각적인 보상이 있고 덜 까다로운 활동을 선택해 전략적 휴식을 취하게 되면 실행 두뇌는 일시적으로 휴식을 취할 수 있다(헬스장에서 세트 운동 중간에 잠시 멈추는 것처럼). 그러면 상쾌한 기분과 새로운 아이디어를 가지고 업무에 복귀할 수 있다. 휴식을 취할 때 디지털 활동을 선택할 수도 있겠지만 그것이 재충전에 도움이 되는 활동인지 확인해봐야 한다. 예를 들어 뉴스나 소셜 미디어를 검색하는 것이 어떤 사람에게는 기분 좋은 휴식일 수 있지만, 논쟁적인 댓글을 달거나 부정적인 뉴스 기사를 볼 때는 감정 조절이 필요하기 때문에 어떤 사람에게는 정신 에너지를 고갈시키는 활동이 될 수 있다. 이렇게 디지털 활동이 정신 에너지를 고갈시킬 경우, 다른 종류의 디지털 활동 혹은 아날로그 활동으로 대체하면 휴식을 더 효율적으로 취할 수 있다.

명심해야 할 핵심 규칙은 계획적으로 휴식을 취하게 되면 회복력이 높아지는 반면, 산만함distraction은 피로를 유발한다는 점이다. 수많은 자기 방해는 만족스러운 휴식으로 이어지지 않고 오히려 좌절감의 원인이 된다. 부분적으로는 주의가 산만해질 때 죄책감을 느끼기 때문이며, 스크롤을 멈추고 업무에 복귀하려는 노력이 실패를 반복할 때마다 우리의 의지력은 더욱 소모되기 때문이다. 자기 방해가 너무 잦아지면 재충전을 위한 휴식으로 의미 있게 사용해야 할 시간이 순간적 산만함을 추구하는 시간으로 소비될 수 있다. 이는 배고플 때, 제대로 된 식사로 섭취했어야 할 양을 간식으로 대신 채워 버리는 것과 비슷한 이치다. 휴식을 취하지 않기로 선택함으로써 산만함에 무릎 꿇게 된다. 그리고 결국은 이러한 산만함으로 인해, 회복을 위한 휴식이 보다 효율적으로 기능하기까지 더 많은 시간이 걸린다.

5장에서 살펴본 것처럼 장소는 자동 조종 두뇌가 습관을 실행하는 데 중요한 역할을 하지만, 책상 앞에 앉아 자기 방해에 많은 시간을 보낸다면 책상은 더 이상 업무 공간을 대표하는 곳일 수 없다. 우리의 자동 조종 두뇌가 혼란을 느끼는 것은 놀라운 일이 아니다. 같은 방이더라도 다른 위치에서 집중할 장소를 한정하는 식의 계획적 휴식은 연상 매체를 제어하는데 도움이 될 것이다(빌딩 블록 4). 집중력이 흐트러진 상태에서 일을 하게 되면 오랜 시간을 투자하더라도 작업의 품질은 피상적이고 낮아질 수밖에 없다. 궁극적으로 방해는 생산성에 대한 관점을 재정의하게 한다. 중요한 것은 계속해서 방해를 받으며 긴 시간을 낭비할 것이 아니라, 짧은 시간이더라도 업무에 보다 깊이 파고들어 더 집중할 수 있는 시간을 확보하는 것이다. 이렇게 되면 더 높은 품질의 결과물이 보장될 뿐만 아니라 더 건강하고 보다 지속 가능한 업무 방식을 촉진할 수 있다.

여러 가지 일을 동시에 잘할 수는 없다

정신없이 돌아가는 세상에서 우리는 끊임없는 방해, 그리고 미루고 싶은 충동과 싸워가며 여러 가지 일을 동시에 하려고 애쓰며 사는 경우가 많다. 생산성을 높이고 잃어버린 시간을 보충하는 데 도움이 될 것이라는 생각에 멀티태스킹이 권장되기도 한다. 하지만 멀티태스킹을 연구하는 신경과학에 따르면 이는 잘못된 상식이다. 멀티태스킹을 할 때 우리는 2가지 일을 동시에 하고 있다고 생각하지만 실제로는 그렇지 않다. 우리 두뇌는 2가지 일을 동시에 하는 대신 한 작업에서 다른 작업으로 주의를 재빨리 이동시키는 소위 '주의 전환attention switching'을 하게 된다. 멀티태스킹은 생산성을 높이기보다는 오히려 정반대의 결과를 가져온다. 한 번에 하나의 항목에 집중하여 순차적으로 작업을 완료하는 것보다 지속적으로 주의를 전환하는 데 실행 두뇌가 더 많은 노력을 필요로 하기 때문이다. 따라서 멀티태스킹은 실제로는 정신을 소모하는 전략이며 효율성을 떨어뜨리는 전략이다.

멀티태스킹의 해로운 영향을 직접 경험해보려면 "나는 한 번에 2가지 일을 꽤나 잘 하는 사람입니다I am a great multitasker"라는 문장과 숫자 1부터 20까지를 각각 두 장의 다른 종이에 번갈아 써보는 간단한 작업을 해보면 된다. 먼저 각 문자와 숫자 사이를 빠르게 왔다 갔다 하면서 써보자. 그런 다음 문장과 숫자를 다시 쓰되, 이번에는 순차적으로 작업을 수행하여 하나를 완료한 후 다른 작업을 시작해보자. 각 방법의 소요 시간과 난이도를 비교해보면 2가지를 빠르게 번갈아 하는 것보다 순차적으로 하는 것이 더 빠르고 쉽다는 것을 알게 될 것이다. 이 연습은 멀티태스킹에 내재된 비효율성과 어려움을 보여준다. 멀티태스킹을 할 때는 몇 가지 작업을 동시에 수행하려는 것이 아니라, 최종적으로 이루고자 하는 궁극적인 목표에 집중하는 것이 중요하다. 예를 들어 피아노를 연주할 때는 여러 근육을 동시에 움직여야 하지만 그 행위로 음악을 만들고 있다는 동일한 목적을 달성하기 때문에 멀티태스킹으로 분류할 수 없다. 반면에 온라인 강의를 들으며 요리를 하는 식으로 서로 다른 목적을 가진 2가지 활동을 멀티태스킹하려고 시도하는 것은 주의 전환이라는 비효율적인 과정을 초래한다.

기술이 우리 생활에 통합되면서 이른바 '미디어 멀티태스킹'이라는 새로운 현상이 최근 등장했다. 미디어 멀티태스킹이란 스마트폰으로 스크롤을 하면서 영화를 보거나, 온라인 강의 중 댓글을 읽으면서 동시에 유튜브 동영상을 보거나, 친구와 메신저를 주고받는 등 2가지 이상의 미디어를 동시에 사용하는 것을 말한다. 2009년 한 연구에서는 미디어 멀티태스킹이 뇌에 미치는 영향을 파악하기 위해 미디어 멀티태스킹을 많이 하는 사람과 그렇지 않은 사람의 뇌를 비교했다.[6] 테스트는 다음과 같았다. 화면에 빨간색 직사각형 2개가 1초 미만 동안 나타난다. 잠시 후 2개의 빨간색 직사각형이 다시 나타난다. 그러고 나서 참가자들에게 2개의 빨간색 직사각형의 방향이 바뀌었는지 여부를 표시하게 했다. 이어서 연구진은 이 과제를 한 단계 어렵게 만들기 위해 파란색 직사각형을 추가했다. 파란색 직사각형은 위 실험에서 전혀 관련이 없는 요소였으므로 참가자들은 이를 무시하기만 하면 되었지만, 한 그룹의 경우 이는 말처럼 쉬운 일이 아니었다. 빨간색 직사각형만 화면에 표시되었을 때는 두 그룹 모두 집중하여 과제를 완수할 수 있었다. 하지만 파란색 직사각형이 더 많이 등장할수록 미디어 멀티태스킹을 많이 하는 사람들의 성과는 미디어 멀티태스킹을 하지 않는 사람들보다 현저히 떨어졌다. 집중력이 문제가 아니라 방해 요소를 무시하는 능력이 문제였던 것이다.

대체로 사람들은 멀티태스킹을 할 수 없다고 생각하는 사람과 멀티태스킹 능력을 자랑스러워하는 사람, 두 부류로 나뉘는 경향이 있다. 과학적 연구에 따르면 멀티태스킹 능력에 대한 우리의 인식은 심하게 과장되어 있다. 한 연구에서는 참가자 가운데 대다수가 자신의 멀티태스킹 능력이 평균 이상이라고 평가했는데, 이는 수학적으로 불가능한 수치다. 과학자들은 공식적인 테스트를 통해 스스로 생각하는 멀티태스킹 능력과 실제 멀티태스킹 능력 사이에 괴리가 있음을 발견하고 "참가자들의 멀티태스킹 능력에 대한 인식이 현실에 근거하지 않았다"라는 결론을 내렸다. 멀티태스킹에 능한 사람이라고 해서 더 나은 성과를 내는 사람을 의미하지 않는다. 사실 더 나쁜 성과를 내는 사람일 수도 있다. 복잡한 작업 수행은 실행 두뇌에 의존하므로 여러 작업을 함께 수행하려면 높은 수준의 실행 기능(집중력, 방해 요소를 차단하는 능력)이 필요하다. 멀티태스킹은 충동성과도 상당한 상관관계가 있는 것으로 나타났다.[7] 만성적으로 멀티태스킹을 하는 사람들은 의도적이라기보다 하나의 작업에만 주의를 집중하는 데 어려움을 겪기 때문에 멀티태스킹을 하는 것일 수도 있다.

그렇다고 멀티태스킹을 절대 해서는 안 된다는 뜻은 아니다. 다만 그 함정을 알고 있어야 한다는 것을 의미한다. 이 책에서 중요하게 생각하는 접근 방식은 적절한 균형점을 찾는 것이다. 효과적인 멀티태스킹의 황금률은 작업들 가운데 적어도 하나는 자동 수행이 가능할 만큼 단순해야 한다는 것이다. 즉 실행 두뇌가 해당 작업을 자동 조종 두뇌에 위임할 수 있어야 하며 주의 전환이 계속 일어나더라도 이로 인해 지치지 않고 다른 일에 집중할 수 있어야 한다. 여기에 어떤 작업 유형이 포함되느냐는 사람마다 다르다. 예를 들어 대부분의 사람들이 걷기와 말하기를 동시에 할 수 있다. 척수에 있는 패턴 발생기*pattern generator*를 통해 걷기가 자동으로 이루어지기 때문이다. 아직 이러한 연결이 발달하지 않은 어린 아이에게 걷기는 온전한 집중력을 필요로 한다. 글을 쓸 당시 막 걸음마를 배우기 시작했던 내 막내딸은 한눈을 팔면 쉽게 넘어지곤 했다. 마찬가지로 익숙한 길을 걸을 때는 자동 조종 두뇌로 길을 찾을 수 있고, 실행 두뇌로 대화를 이어갈 수 있다. 하지만 예상치 못하게 우회로를 만나면 익숙하지 않은 경로에 적응하기 위해 실행 기능을 작동시켜야 하므로 대화를 잠시 멈춰야 하는 경우가 많다.

정보를 처리하고, 이해하며, 유지하는 작업은 항상 실행 두뇌가 관여하며 자동 조종 두뇌로는 수행할 수 없는 작업이다. 그렇기 때문에 미디어 멀티태스킹은 자동 조종 두뇌 영역에 작업을 위임할 수 있는 다른 형태의 멀티태스킹에 비해 한계를 가진다. 이메일을 확인하면서 다른 사람의 말을 듣거나, TV를 보면서 공부를 하거나, 소셜 미디어 피드를 스크롤하면서 영화에 몰입하거나, 댓글을 읽으면서 동영상을 시청하는 것은 비효율적이고 피곤한 일이다. 나는 개인적으로 집안일을 하면서 팟캐스트나 오디오북을 듣는 멀티태스킹을 가장 많이 하는 편인데, 식기세척기를 돌리는 일처럼 이전에도 여러 번 해본 적이 있는 일은 자동 조종으로 수행할 수 있지만 정리 정돈 같은 경우 실행 기능을 사용하여 더 복잡한 의사 결정이 필요한 작업이기 때문에 일단 찬장 정리에 들어가면 효과적으로 멀티태스킹을 할 수 없어서 결국에는 듣고 있던 것에 집중하지 못한다.

　특정 작업들을 동시에 기술적으로 할 수 있다고 해서 하나의 일을 하는 것, 즉 모노태스킹monotasking과 동급의 성과를 낼 수 있는 것도 아니다. 집안일을 하면서 오디오북의 정보를 처리할 때는 온전히 집중할 때보다 훨씬 더 피상적인 수준에서 정보를 처리하게 된다. 또한 멀티태스킹을 하면 청소 속도가 느려질 수도 있다. 예를 들면 물건을 잘못된 위치에 놓는 등의 실수를 할 확률이 높아질지도 모른다. 그러나 성과가 중요하지 않은 일에 한해 멀티태스킹은 지루한 활동을 조금 더 보람 있게 하는데 유용한 도구가 될 수 있다 (빌딩 블록 10). 하지만 멀티태스킹을 할 수 있다고 해서 반드시 멀티태스킹을 해야 한다는 의미는 아니라는 점을 기억해야 한다. 점점 더 빡빡하고 힘들어지는 세상에서 우리 뇌에 얼마간 여유 공간을 마련하며 사는 것도 괜찮은 선택이다. 모노태스킹은 마음 챙김의 한 형태로 현재에 집중하는 시간이 될 수 있다. 다른 한편 마음 내키는 대로 방향 없이 생각이 떠돌게 두는 방법, 즉 마음을 방랑시키는 방법도 있다. 그런 시간을 가지게 되면 매우 흥미로운 무언가가 일어난다.

아무것도 하지 않을 자유를 누려라

　뇌가 어떻게 작동하는지 알아내기 위해 자주 하는 실험이 있다. 피험자들을 강력한 뇌 스캐너 안에 눕힌 다음 정신적으로 까다롭

고 어려운 작업을 수행시키면서 사고의 여러 측면을 테스트하는 실험이다. 뇌의 특정 영역이 활발해지면 신진대사 요구량이 증가하여 혈류량이 증가하는데, 이를 영상으로 감지할 수 있다. 하지만 오랫동안 연구자들은 뇌 활동의 중요한 측면을 간과했는데, 실험 시작 전에 참가자들은 가만히 누워 기다리는 그 짧은 시간 동안 피실험자의 뇌가 매우 활동적으로 움직이고 있었던 것이다. 그러다 실험이 시작되면 활성화 상태였던 뇌 영역이 고요해졌다.

심지어 우리가 쉬고 있을 때조차도 뇌 활동은 스위치를 끈 상태가 아니다. 마음을 편안하게 가질 때도 우리 뇌의 여러 부분이 활성화된다. 이 양상은 뇌의 특정 영역에 국한된 것이 아니라 조직화된 활동 패턴을 가진 두뇌 영역들의 네트워크에서도 나타난다. 이 네트워크는 휴식 상태에서는 활성화되지만 집중 상태에서는 비활성화된다. 이때 우리는 바로 '마음 방랑mind wandering'을 경험하게 된다. 휴식 말고도 우리는 무언가를 준비할 때나, 집안일이나 출퇴근과 같은 단순하고 습관적인 작업을 하는 동안에도 마음 방랑을 경험한다. 이러한 작업을 하는 동안 우리 뇌는 디폴트로 설정된 상태에서 작동하게 되는데, 이 현상에 착안해 활성화되는 두뇌 영역 간 네트워크의 이름을 디폴트 모드 네트워크default mode network라고 이름 붙였다.[8]

디폴트 모드 네트워크를 형성하는 뇌 영역의 상호연결성은 우리가 저장한 지식과 경험을 새로운 방식으로 결합하여 강력하고도 참신한 아이디어를 형성할 수 있게 해준다. 온전히 집중할 필요가 없는 작업을 할 때 우리 마음은 여러 가지 생각 사이를 떠돌게 되는 데, 이 상태를 배경 삼아 이전에 직면했던 문제를 계속 해결해나간다. 그렇기 때문에 과거의 문제에 대한 창의적인 아이니어나 해결책이 불현듯 떠오를 수 있게 되는 것이다. 그래서 이도 저도 결정을 내릴 수 없을 때 "잠이나 자야겠다"라고 말하는 것인지도 모른다. 우리는 디폴트 모드에서 문제를 숙성시켜야 문제를 해결해나갈 수 있다.

생산성을 높이기 위해 스마트폰을 사용하거나 자투리 시간을 즐겁게 보내기 위해 스마트폰을 사용하는 것도 가끔씩은 합리적이겠지만, 우리에게는 생각할 수 있는 여유 시간 역시 필요하다. 지루할 수 있는 시간, 마음이 방랑할 수 있는 시간, 우리의 디폴트 네트워크가 활성화되고 새로운 아이디어와 새로운 관계를 형성할 수 있는 시간 말이다. 여건이 될 때마다 그리고 하루 일과 중 잠시 멈춤을 할 때마다 끊임없이 콘텐츠를 소비하게 되면, 우리의 뇌가 이를 처리하느라 자원을 쓰고 디폴트 모드 네트워크를 침묵시키는 바람에 결과적으로 처리 과정에서 배후 문제 해결 능력을 저해하게 된다. 샤워를 하거나 산책을 하거나 다른 일상적인 일을 할 때 많은 아이디어가 떠오르는 데에는 그만한 이유가 있는 것이다.

삶은 어정쩡한 멈춤의 시간들, 주전자가 끓거나 컴퓨터의 파일이 로드되거나 다음 기차가 도착하기를 기다리는 순간들로 가득 차 있다. 그리고 우리는 깨어 있는 매 순간을 채워 넣어야 한다는 강박관념에 사로잡혀, 스마트폰을 집어 들고 강박관념 그대로 행동에 옮기며, 삶에서 생기는 틈을 기술을 사용해 업무를 완수하는 데 이용한다면 쉴 수 있는 여분의 시간이 더 많아질 거라고 생각한다. 하지만 하루의 매 순간을 가득 채우는 데는 분명히 한계가 있음을 인식해야 한다. 생산성을 높여야 한다는 압박을 받지 않는 멈춤의 시간이 가장 생산적인 시간이 될 수도 있다. 또한 콘텐츠를 많이 소비할수록 자신만의 콘텐츠를 만들 수 있는 능력이 줄어들어 숨은 비용이 발생할 수도 있다. 기차를 기다리는 동안 하는 소소한 관찰이 이전에 놓친 좋은 아이디어로 이어질지 모른다.

우리는 기술을 잘못 쓰고 있다

———

기술은 우리에게 강력한 도구를 제공한다. 스마트폰은 다목적 도구로서 올바르게 사용하면 여러 가지 면에서 실행 두뇌에 도움이 될 수 있다. 빠르게 메모하고, 미리 알림을 설정하고, 무언가를 즉시 찾아볼 수 있다는 것은 기억해야 할 정보가 줄어든다는 것을 의미한다. 이는 실행 두뇌의 핵심 기능인 작업 기억의 부담을 줄여주며, 따라서 스마트폰은 뇌가 당면 과제에 집중할 수 있도록 자원의 이용 가능성을 높여준다. 하지만 우리는 도움이 되기보다는 오히려 부담을 주는 방식으로 도구를 사용하는 경우가 많다. 자기 방해를 하고, 끊임없이 멀티태스킹을 하며, 자유로운 사고를 할 수 있는 시간은 거의 가지지 않는다. 기술을 바탕으로 형성한 디지털 습관은 단순히 개인적 차원을 넘어 더 넓은 사회적 요인으로 작용하고 있다.

스마트폰, 메신저, 이메일의 등장으로 비동시적asynchronous 커뮤니케이션이 가능하게 되었다. 즉 커뮤니케이션을 위해 양쪽 모두 하던 일을 멈출 필요 없이 각자의 집중력과 일정 편의에 맞게 상대 요청에 응답할 수 있게 된 것이다. 특히 내성적이거나 신경이 예민한 사람들의 경우 문자나 이메일을 통한 커뮤니케이션을 선호할 수 있는데, 이는 신중하고 사려 깊은 답변을 작성할 수 있는 시간과 공간을 확보할 수 있기 때문이다. 하지만 상시 접속 상태, 즉 '온라인' 상태를 유지하고 이메일과 메시지에 신속하게 응답하는 것이 생산성의 가장 가시적 측면 중 하나가 되었다. 우리는 이러한 새로운 사회적 규범을 지켜야 한다는 압박에 서둘러 답장을 보내게 될 뿐만 아니라 장기적 관점에서 도움이 되지 않을 여러 가지 자기 방해 및 멀티태스킹 습관을 형성한다.

특히 이메일 확인 습관은 이메일 상호작용을 비동시적 커뮤니케이션에서 동시적 커뮤니케이션으로 바꾸어놓았다. 일군의 직장인을 관찰한 한 연구에 따르면 이메일은 자기 방해 및 알림을 통한 외부 방해를 모두 유발하는 강력한 원인으로 나타났다. 직장인들은 평균적으로 하루 74회 이상, 시간당 11회 정도 이메일을 확인했다.[9] 우리는 새로 온 메일을 놓치지 않으려고 안간힘을 쓰지만 답장을 빠르게 보낼수록 더 많은 후속 메일을 받을 가능성만 높아진다. 일괄적으로 전달되던 전통적인 우편 방식과 달리 이메일은 끊임없이 전달되기 때문에 많은 사람들이 이메일 사이트를 항상 열어두고 있다가, 알림이 울릴 때마다 주의가 산만해지거나 내용 확인을 위해 자기 방해를 하는 경우가 많다.

이처럼 상시 이용가능성constant availability과 가정과 직장의 경계

모호성이 우리의 실행 두뇌에 미치는 영향은 과소평가된 측면이 있다. 나는 그 효과를 너무 잘 알고 있다. 나는 의사로서 24시간 혹은 48시간 '온 콜on-call(응급환자가 발생할 경우 언제든 병원으로 복귀가 가능하도록 병원에서 멀지 않은 거리에서 대기하는 일종의 의료진 대기근로-옮긴이)'을 해야 하는 경우가 많아서 퇴근을 하더라도 연락이 오면 언제든 신경학적인 조언을 해줄 수 있는 상태로 있어야 한다. 대기 온 콜을 해야 하는 날에는 언제든 방해를 받을 수 있다는 생각만으로도 온전한 집중력을 발휘하기 힘들다. 이러한 주의력 자원의 분할에 대해서 520명의 학부생을 대상으로 한 연구에 따르면, 학생들은 스마트폰을 책상 위에 놓았을 때보다 다른 방에 놓았을 때 복잡한 퍼즐을 더 잘 푸는 것으로 나타났다.[10] 알림이 오지 않는데도 우리 뇌는 일정 비율의 자원을 방해 가능성을 염두에 두고 사용하기 때문이다. 이 연구의 저자들이 '두뇌 소진brain drain'이라고 부르는 이 효과는 기술과 문제성 관계를 맺고 있는 사람들에게서 더 크게 나타났다. 이 상태는 내가 온 콜을 할 때와 마찬가지여서 업무 집중 능력을 크게 떨어뜨린다. 부모라면 지속적으로 '대기 중'인 상태가 어떤 결과를 초래하는지 잘 알고 있을 것이다. 자녀를 어린이집에 보낼 때와는 달리 집에서 돌보고 있을 때는 어떤 활동에도 온전히 집중하기 어렵다. 우리의 뇌는 아이들이 잠을 자고 있을 때에도 여전히 아이들이 잘 있는지 감시하는 데 상당한 자원을 투입하기 때문이다.

그렇다면 다 같이 기기 사용을 금지하거나 사용 시간을 엄격하게 단축하는 게 의미가 있을까? 2011년 일부 직원을 대상으로 이메일 차단을 실험한 한 연구에서는 직원들이 업무에 더 집중할 수 있게 되고 업무 전환에 소요되는 시간이 줄이든다는 사실을 발견했다. 직원들에게 심장 모니터를 착용시키고 관찰한 결과, 심박변이도heart rate variability(하나의 심장 주기로부터 다음 심장 주기 사이의 미세한 시간 간격의 변화를 보여주는 데이터로 심박 간 간격이 얼마나 큰 변동성을 보이는지 측정한다.-옮긴이)가 증가하는 것으로 나타났다. 스트레스 수준이 감소하고 심혈관 건강이 개선되었다는 징표였다.[11] 표면적으로는 이메일이 문제였고 이를 차단하는 것이 해결책인 것처럼 보였다.

하지만 좀 더 면밀하게 조사해 들어가자, 연구 결과는 더 설득력 있는 설명이 가능해졌다. 이메일이 문제가 아니라 사람들이 이메일을 사용하는 방식이 문제였던 것이다. 예를 들어 참여자였던 실험실 과학자 중 한 명은 이메일 때문에 생긴 잡다한 일로 업무에 너무 많은 방해를 받는다고 보고했는데, 이메일을 차단한 후로 잡다한 일이 완전히 중단되었다고 말했다. 그가 잡무에서 해방된 것은 이메일에 접근할 수 없어서가 아니었다. 그의 상사는 복도를 조금만 걸어가면 만날 수 있는 거리에 있었다. 조금만 더 노력하면 자기 선에서 직접 해결할 수 있는 문제인데도 이메일을 사용해 과도한 커뮤니케이션으로 이어지는 경우가 많았던 것이다. 이 연구 결과는 이메일과 스마트폰의 다양한 기능이 겉으로는 효율적으로 보이지만 사실은 업무량 증가라는 근본적인 문제로 이어질 수 있음을 시사한다.

또 다른 예를 들어 전에는 과학 논문을 읽으려면 대학 도서관을 방문해야 했는데 이제는 스마트폰으로 바로 다운로드할 수 있다. 내 경우에는 스마트폰으로 약물 용량이나 최신 치료 지침 등 환자를 위해 찾고자 하는 모든 것에 쉽게 접근할 수 있다. 이렇게 기술의 효율성으로 시간이 절약되면 정신적 휴식을 취할 수 있는 더 많은 기회가 생겨야 마땅하나, 현실에서 휴식 시간은 오히려 더 줄어들고 있다. 눈에 띄는 사례는 코로나19 팬데믹 기간 동안 나타났다. 일반적으로 우리는 출퇴근 시간을 두뇌가 긴장을 풀고 그날 하루 동안 일어난 일을 처리하는 시간으로 사용한다. 그런데 출퇴근 시간이 사라지자 평균적으로 업무 시간이 48.5분 늘어난 것으로 나타났다. 이 추가 업무 시간은 일반적인 출퇴근 시간을 초과하고 있었다.[12] 이제 우리는 어정쩡하게 보내던 멈춤의 시간 속에 작업을 끼워 넣고, 스크롤을 하면서 점심을 먹으며, 출퇴근 시간을 이용해 이메일을 확인하면서 살고 있다. 그리고 이 모든 것이 우리를 압도한다는 느낌으로 이어질 수 있다. 대부분의 경우 압도당한다는 느낌은 개인의 선택이 아니라 외부의 압력에 대한 반응이다.

많은 사람들은 한 번에 하나의 작업을 중단 없이 진행하는 것을 선호하는 모노태스킹 성향을 가지고 있기 때문에 이러한 시간 소모적인 멀티태스킹 행동을 강요받고 있다고 느끼는 것이다. 끊임없이 늘어나는 업무량과 바쁜 일상, 육아 및 돌봄의 책임에 대한 해결책으로 생산성을 높일 수 있는 방법을 찾으려는 경향이 있다. 그러나 생산성을 지속적으로 강조하면 이를 따라잡지 못하는 개인을 부당하게 비난하게 된다. 사실 우리는 모두 실행 두뇌가 작동할 때 피로를 경험하지만, 피로가 나타나는 시점은 사람마다 다르다. 이러한 개인차는 여러 요인의 조합에 의해 형성된다. 유전적 요인도 중요한 역할을 하지만 습관, 수면 패턴, 스트레스 수준도 영향을 미치며, 사실 이 가운데 일부는 개인이 통제할 수 없는 요인이기도 하다.

게다가 생산성에 대한 끝없는 추구는 피곤함, 과로, 수면 부족이 나쁜 디지털 습관 형성에 직접적으로 영향을 미치고 있음을 의미한다. 실행 두뇌가 피로해지면 우리는 저전력 모드로 전환된다. 이렇게 피곤한 상태에서는 할 일 목록에 있는 어려운 작업을 처리하는 대신 스마트폰을 확인하는 편이 상대적으로 쉬운 일이 된다. 그 결과 문제적 습관이 자동 조종 장치에 인코딩되어 우리의 목표와 갈등을 빚게 되며 우리가 싸워야 할 대상이 되는 것이다. 이러한 문제적 습관은 업무 효율성을 떨어뜨리고, 일 처리 속도를 늦추며, 여기에 휴식을 취할 시간이 부족하다는 전반적인 느낌까지 더해진다. 이러한 효율성 저하를 보완하기 위해 많은 사람들은 또다시 더 오랜 시간 일하고, 과도한 업무량을 떠맡으며, 소중한 수면 시간을 희생한다. 불충분한 휴식이 신체적 부상으로 이어질 수 있는 것처럼 불충분한 정신적 휴식은 결국 번아웃으로 이어질 수 있다. 이러한 요인들로 인해 우리의 목표와 달리 집중력과 생산성은 더욱 떨어지게 되는 것이다.

디지털 기기에 대한 접근을 완전히 차단하거나 자제하는 기간을 갖는 것은 분명 해답이 아니며 현실적으로도 불가능하다. 따라서 우리는 기술을 현명하게 사용하고 우리의 삶을 더 편하게 만드는 방법을 찾아야 한다. 이런 이유로 나는 스마트폰 사용에 '단칼에 끊기cold turkey'식 디톡스 접근법을 받아들일 수 없으며, 개인별 습관을 고려해 각자의 실행 두뇌를 강화하는 올바른 방식으로 기술을 사용할 것을 주장한다. 사회가 변화하려면 상당한 시간이 소요되며, 깊게 뿌리 내린 패턴과 기대치를 바꾸려면 집단적인 노력과 정책 변화, 일과 삶의 균형을 우선시하는 방식으로의 전환이 필요하다. 우리는 보다 건강한 업무 관행 옹호해야 하며, 기술에 점점 더 의존하는 세상에서 스위치를 잠시 꺼두는 다운타임downtime과 실행 두뇌 재충전의 가치를 함께 인식해야만 한다. 그렇다고 기술 자체만을 탓하기보다, 우리의 뇌가 어떻게 작동하는지 그리고 우리가 스마트폰을 사용하면서 왜 이토록 산만한 습관을 강력하게 형성하는지를 분리해서 이해하는 것이야말로 올바른 방향으로 나아가는 첫걸음이다.

집중력 높이기

집중을 위한 일정표 조정

———

> 이 업무 저 업무 사이에서 잦은 전환이 일어나면 인지 에너지가 소모되고 정신적 피로로 이어져 미루기와 디지털 방해에 쉽게 빠지게 된다. 주 단위로 '집중 시간*focus time*'을 설정하여 여러분의 일정표를 미세 조정하고 그 시간 동안만큼은 가급적 작업 전환을 피하자.

> 하루를 큰 블록으로 나누고 비슷한 주제의 작업을 묶어서 진행하면 다른 작업으로 전화하는 데 드는 에너지 소모를 줄일 수 있다. 예를 들어 다른 작업도 같이 해야 하는 상황이어서 어떤 프로젝트에 할애하는 시간을 하루에 한 시간으로 잡는 것보다는 그 프로젝트에 격일로 두 시간씩을 할애하는 편이 더 유용할 수 있다. 아니면 (실행 두뇌 피로도 압박을 감안한다면) 주 단위 타임 블록을 좀 더 길게 설정하는 것도 바람직하다.

> 집중하는 기간의 균형을 맞추려면 행정 처리 같은 부담이 덜 한 업무를 차단하자. 이런 종류의 업무 블록은 회의처럼 이미 방해가 많은 날에 배치하는 것이 가장 좋다.

> 행정 업무는 저전력 모드에 있을 때를 위한 좋은 플랜 B(빌딩 블록 2)가 될 수 있다. 행정 업무 처리 전용 블록을 설정하면 나중으로 미뤄도 되는 덜 중요한 업무를 끼워 넣을 수 있고 자기 방해를 피할 수 있는 공간이 만들어진다.

집중하기 전 워밍업 시간 확보하기

> 여러분은 즉각적으로 집중력을 발휘하기를 기대하지만 여러분의 뇌는 그것을 따라가지 못해서 미루는 것일 수 있다. 그래서 결국 시작이 지연되는 것이다.

> 집중 업무 시간을 가지기 전에 집중을 위한 워밍업 루틴을 만들자. 업무 공간에 필요한 모든 것들, 책상 위 화분에 물을 주거나 긍정의 메모를 적거나 따뜻한 음료를 준비하는 일 등을 몰아서 하자. 특히 집중 업무 시간을 위해 특정 브랜드의 음료를 준비하면 보상받는 느낌이 들 수 있다.

> 이 워밍업 루틴에 디지털 활동을 포함시키려면 스스로 제한을 두고 자연스럽게 멈출 수 있는 포인트를 두어야 한다. 내 경우를 예로 들자면, 이 책의 집필 작업을 시작하기 전에 두뇌 자극을 위해 종종 워들 게임(소프트웨어 엔지니어인 조시 워들Josh Wordle이 만든 온라인 단어 맞추

기 게임으로 다섯 글자로 이루어진 한 단어를 총 여섯 번의 시도 내에 맞추면 된다.-옮긴이)을 하곤 했다. 이 게임의 장점은 하루에 한 게임 이상 할 수 없다는 점이다. 하지만 고질적인 습관으로 변질되어 버릴 만한 디지털 행동이나 주기적으로 주의력을 산만하게 만드는 디지털 행동은 아예 피하는 것이 중요하다.

› 정말로 소소한 습관을 키우려면 정확하게 행동을 하는 것보다 지속성을 가지고 행동하는 것이 더 중요하다. 반복을 통해 뇌는 이 행동을 고도의 집중을 위해 준비가 필요하다는 생각과 연결시키고 기어를 바꾸기 위한 연상 매체로 사용한다.

가상의 마감 시한 설정하기

› 멀리 잡혀 있는 마감 시한을 1~2시간 이내의 가시적이고 가까운 미래 목표로 전환하면 자동 조종 두뇌가 억제되고 실행 두뇌가 작동한다.

› 집중이 어려운 경우 간격을 더 짧게 조정하고 점차 집중하는 시간을 늘려갈 수 있다.

› 마감 시한을 보상과 연결하면 자동 조종 두뇌에 인센티브를 주고 이를 실행 두뇌와 동기화시킬 수 있다.

› 실생활에서 "점심시간에 친구를 만나야 하니 이제부터 한 시간 동안은 이 프로젝트에 집중해야겠어"라거나 "앞으로 30분 동안은 공부를 좀 하고, 그 다음에 친구들 인스타그램 스토리를 확인해야지"라는 식

으로 작동할 수 있다.

매일의 마무리 의식

워밍업만큼이나 쿨링다운, 즉 마무리 운동도 매우 중요하다. 그러나 대부분의 사람들은 업무 중단을 적극적으로 선택하기보다는 녹초가 되어 생산성이 떨어질 때까지 일을 질질 끄는 경우가 많다.

> 쿨링다운 루틴을 통해 하루 업무의 종료를 알리고 업무의 경계를 설정해보자.

> 오늘 하루 잘 해낸 일과 배울 점은 무엇이 있었는지 되돌아보는 시간을 잠시 가져보자. 다음 업무 시간에 읽을 수 있도록 스스로에게 긍정의 메시지나 먼저 해야 할 작업 등에 관한 메모를 남길 수도 있다.

> 다음날을 위해 물리적 공간과 디지털 공간을 모두 정리하자. 데스크톱에서 열어둔 웹사이트 탭을 모두 지우고 책상을 정리해보자. 다음날 업무를 시작할 때 실수로 전날 남은 업무를 처리하는 데 시간을 빼앗기지 않도록 하는 것이 중요하다.

장애물 사용하기(빌딩 블록 3)
× 해야 할 과제 추가하기(빌딩 블록 6)

› 자동 조종 모드 중지를 위해 장애물을 삽입해보자. 여러분의 목표에 대해 다시 한번 생각할 기회를 가지게 될 것이다. 평소 자주 사용하는 뉴스나 소셜 미디어 앱에서 반드시 로그아웃하자.

› 스마트폰을 확인함으로써 얻게 되는 보상을 줄이기 위해 과제를 추가로 도입하면 두뇌가 산만함과 제대로 된 휴식을 구분하는 데 도움이 된다. 예를 들면 이메일을 확인할 때 받은 메일은 남김없이 모두 처리해야 한다는 규칙을 세워보자.

› 집중하는 동안 스마트폰에 잠금 화면을 설정해놓으면 탭을 하거나 전화기를 집어 들 때마다 즉각 연상 매체 역할을 해줄 수 있다.

⊙ 전략

5분 방해 테스트

이 테스트는 ① 실행력을 키우고 여러분의 뇌가 충동에 즉각적으로 반응하지 않도록 훈련하는 데 도움을 주며, ② 자기 방해 충동이 습관인지 필요에 의한 잠깐 동안의 중단인지 판단할 수 있게 해준다.

작동 방식

> 스스로를 방해하고 싶다는 느낌이 들 때 5분 동안 하던 일을 계속하거나 충동 서핑 기법을 연습하면서 시간을 가지고 내면의 감정 변화를 예민하게 느껴보자.

테스트

> 5분 동안 스스로를 방해하고 싶은 충동이 사라지고 다시 집중할 수 있다면 이는 자동 반응이었을 가능성이 높다.

> 5분이 지났는데도 여전히 스스로를 방해하고 싶다면 의도적으로 휴식을 취하면서 집중력을 회복할 수 있는 무언가를 시도해보자.

자기 방해가 하고 싶어진다면

> 단순 작업을 일정에 추가하거나, 아니면 수기로 메모한 뒤 일괄 처리하는 방법을 고려해보자.

> 다음 휴식 시간에 보상으로 받을 만하다고 기대하는 것(빌딩 블록 7)이 무엇인지 메모해보자.

외부 방해 요인 줄이기

> 복잡한 일을 하게 될 특정 시간대를 동료들에게 알리고 이 시간에는 방해받고 싶지 않다는 의사를 전달하자. 지속적인 외부 방해는 피곤함을 유발하고 그것은 다시 자기 방해를 늘릴 수 있기 때문이다. 이를 위해 규칙적인 패턴을 설정하면 좋은 습관을 만드는 시작이 될 것이다.

> 업무 일정표에서 복잡한 일을 하게 될 시간대를 구역화하여 방해 요
  인을 차단하고 필요한 경우 이 시간대에는 자동 이메일 답장 기능을
  설정하자.

일괄 확인

> 스마트폰 사용에 웬만큼 긴 시간을 할당하는 것보다 소소한 중단이
  여러 번 거듭되는 것이 더 큰 방해 요소가 될 수 있으므로 이메일과 알
  림들은 일괄적으로 체크하는 것이 바람직하다.

> 한 연구에 따르면 일괄 확인은 하루에 세 번 정도 하는 것이 중단의 지
  속적 발생을 최소화하고, 중요한 정보에 대한 접근을 보장해주며, 누락
  에 대한 과도한 불안을 유발하지 않는 최적의 균형이라고 한다.[13] 그러
  나 일괄 확인의 횟수는 특정 상황에 맞게 조정해야 한다.

> 가능하다면 알림을 끄고 인스턴트 메시지는 음소거 상태로, 이메일
  앱은 백그라운드에서 실행되지 않도록 기기를 설정하자.

스마트폰 끄기 연습 3회차

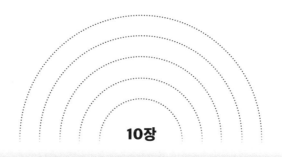

10장

잃어버린 숙면을 찾아서

흔히 잠든 상태를 깨어 있는 상태와 반대되는 것으로 생각하기 쉽다. 전등 스위치와 흡사하게 작동하기 때문이다. 그러나 잠든 상태는 단순히 전동 스위치를 '끈off' 상태와는 전혀 다르다. 오히려 잠잘 때 뇌는 완전히 깨어 있을 때보다 더 역동적으로 움직이며 특정 영역 전반에서 활발하게 활동한다. 우리는 숙면이든 수면 부족이든 잠이 우리에게 어떤 영향을 미치는지 알고 있지만, 신체 기능을 최상의 상태로 유지하기 위해 무대 뒤에서 놀라운 회복 과정이 이루어진다는 사실에 대해서 과소평가하는 경우가 많다.

수면 부족은 단기적으로 우리의 인지 능력에 영향을 미쳐 집중력을 약화시키고, 반응 속도를 늦추며, 명확한 사고 능력을 저해할 수 있다.[1] 또한 수면은 장기 기억과 학습에도 중요하다. 기억이 수면 중에 뇌의 기억 수신함인 해마에서 다른 여러 영역으로 이동하여 영구적으로 저장되기 때문이다. 이 과정은 기억 통합memory consolidation으로 불리며, 끝없이 유입되던 새로운 정보가 일시 중단되는 수면 중에 가장 잘 작동한다. 따라서 낮 동안 격무에 시달리는 것도 모자라 밤에 숙면조차 취하지 못한다면 생산성 향상은 고사하고 사실상 우리에게 해가 될 수 있다.

수면은 사치나 방종이 아니라 뇌가 필수 유지 관리를 수행하는 시간으로 생각하는 것이 가장 바람직하다. 야간 근무하는 정비사처럼, 세상이 잠든 사이에 뇌는 분주하게 움직이며 하루의 혼란을 정리하고, 상쾌한 아침을 맞이하기 위해 모든 것을 준비한다. 수면은 뇌에 축적되면 독성을 일으킬 수 있는 노폐물,[2] 예를 들어 알츠하이머병을 유발하는 베타 아밀로이드 같은 물질을 제거할 수 있는 기회이기도 하다. 뇌는 우리 몸의 제어 센터이기 때문에 이러한 필수적 수면 유지가 제대로 되지 않으면 신체 건강에 영향을 미칠 수 있다. 수면 부족이 지속될 경우 심장 질환 증가, 면역력 저하, 암 발생 위험 증가 등 여러 건강 문제가 발생할 수도 있는 것이다.

수면은 집중력을 유지하고 의지력을 발휘하는 데 중요한 역할을 한다. 수면의 회복 기능은 실행 두뇌에 활력을 불어넣어 '실행 배터리'를 효과적으로 재충전한다. 따라서 숙면을 취하고 나면 실행 두뇌가 새롭게 힘을 얻은 상태로 매일 아침 깨어날 수 있다. 실행 두뇌는 감정 조절에도 필수적이므로 양질의 수면은 정신력 mental toughness 강화에도 기여한다. 과학자들은 정신력이란 용어를 어려운 문제를 긍정적인 자세로 마주하고,[3] 통제 가능한 요인에 자신 있게 대처하며, 회복력을 유지하면서, 장애물을 개인적인 성장의 기회로 보는 능력을 설명하는 데 사용한다. 반대로 수면의 질이 좋지 않으면 부정적인 사고방식을 가질 경향이 높고, 잠재적으로 정신 건강에 악영향을 미치게 된다.[4] 수면 개선이 정신 건강에 도움이 된다는 사실은 이미 수많은 연구 결과들로 입증되었다. 이 책을 쓰게 된 주요 동기 중 하나도 수면을 제외하고는 스마트폰이 가장 빈번한 시간 소비 활동time-consuming activity이며, 스마트폰 사용으로 인해 수면이 침해받는 경우가 많다는 사실을 깨달았기 때문이었다.

하지만 수면과 스마트폰의 상호작용은 우리가 흔히 믿는 것만큼 간단하지 않다. 여기서 다음과 같은 질문이 생길 수 있다. 수면과 스마트폰 사용 습관은 어떻게 얽혀 있으며 그들의 관계는 정말로 그렇게 암울하기만 한 걸까? 이번 장에서는 매혹적인 수면의 세계에 대해 자세히 알아보고 야밤의 휴식에 동반자가 되어주는 디지털 기기는 정확히 어떤 역할을 하는지 알아보도록 하자.

아침형 인간 vs 저녁형 인간

—

우리 모두는 뇌에 '마스터 생체 시계'를 가지고 있다. 시교차상핵suprachiasmatic nucleus으로 불리는 이 생체 시계는 고작 몇 밀리미터 크기에 불과하지만 우리 몸의 일상적인 리듬에 큰 영향을 미친다. 시교차상핵에는 그 기능에 걸맞게 '시계 유전자clock gene'라는 이름이 붙은 유전자가 들어 있다. 우리 몸은 각성이나 졸음의 정도를 얼마나 느끼는지를 결정하는 호르몬을 생성하는데, 시계 유전자에는 이 호르몬 생성에 필요한 지시를 내리는 유전자가 포함되어 있다. 이를 통해 24시간 동안의 각성 및 졸음 패턴이 만들어지며, 이 패턴을 일주기 리듬circadian rhythm이라고 한다. 일주기 리듬을 결정하는 2가지 주요 호르몬은 코르티솔과 멜라토닌이다. 부신에서 분비되는 코르티솔은 아침에 최고조에 달해 각성 상태를 만들고, 뇌의 송과선에서 생성되는 멜라토닌은 밤에 분비되어 졸음을 느끼게 한다.

집중력과 마찬가지로 생체 시계 작동 방식도 유전적 영향이 크다. 사람들은 저마다 다른 생체 시계를 가지고 태어나기 때문에 기상 및 수면 시간이 제각각인데, 이는 호르몬 분비 시점에 영향을 미친다. 이렇게 저마다 다르게 타고난 생체 리듬 특성을 크로노타입chronotype이라고 한다. 가족 및 쌍둥이 연구에 따르면 크로노타입은 상당 부분 유전적으로 결정된다는 사실이 밝혀졌으며 대규모 유전자 분석에서도 마찬가지 결과가 나왔다.[5] (크로노타입은 단일 유전자가 아니라 다중유전자로, 이는 마스터 생체 시계에 영향을 미치는 유전자가 여러 개라는 의미다.) 이는 우리 모두 각자의 생체 리듬 시계에 따라 선호하는 취침 시간과 기상 시간이 선천적으로 다른 경향이 있음을 의미한다. 이른 크로노타입 혹은 '아침 종달새morning larks'형은 일찍 일어나고 아침에 각성 상태가 최고조인 반면, 늦은 크로노타입 혹은 '밤 올빼미night owls'형은 늦게 일어나고 늦은 저녁이나 밤에 더 각성 되어 있는 유형이다. 이 글을 읽으면서 즉각적으로 자신이 아침형 혹은 저녁형이라고 확신하는 사람도 있겠지만, 그렇다고 모든 사람이 두 유형 가운데 하나에 속하지는 않을 것이다. 크로노타입은 하나의 연속체이기 때문에 이분법적 구분을 하게 되면, 모든 사람을 키가 큰 사람과 키가 작은 사람으로 분류하는 것과 비슷하게 혼란과 어려움이 뒤따를 수 있다. 역학 연구에 따르면 크로노타입 스펙트럼은 키와 마찬가지로 종 모양의 곡선을 따르며, 대부분의 사람들이 평균 주변에 모여 있고 극단에 더 적은 숫자가 모여 있는 것으로 나타났다. 따라서 스스로 아침형 인간 혹은 저녁형 인간이라고 강하게 확신하는 것이 아니라면 두 유형 중 어느 쪽에 가장 가까운지에 따라 조금 이른 아침형 혹은 조금 늦은 저녁형에 해당하는 중간 유형일 가능성이 높다.

크로노타입은 나이에 따라 달라지기도 한다. 평균적으로 어린이는 이른 크로노타입을 갖는 경향이 있다. 10대에 접어들면 크로노타입이 늦춰지고 스무 살 무렵이 되면 크로노타입이 최대로 늦춰진다. 늦게 자고 늦게 일어나는 것은 게으름이 아니라 사실 뇌의 호르몬 분비 때문으로, 10대의 경우 수면에 필요한 호르몬이 나이가 많은 사람보다 훨씬 늦은 시간에 분비된다. 10대가 지나면 크로노타입은 더 이른 시간 쪽으로 이동하며, 일찍 일어나는 어린 자녀를 돌봐야 하는 사람들의 경우 일반적으로 이 속도가 더 빨라진다. 평균적으로 60세가 넘으면 어렸을 때보다 더 이른 크로노타입을 가지게 된다.[6]

일단 나가서 햇빛부터 쐬라

우리의 유전자와 나이는 마스터 생체 시계에 큰 영향을 미치지만, 유전자나 나이를 바꿀 수 있는 방법은 없다. 이를 수정 불가능한 요소non-modifiable factor라고 한다. 그러나 마스터 생체 시계에 큰 영향을 미치면서도 우리가 더 많이 제어할 수 있는 또 다른 요인이 있다. 바로 빛이다. 빛이 우리 눈에 들어오면 망막에 위치한 특수한 광수용체photoreceptor가 이를 감지한다. 이 광수용체는 신호를 생성하고, 생성된 신호는 눈 뒤쪽 시신경을 따라 좌우 시신경 각각이 연결되고 교차하는 지점까지 이동하게 된다. 이 교차점을 시교차optic chiasm라고 하는데, 이 지점 바로 위에 마스터 생체 시계, 즉 시교차상핵이 위치한다. 마스터 생체 시계는 주변의 빛의 양에 대한 중요한 정보를 수신한 다음, 이 정보를 사용하여 코르티솔과 멜라토닌의 방출 타이밍을 조절하여 수면 각성 주기sleep-wake cycle를 조절한다.

빛이 우리 몸의 마스터 생체 시계에 미치는 영향에 대해서 고려해야 할 2가지 요소가 있다. 바로 선량dose과 타이밍이다. 선량은 우리 뇌가 받아들이는 빛의 양을 말하며 룩스lux 단위로 측정된다. 야외 빛이 가장 강력한 데다, 그중에서도 직사광선에 노출되면 무려 10만 룩스의 빛을 쐬이는 셈이다. 화창한 날에는 그늘에 있어도 1~2만 룩스의 빛을 받는다. 흐린 날에는 실외 조도가 약 5000룩스까지 떨어질 수 있으며, 일반적으로 실내에서 볼 수 있는 200~400

룩스보다 훨씬 많은 수치이기는 하지만 우리 뇌가 받는 빛의 양이 크게 줄어드는 게 사실이다. 실내 환경의 밝기는 창문의 수와 창문까지의 거리, 인공조명의 밝기 등 여러 요인에 따라 달라지지만 일반적으로 실내에서 받는 빛의 양은 실외에서 받는 빛에 비하면 미미한 분량에 불과하다. 실제로 아무리 흐린 날에도 밖에 있으면 실내에 있을 때보다 최소 10배 이상의 일조량을 얻을 수 있다.

우리 몸을 빛에 노출시키면 몸 안의 생체 시계가 주변 환경에 동기화되는 데 도움이 되며 빛에 노출되는 타이밍에 따라 동기화의 특성이 결정되는데, 이른 아침에 빛에 노출되면 수면 각성 주기가 앞당겨져 일찍 일어나고 일찍 잠들게 된다. 반대로 하루 중 늦은 시간에 빛에 노출되면 수면 각성 주기가 뒤로 이동하여 늦게 잠들게 되고, 일찍 일어나기 위해 알람 시계를 맞춰 놓고 자더라도 알람이 울리고도 한참 뒤까지 알아채지 못한다. 한낮의 빛에는 노출되더라도 마스터 생체 시계에 미치는 영향이 거의 없는 반면, 낮과 밤이 교차하는 시간에 빛에 노출되면 마스터 생체 시계에 미치는 영향이 훨씬 더 강력해진다는 점에 유의해야 한다.

우리 몸을 빛에 전략적으로 노출시키면 마스터 생체 시계를 몇 시간 정도는 앞당길 수 있겠지만, 결국 출발선을 결정하는 것은 크로노타입과 나이다. 달리 말해 특정 크로노타입이 더 낫다거나 늦게 일어나는 것이 개인적인 결함이라는 생각에서 벗어나라는 것이다. 일반적으로 현대 사회는 학교 및 업무 일정과 연관되어 있기 때문에, 혹은 운동하기에 가장 적당한 시간에 대한 개념이 있기 때문에 아침형 크로노타입을 선호한다. 반면 역사적으로는 다양한 크로노타입을 갖는 것이 우리의 안전과 관련해 이롭게 여겨져왔다는 사실은 간과한다. 저녁형 크로노타입은 아침형 크로노타입이 잠든 시간에 경계 태세를 유지할 수 있었다. 또한 특정 업무 분야에서 혹은 아기를 돌볼 때 서로 다른 크로노타입을 갖는 것은 여전히 큰 이점으로 작용한다.

가시광선은 다양한 파장으로 구성되어 우리가 보는 다양한 색을 만들어낸다. 긴 파장은 빨간색, 주황색, 노란색을 생성하고 짧은 파장은 파란색, 남색, 보라색을 만들어낸다. 빛을 감지하는 우리 눈의 특수 광수용체에는 멜라놉신melanopsin(멜라토닌과 혼동하지 말자)이라는 화학 물질이 들어 있는데, 이 물질은 주황색이나 노란색 빛의 긴 파장에 비해 청색 빛, 즉 블루라이트 같은 짧은 파장에 더 민감하고 이 정보를 마스터 생체 시계에 전송한다. 우리가 사용하는 기기들은 블루라이트 방출 비중이 높으며, 이런 이유로 기술이 수면에 미치는 영향과 관련해 블루라이트는 언론의 많은 관심과 비난을 동시에 받고 있다. 가장 많이들 우려하는 것은 블루라이트가 수면 과정을 시작하는 데 필요한 멜라토닌 호르몬을 억제할 가능성이 있다는 점이다. 그러나 이 이야기는 보기보다 훨씬 복잡하다.

블루라이트와 수면에 관한 많은 실험이 쥐를 대상으로 이루어졌는데, 쥐와 인간 사이에 간과해서는 안 될 한 가지 중요한 차이점이 있다. 쥐는 야행성 동물인 반면 인간은 그렇지 않다는 점이다. 쥐는 주로 밤에 활동하기 때문에 쥐 눈의 광수용체는 0.1룩스 정도 되는 아주 작은 빛에도 매우 민감하지만, 인간은 이 정도의 빛은 전혀 감지하지 못한다. 인간은 낮에 활동을 하고 장시간 야외에서 지내며 일반적으로 수천 룩스에 이르는 빛에 노출되도록 진화했다. 디지털 화면은 50룩스 정도의 빛을 방출하는데 우리의 광수용체는 이처럼 낮은 수준으로 방출되는 빛에 상대적으로 둔감하며, 그중 블루라이트가 높은 비율을 차지한다고 해도 둔감하기는 마찬가지다.[7]

우리가 사용하는 디지털 기기에서 나오는 빛이 수면에 영향을 미친다는 증거로 인용되는 연구로는 취침 전 2가지 독서 모드를 비교한 실험이 가장 유명하다. 12명의 사람들에게 블루라이트를 방출하는 전자책과 실물 책 중 하나를 읽도록 했다.[8] 참여자들은 무작위로 하나의 독서 방법을 선택해 5일 연속으로 책을 읽은 다음, 다른 방법으로 전환해 다시 5일 연속으로 책을 읽었다. 연구진이 참가자들의 수면 패턴을 면밀히 관찰한 결과, 참가자들이 실물 책을 읽을 때보다 전자책을 이용해 책을 읽을 때 더 늦게 잠든다는 사실을 발견했다. 그 결과 이 연구는 기술이 수면에 부정적인 영향을 미친다는 증거로 널리 알려졌고, 취침 시간에 전자기기를 사용하는 것을 비난하는 데 이용되었다. 하지만 결과에 대한 설명은 연구의 전후 맥락에 대한 이해 없이 진행됐다. 전자책과 실물 책을 읽은 사람들 간의 차이가 얼마나 작은지에 대해서는 거의 알려지지 않았던 것이다. 31룩스 리더기로 책을 읽은 참가자는 0.1룩스 실물 책을 읽은 참가자보다 10분 정도 늦게 잠들었다. 총 수면 시간과 수면의 효율성은 다르지 않았다. 이 결과는 통계적 측면에서는 중요할 수 있고 그래서 과학자들에게는 매우 흥분할 만한 결과일 수 있겠지만, 실생활에서는 알아차리기 어려울 정도로 그 차이가 너무 미미하기 때문에 큰 의미가 없다. 본질적으로 이 연구 결과는 기술이 높은 비율의 블루라이트를 방출하지만, 우리의 마스터 생체시계를 극적으로 변화시킬 만큼 충분한 양이 나오는 것은 아니라는 점을 의미한다.

또 다른 연구에서는 참가자들에게 1시간 동안 태블릿을 최대 밝기로 보게 하고 멜라토닌 수치를 측정한 결과, 멜라토닌이 유의미하게 억제되지는 않는 것으로 나타났다.[9] 멜라토닌이 유의미하게 감소하려면 블루라이트를 방출하는 LED가 장착된 안경을 착용하여 블루라이트를 추가로 전달해야 했다. 스마트폰이나 태블릿의 화면 밝기를 최대로 하고 2시간 정도 노출되면 멜라토닌이 억제되는 것으로 나타났지만 이 경우에도 멜라토닌 수치는 빛 노출 중단 후 15분 이내에 회복되는 등, 그 효과는 비교적 미미하고 단기간에 그치는 것으로 나타났다.[10]

따라서 잠자리에 들기 전에 스마트폰을 자주 들여다보지만 잠드는 데 문제가 없다면 자신도 모르게 블루라이트 때문에 해를 입을까 걱정할 필요는 없다. 블루라이트 차단 안경이 건강한 지원자의 수면에 아무런 영향을 미치지 않는다는 무작위 대조 실험은 이 사실을 더욱 강조하고 있다.*[11]

• 무작위 대조군 실험 결과에 따르면 건강한 사람의 경우 블루라이트의 영향이 미미할 수 있지만, 불면증이나 기분 장애 혹은 기타 신경학적 질환을 앓고 있다면 블루라이트의 영향이 커질 가능성이 있으므로 이런 사람들은 블루라이트 차단 안경을 착용하는 것이 유익하다.[12,13]

수면-각성 사이클 교란의 이유를 성급하게 스마트폰 탓으로 돌리기보다 더 중요한 요인, 즉 집 안의 조명의 영향을 간과하는 것은 아닌지 생각해볼 수도 있다. 이는 아르헨티나 차코Chaco의 두 수렵 채집 공동체를 대상으로 한 연구에서 밝혀졌다. 50킬로미터 정도밖에 떨어져 있지 않은 가까운 거리임에도 불구하고 한 공동체는 24시간 전기를 공급받는 반면, 다른 공동체는 자연광에만 의존하는 생활을 했다. 연구자들은 그들의 손목에 활동 모니터를 채우고 매일 취침 일기를 기록하게 했는데, 이를 통해 수집한 데이터는 두 커뮤니티의 수면 패턴 사이에 상당한 차이가 있음을 보여줬다. 전기를 사용할 수 있던 그룹은 전기를 사용하지 않는 그룹에 비해 훨씬 늦게 잠자리에 들었으며, 수면 시간의 경우 여름에는 43분, 겨울에는 56분 더 짧았다.[14] 이는 임상적으로 중요한 발견으로, 실물 책을 읽었을 때보다 전자책을 읽었을 때 수면 시작이 10분 지연되었다는 앞의 연구 결과보다 훨씬 더 유의미한 결과였다. 이 연구 결과는 취침 전 태블릿 사용보다 가정에서 일상적으로 사용하는 강한 조명에 노출되는 것이 수면 패턴에 더 큰 방해가 된다는 사실을 보여준다. 위의 연구에서 테스트한 태블릿과 전자책 리더기는 기껏해야 80룩스의 조도를 내뿜지만, 집안의 조명은 200~400룩스의 조도를 가진다.* 따라서 현대인의 생활과 업무, 그리고 집안의 인

---

* 여기에 제시된 모든 조도 값은 대략적인 추정치일 뿐이며, 여러분의 환경과 전자기기 조도를 알고 싶다면 저가의 조도계를 구입하거나 스마트폰 앱을 활용할 수도 있다.

공조명은 전자기기의 블루라이트보다 우리의 생체리듬에 훨씬 큰 영향을 미친다. 이런 상황에서 일주기 리듬이 제 기능을 하지 못하여 수면에 문제가 생기는 것은 어찌 보면 당연한 일이다.

따라서 수면에 관해서는 스마트폰 중독보다 더 큰 그림을 볼 필요가 있다. 수면은 인공조명에 의해 지연되지만, 우리의 마스터 생체 시계는 일주기 리듬을 동기화하기 위해 실외 햇빛이 공급하는 빛의 정도에 의존한다. 자연광 아래 있으면 일반적으로 수천 룩스 정도의 빛에 노출되지만, 오늘날 우리는 하루의 대부분을 실내에서 보내기 때문에 노출량은 불과 몇백 룩스에 불과하다. 흐린 날에도 자연광은 우리 뇌에 강력한 영향을 미쳐 각성 호르몬인 코르티솔의 생성을 자극하지만 회색 시멘트 건물 안에서는 그렇지 못하다. 과거 우리의 마스터 생체 시계는 낮과 밤(낮에는 수천 룩스에 이르다 밤에는 10룩스 미만으로 떨어지는)을 명확하게 구분하는 데 익숙했지만 이제는 낮과 밤의 빛의 양이 사실상 거의 동일한 생활 방식에 적응하며 살아야 한다. 이 문제는 낮이 짧아지는 겨울에 더욱 심각해진다. 사람들은 일찍 일어나 어둑해진 시간에 퇴근을 하고, 하루 종일 바깥에 비해 조도가 낮은 건물 안에서 지내기도 한다. 특히 낮 동안 빛에 거의 노출되지 않은 상태에서 근무를 하다가 일을 마치고 나와 해질녘에 3000룩스 정도의 야외 빛에 노출되면 마스터 생체 시계는 더욱 혼란을 느낀다. 그 결과 생체리듬이 점점 더 깨지면서 낮에는 졸리고 밤에는 역설적으로 각성 상태가 되어 늦게 잠들게 된다.

사실 숙면을 취하는 것은 아침에 자연광을 통해 마스터 생체 시계에 하루가 시작되었음을 알리는 것에서부터 시작된다. 수면 각성 주기 기능 장애를 해결하려면 전략적으로 햇빛에 노출되는 습관을 기르는 것부터 시작해야 한다. 햇빛이 제공하는 강한 신호는 하루의 시작과 마스터 생체 시계를 동기화하여 낮과 밤의 차이를 다시 한번 구분할 수 있도록 도와준다. 특정 시간이 되면 자동으로 화면이 어두워지도록 설정하는 것은 간단한 일이며 스마트폰을 덜 사용하게 만들 수도 있다. 또한 자동 조종 두뇌에 이제 마무리 하라는 심리적 연상 매체 역할을 해줄 수도 있다. 그러나 궁극적으로 밝은 인공조명에 계속 노출되어 있다면 그 효과는 제한적일 수밖에 없다.

우리는 왜 잠들지 못하는가

―

이제 취침 시간 미루기에 대해 생각해보자. 당신은 피곤함과 수면 부족이 다음날 부정적인 영향을 미치리라는 것을 알면서도 늦게까지 잠자리에 들지 않은 적이 있는가? 취침 시간 미루기는 취침을 방해하는 외부 환경이 없음에도 의도한 시간에 잠자리에 들지 못하는 경우를 말한다.[15] 우리는 더 매력적인 활동을 하느라고 쓸데없이 취침을 미룬다. 그 활동은 기술과 무관한 활동일 수도 있지만 스크롤링과 먹방 시청을 포함하는 경우가 많을 것이다. 취침 시간 미루기에는 다음 3가지 주요 특징이 있다. ① 지연, ② 타당한 이유의 부재, ③ 자신의 행동이 부정적인 결과(예를 들어 다음날 더 피곤해짐)를 가져오리라는 인식.

그렇다면 다음날 더 피곤해질 것을 알면서도 수면을 미루는 이유는 무엇일까? 9장에서 설명했던 다른 유형의 미루기와 마찬가지로 수면 미루기는 자동 조종 두뇌와 실행 두뇌 사이의 충돌로 인해 발생한다. 많은 연구에서 취침 시간 미루기는 낮은 수준의 자제력 및 의지력 감소와 관련이 있다고 본다.[16] 수면 패턴을 자세히 탐구하다 보면, 이 책 앞부분에서 설명한 저전력 모드라는 개념이 핵심적인 키워드로 다시 등장한다. 우리는 하루 종일 실행 두뇌를 사용하여 어려운 업무를 완수하느라 정신적으로 피로한 상태에 빠진다. 실행 두뇌가 소진되면 자동 조종 두뇌 작동 단계로 진입하게 되고, 저전력 모드가 가동되면 즉각적인 만족을 기반으로 한 선택을 하게 되며, 실행 두뇌는 너무 지쳐서 다음날 닥치게 될 수면 지연의 부정적인 결과를 고려하지 못하게 된다.

때로는 취침 시간을 미루는 것이 고단한 하루에 대한 적극적인 선택일 수도 있다. 잠시 쉴 틈도 없는 하루를 보냈다면, 취침 시간 미루기가 '나만의 시간'을 되찾기 위한 방법일 수도 있다는 이야기다. 때로는 취침 시간 미루기가 수동적인 선택일 경우도 있다. 활동에 몰두하느라 시간이 얼마나 지났는지 알아채지 못해 잠드는 시간이 미뤄지는 경우로, 잠자리에 들기 전이나 사실상 침대에 누워 있는 동안 미루기가 이뤄진다. 취침 시간 미루기는 대부분 습관에 기인한다.[17] 미루기가 장시간 반복되면 취침 시간 미루기 스크립트가 자동 조종 두뇌에 코딩되어 미루는 행동을 점점 더 하기 쉬워진다.

스마트폰을 사용하느라 잠자리에 드는 시간이 늦어진다면, 스마트폰 자체나 화면에서 방출되는 빛의 종류가 아니라 우리가 접근하는 콘텐츠가 잠드는 데 더 큰 영향을 미치는 요인이라고 볼 수 있다. 스마트폰으로 하는 모든 일이 똑같지는 않으며 특정 유형의 콘텐츠는 다른 콘텐츠보다 수면에 더 큰 악영향을 미친다. 예를 들어 차분한 이야기를 듣는 것과 소셜 미디어에서 낯선 사람과 논쟁을 벌이는 것이 같을 수는 없다. 대부분의 경우 집이라는 한정된 공간에서 침대에 누워 있으면 우리는 안전함을 느낀다. 코르티솔 수치가 낮아지고 졸리다는 느낌이 들어야 한다. 코르티솔은 보통 각성 상태를 유지하기 위해 아침에 분비되는 호르몬이지만 스트레스를 받는 상황에서 분비되기도 한다. 코르티솔은 잠재적 위험이 있을 때 졸음에서 깨어나 주의력을 높이며 경계를 늦추지 않도록 만드는 강력한 진화적 안전 메커니즘이다. 나 개인적으로도 이 같은 코르티솔의 이점을 경험한 적이 있다. 한밤중에 병원에서 응급 상황이 발생해 깰 때면, 다른 이유로 깼을 때보다 더 빨리 집중력이 향상되곤 했다. 이러한 각성 효과는 몇 시간 동안이나 지속되며 다시 잠들 수 없을 정도로 강력할 수도 있다.

잠자리에 들기 전에 불안을 유발하는 콘텐츠를 시청하는 것을 우리 뇌는 위험으로 인식한다. 뉴스를 검색하면 위협적인 글로벌 사건이나 개인적인 피해 사례에 노출된다. 충격적인 사건일수록 더 많이 기사화될 가능성이 높다. 소셜 미디어에서 논쟁에 휘말릴 수도, 받은편지함에서 우리를 걱정하게 만드는 이메일을 발견할 수도 있다. 우리의 뇌는 지금 여기의 물리적 환경과 온라인 세계 사이에 차이를 구분할 수 없기 때문에 잠재적으로 화를 돋울 가능성이 있는 콘텐츠에 노출되면, 코르티솔이 분비되고 뇌는 경계 태세를 유지하기로 결정한다. 이렇게 각성 상태가 되면 잠들고 싶은 마음은 더욱 잦아들고 결과적으로 수면 각성 주기가 현저하게 지연된다.

심한 스트레스 상황만이 우리의 각성을 유발하는 것은 아니다. 사회적 상호작용을 할 때도 마찬가지로 우리는 주의 집중을 하게 되며, 흥미롭게도 사회적 상호작용은 생체 리듬에까지 영향을 미친다. 사회적 상호작용은 대부분 낮에 일어나고 밤에는 휴식을 취하게 되는데, 우리의 뇌는 이 휴식 시간을 이용해 수면을 유도한다. 잠자리에 들기 전 스마트폰을 사용하는 방식에는 사람마다 큰 차이가 있겠지만, 다른 사람과 사회적으로 상호작용하는 것(예를 들어 친구와 문자 메시지 주고받기)은 비디오 시청 같은 수동적인 활동보다 심리적으로 더 큰 자극을 주고 수면을 더 지연시키는 것으로 알려져 있다. 이러한 영향은 스마트폰에만 국한되지 않으며, 저녁에 직접 만나서 다투는 것 또한 심한 스트레스 상황이 될 수 있다. 어떤 형식의 사회적 상호작용이든 우리의 수면에 부정적인 영향을 미칠 것이다.

스트레스가 많은 콘텐츠 및 사회적 상호작용이 각성 효과를 높이는 것은 명백한 사실이지만, 우리가 몰입하는 모든 콘텐츠가 우리 몸이 전력을 낮춰야 할 시점에서 다시 한번 각성 효과를 높이게 할 가능성이 있다. 다시 말하지만 이러한 현상은 스마트폰에만 국한된 것이 아니며 다른 비기술적 활동에서도 발생할 수 있다. 나도 책을 읽느라 새벽까지 깨어 있었던 적이 있으며 이는 취침 미루기가 신경과학자는 물론이고 모든 사람에게 영향을 미칠 수 있음을 보여주는 좋은 예다. 스마트폰을 통해 접근할 수 있는 콘텐츠의 폭은 넓디넓고, 앱에는 종료를 알리는 기능이 없기 때문에 디지털 콘텐츠에 몰입하게 되면 취침 미루기는 더욱 쉬워질 수밖에 없다. 잠자리에 들기 전 3시간 동안을 비교해보면, 취침을 미루는 사람은 미루지 않는 사람에 비해 스마트폰 사용 시간이 4배 더 길며 그 차이는 61분에 달한다.[18] 취침 시간을 미루는 경향이 있는 사람들은 저녁에 스마트폰을 더 많이 사용할 뿐만 아니라 일반적으로 낮에도 스마트폰을 더 많이 사용한다. 이는 취침 시간을 미루는 사람들이 여러 가지 뿌리 깊은 디지털 습관을 가지고 있을 가능성이 높으며, 취침 시간 미루기는 그런 습관 중 한 측면에 불과함을 보여준다.

취침 시간 미루기는 누구에게나 영향을 미칠 수 있지만, 타고난 저녁형 크로노타입이라면 더 취약할 수 있다. 10대 자녀가 새벽까지 깨어 있느라 다음날 피곤해 하는 모습을 보이면 많은 부모들이 답답해할지 모르지만, 이는 디지털 시대가 만들어낸 새로운 현상이 아니다. 앞서 설명한 것처럼 청소년기에는 크로노타입이 늦은 시간대로 이동하기 때문에 청소년은 성인처럼 일찍 잠자리에 들기 어렵다. 일부 청소년은 이러한 영향을 더 심하게 받아 새벽 1시에서 6시까지 잠들지 못하는 수면위상지연장애*sleep delayed phase disorder*(밤에 잠들기 어려워 불면증이나 주간 졸음, 사회적 활동 저하를 호소하는 증상을 보이는 장애-옮긴이)를 겪을 가능성이 있다. 이러한 환경 탓에 청소년들은 스마트폰으로 시간을 보내는 것이 일상적 활동이 되는 경우가 많다. 뇌에서 멜라토닌이 분비되어 졸음을 유도할 때까지 기다리면서 스마트폰으로 비사회적인 시간unsocial hours을 채우는 것이다. 안타깝게도 스마트폰의 자극적인 콘텐츠와 시간 가는 줄 모르고 빠져들게 하는 속성은 서로 짝을 이뤄 문제를 더욱 악화시키고, 애초 작정했던 것보다 더 오래 화면을 스크롤하게 만들며, 그 결과 더 늦게 잠자리에 들게 되는 것이다. 이러한 패턴은 아침 햇빛 노출 시간을 감소시키고 야간 인공조명 노출 시간을 증가시킴으로써 다음날 밤이 되면 졸음은 더 멀리 달아난다. 이 악순환 속에서 스마트폰 사용 습관은 수면 장애를 유발하는 여러 요인 중 하나로 떠오르는데, 이 책에서는 이러한 악습관을 바꿀 수 있는 효과적인 방법에 대해서 논의해보려고 한다.

스마트폰을 수면 보조제로 활용하라

흔히 하는 조언으로 잠자리에 들기 전 정해진 시간 동안 스마트폰을 확인하지 말라고 하지만 어떤 사람에게는 이것이 지키기 어려운 규칙이라는 것은 그리 놀라운 일이 아니다. 왜 지키기 어려울까? 특히 하루 일과를 마치고 피곤한 상태에서 저전력 모드에 있을 경우, 전부 아니면 전무 규칙을 실행하기란 몹시 힘들다. 잠드는 것은 전등 스위치를 끄는 것과는 다르다. 뇌가 계속 활동 중일 뿐만 아니라 잠드는 것이 버튼을 누르는 것만큼 간단하지 않기 때문이다. 수면은 뇌의 여러 잠재의식 영역에 의존하며 불수의적 과정 involuntary process, 즉 자기 의지로 조정할 수 있는 과정이 아니기 때문에 아무리 노력해도 잠을 이루지 못하는 사람들이 있기 마련이다. 의대생 시절 내가 저지른 가장 큰 실수 가운데 하나는 하루 종일 공부하고, 공부가 끝나자마자 잠자리에 드는 것이었다. 하루를 마무리하는 시간을 가지는 것조차 시간 낭비라고 생각했기 때문이다. 하지만 피곤에 지쳐 있음에도 불구하고 몇 시간 동안을 잠들지 못한 상태로 침대에 누워 있으면서 곧 교훈을 얻게 되었다. 잠을 자는 것은 달리는 자동차를 멈추려고 하는 것과 같다는 것을. 달리는 속도가 빠를수록 차를 멈추는 데 더 오랜 시간이 걸린다. 특히 몹시 힘들고 감정이 북받치는 하루를 보냈다면 한참 레이싱 중이던 뇌를 멈추고 잠들 수 있는 모드로 들어가기 위해 사건을 처리하고 기어를 바꾸는 데 어느 정도 시간을 들여야 한다.

우리의 뇌는 강력한 연상 기관으로 주변 환경으로부터 제공받은 정보를 이용해 특정 상태에 도달한다. 앞서 운동선수들이 경기 전에 신체적·정신적으로 준비하는 개별 워밍업 루틴에 대해 설명하면서 이 워밍업 루틴을 업무 시간 전에 수행할 것을 권장한 바 있다. 수면 역시 다르지 않으며 우리 모두는 몸과 마음의 휴식을 위해 자신만의 수면 루틴을 개발해왔다. 많은 사람들이 저녁에 긴장을 풀기 위한 손쉬운 방법으로 디지털 기기를 이용하며, 시간이 지날수록 우리 뇌는 디지털 기기 사용을 긴장을 푸는 과정을 시작하라는 신호로 인식하게 된다. 디지털 기기가 일종의 디지털 수면 보조제가 되는 것이다. 하지만 이것이 반드시 나쁜 것만은 아니다. 게임이나 수동적으로 콘텐츠를 시청하는 것과 같은 간단한 작업은 자동 조종 두뇌로 수행할 수 있는 활동으로 실행 두뇌를 거의 필요로 하지 않기 때문에 하루 일과로 지친 뇌 일부에 휴식과 회복할 수 있는 기회를 제공할 수 있다. 이는 잠자리에서 책을 읽을 때 느끼는 현실 도피와 다르지 않다. 오히려 낮에 있었던 일이나 기타 사건에 대해 반추하는 행동이 수면의 질에 나쁜 영향을 미치며, 특히 저전력 모드로 전환된 상태에서 감정을 처리할 수 있는 내부 자원이 부족한 경우, 이러한 스트레스는 더욱 커진다. 따라서 스마트폰을 가지고 저전력 모드로 활동하게 되면 반추로 인한 스트레스를 방지하고 업무와 관련된 활동과 생각에서 벗어날 수 있는 수단을 제공받는 셈이다.

취침을 미루기 위해 디지털 기기를 사용하는 것은 수면 시간과 수면의 질 모두에 부정적인 영향을 미치는 반면, 심리적 분리 *psychological detachment*(개인이 휴식, 퇴근, 휴가 등 업무 외의 시간에 일에 대한 생각 그 자체로부터 완전히 이격되어 휴식에 몰입하는 것-옮긴이)의 한 형태로 디바이스를 사용하는 것은 긍정적인 영향을 미치는 것으로 나타났다.[19] 이때 취침 시간 미루기와 심리적 분리는 상호 배타적이지 않다는 점에 유의하는 것이 중요하다. 일부 사람들은 이 둘 중 하나에 쏠리기도 하지만, 대부분의 사람들은 두 행동을 복합적으로 한다. 때로 사람들은 하루의 마무리를 위해 기기에 의존하기도 하지만 동시에 잠자리에 드는 것을 미룰 때도 기기에 의존한다. 이런 사람들은 적극적으로 수면을 취하는 게 아니라 피곤한 정도가 극대화될 때를 기다렸다가 스마트폰으로 동영상을 틀어놓은 채 잠이 들어버리는 종류의 사람들이다.

"절대 스마트폰을 사용하면 안 된다"라는 식의 경고는 많은 사람들에게 비현실적이고 바람직하지 않은 조언이다. 대신 다른 접근 방식을 제안하도록 하겠다. 잠자리에 드는 시간에 디지털 기기를 사용하고 싶다면 좀 더 신중한 방식으로 사용하도록 하자. 밤에 스마트폰을 사용하는 것이 얼마나 흔한 일인지 알게 된다면, 많은 사람들이 안도할 것이다. 우리는 전면적인 금지가 아니라 수면에 미치는 악영향을 제한하는 범위에서 디지털 상호작용을 관리할 필요가 있다. 핵심은 (빌딩 블록 9에서 설명한 대로) 해로운 디지털 습관을 유익한 습관으로 바꾸는 것이다. 이때 콘텐츠를 현명하게 선택하는 것이 중요하다. 예를 들어 소셜 미디어에서 벌어지는 논쟁을 지켜볼 때 피가 끓는다면 덜 감정적이고 덜 자극적인 콘텐츠를 읽는 것으로 습관을 바꾸는 것을 고려해보자. 마찬가지로 흥미진진한 TV 시리즈가 잠을 설치게 한다면 차분하게 수면을 유도해주는 이야기로 대체해보자. 게임을 할 때도 자극이 적고 게임 중단 알림 기능이 내장된 게임을 선택한다면 정신에 과도한 자극을 주지 않으면서도 긴장을 푸는 데 도움이 될 수 있다. 사람마다 긴장을 푸는 방법이 다르기 때문에 어떤 사람에게는 긴장을 풀어주는 방법이 다른 사람에게는 자극적일 수 있다는 점을 기억해야 한다. 따라서 시행착오를 거쳐 자신에게 가장 적합한 방법을 찾아보는 것이 바람직하다. 또한 장소(빌딩 블록 5)를 활용하는 것도 도움이 될 수 있다. 휴식 및 수면 영역에서 허용할 콘텐츠 유형은 어디까지인지 경계를 설정해보자. 우리는 침대를 스트레스나 자극적인 것과 연관시키고 싶어 하지 않는다. 이러한 지식을 염두에 두고 자신만의 가이드라인을 만들어나가는 것은 오로지 당신의 몫이다. 새로운 습관을 형성할 때까지는 반복이 필요하고, 그러려면 가이드라인이 충분히 현실적이어야 한다는 점 또한 기억하자.

우리는 왜 일어나지 못하는가

우리가 아침에 일어나기 전, 침대에 누워 상당한 시간을 스크롤하며 보내는 것은 드문 일이 아니다. 이는 일종의 디지털 미루기 형태로 시작되었을 수 있으며, 지친 뇌가 침대에서 일어나는 것을 미루면서 하루의 시작을 미루고 있다는 신호일 수 있다. 또는 소셜 미디어, 뉴스, 이메일을 검색하는 것도 일종의 해결책이다. 수면이 충분하지 않은 상태에서 각성을 유지하려는 필사적인 노력의 일환으로 코르티솔을 자극하는 이러한 콘텐츠 특성을 이용하기 때문이다. 시간이 지나면서 기상 직후 스마트폰을 확인하는 행동은 자동조종 두뇌에 습관으로, 일상의 필수적인 부분으로, 아무 생각 없이 하는 행동으로 저장되어버린다.

피로에 찌든 느낌으로 잠에서 깨어나게 되면 결국 이른 아침부터 공포의 스크롤을 할 가능성이 더 높아지고 행동을 바꿀 수 있는 능력도 떨어지게 된다. 하지만 왜 우리가 그토록 고갈되었다는 느낌을 가지게 되는지, 그 근본적 원인의 시작은 사실 그날 아침 이전으로 거슬러 올라가야 한다. 우리의 뇌가 마스터 생체 시계를 태양일solar day(태양을 기준으로 삼는 하루의 길이-옮긴이)에 동기화시키기 위해서는 새벽과 황혼처럼 일관성 있는 스케줄이 필요하다. 코르티솔을 만들어 각성 상태를 느끼게 하려면 마스터 생체 시계에서 부신으로 신호를 보내야 하는데 이 과정이 즉각적으로 일어나지 않기 때문이다. 코르티솔 호르몬을 생성하기 위한 메시지가 전달되는 데는 시간이 걸린다. 즉 코르티솔 호르몬은 우리가 필요할 때 즉각적으로 분비되는 것이 아니라 우리 뇌가 필요를 예측해서 메시지를 보내면 분비되는 시스템이다. 시스템 효율성을 극대화하기 위해 우리 뇌는 각성을 필요로 하는 시점을 미리 예측하고 깨어나기 몇 시간 전부터 코르티솔을 생성하라는 신호를 보내기 시작한다. 따라서 규칙적인 수면 각성 주기를 갖는 것은 뇌가 졸리거나 각성 상태를 만드는 데 필요한 호르몬을 언제 생성할지 예측하는 데 매우 중요하다.

우리의 마스터 생체 시계는 계절의 변화에는 서서히 적응할 수 있지만(겨울에는 더 많이 자고 여름에는 덜 자는 등 수면에도 변화가 필요하다), 갑작스러운 일정의 변화에는 적응하지 못한다. 따라서 매일 다른 시간에 일어나면 이 시스템에 혼란이 생기면서 호르몬 생산이 동기화를 못하게 된다. 일어나는 시간이 갑자기 몇 시간 앞당겨지면 코르티솔이 생성되어 각성 상태에 이를 때까지 시차가 발생한다. 이러한 시차는 비행기를 타고 다른 시간대를 여행할 때 발생하는 시차와 유사하며, 새로운 시간대에 적응할 때까지 우리 몸의 마스터 시계는 주변 환경과 동기화를 하지 못한다. 가끔 비행기를 탔을 경우를 제외한다면 불규칙한 수면 각성 주기는 거의 매주 정기적으로 발생할 수 있다. 이를 '사회적 시차social jet lag'라고 하는데, 보통 늦게 일어나는 주말에서 일반적으로 일찍 일어나야 하는 주중으로 수면 패턴이 급격하게 바뀔 때 전형적으로 발생하는 현상이다.

한 주를 시작할 때 빨라진 기상 시간에 적응하는 것을 많은 사람들이 힘들어 하지만 가장 큰 타격을 받는 사람들은 특히 저녁형 크로노타입이다. 늦게 자는 사람들이 일찍 일어나려면 결국 수면 시간이 짧아지기 때문이다. 쉬는 날에는 잠을 보충하기 위해 늦게까지 침대에 누워 있고 기상과 수면 시간이 점점 늦어진다. 늦게 잠자리에 들면 이른 아침 자연광에 노출되는 시간이 줄어들기 때문에 이러한 효과는 더욱 악화된다.[20] 이로 인해 수면 패턴이 불규칙해지고 뇌의 마스터 생체 시계에 영향을 미친다. 교대 근무 패턴이 자주 바뀌는 교대 근무자는 이러한 영향을 일상적으로 받는 그룹으로, 연구에 따르면 이 그룹에서는 코르티솔 생산에 장애가 발생하는 것으로 나타났다.[21]

우리 뇌에는 깨어 있는 시간을 측정하는 내부 스톱워치가 있는데 이때 아데노신adenosine이라는 작은 화학 분자를 사용한다. 아데노신은 낮 동안 뇌에 축적되어 깨어 있는 시간을 측정한 다음 수면 중에 제거된다. 이렇게 축적된 아데노신은 피로 수준을 높이고 뇌에 수면에 대한 압력을 가하는데, 신경과학자들은 이를 수면 압력sleep pressure이라고 부른다.

아데노신이 완전히 제거되려면 숙면을 취해야 하고, 숙면은 기본적으로 수면 스톱워치를 초기화한다. 그러나 충분한 수면을 취하지 않으면 아데노신 수치가 높아진 상태로 아침을 시작하게 되어 피곤이 가시지 않은 채 깨어나게 된다. 아데노신은 낮 동안에 계속 축적되므로 밤에 한 번이라도 숙면을 취하지 못하면 아데노신이 남게 되고, 남아 있는 아데노신은 다시 뇌에 수면 압력을 증가시키기 때문에 부족한 수면을 보충하기 위해 더 많은 피곤을 느끼고 더 빨리 졸릴 수 있다. 수면 부족이 계속되면 아데노신이 축적되어 피로가 지속되는 것이다.

너무 피곤해서 도저히 하루를 시작하지 못하겠다 싶은 아침에는 잠자리에서 일어나기를 미루고 침대 옆 탁자 위에 놓인 스마트폰부터 찾을지도 모른다. 이른 아침에 스마트폰을 본다고 해서 그 자체가 반드시 문제는 아니겠지만, 스마트폰 보기가 마스터 생체 시계에 도움이 되는 자연광 노출을 방해할 수 있다. 새벽 직후의 야외 조명은 어두운 침실에 누워 희미한 조명의 스크린을 쳐다보는 것보다 최소 수천 배 이상 밝다. 자연광은 마스터 생체 시계를 미세 조정할 뿐만 아니라 뇌에 많은 이점을 제공하기도 한다. 예를 들어 50만 명을 대상으로 한 영국 바이오뱅크의 대규모 연구에 따르면 야외에서 보내는 시간이 1시간 늘어날 때마다 피로감과 불면증 증상이 눈에 띄게 감소하는 것으로 나타났다.[22] 게다가 참가자들이 우울 장애를 경험할 가능성이 낮아짐으로써 기분에도 긍정적인 영향을 미치는 것으로 나타났다. 이러한 빛의 항우울 효과는 측유상핵lateral habenula로 알려진 뇌 부위의 활동이 감소할 때 발생하는 것으로 알려져 있다.[23] 이 부위는 일반적으로 7장에서 설명한 주요 도파민 생성 기관인 복측피개영역 활동을 억제한다. 따라서 실외의 빛은 이 영역에서 측유상핵이 잡고 있던 '브레이크'를 풀어 도파민 생성을 증가시킨다. 지금까지 살펴본 바에 의하면 도파민은 강력한 학습 신호와 그에 따른 동기부여 제공이라는 2가지 주요 기능을 가지고 있다. 일어나자마자 먼저 약간의 자연광에 노출하는 것이 문제의 소지가 있는 이른 아침 스크롤 습관을 재프로그래밍하는 좋은 방법이 될 수 있다. 이를 실천하려면 5분 규칙(빌딩 블록 1)을 적용하기 위한 실행 계획을 세우고(빌딩 블록 4) 그 시간을 이용해 자연광에 노출하거나, 잠자리에 들어 스마트폰을 확인하더라도 플랜 B(빌딩 블록 2)에 따라 커튼을 열어두는 등의 조치를 미리 해두자. 침대 옆 탁자에서 창문 옆으로 스마트폰을 옮겨 놓는 것도 또 다른 형태의 사전 약속(빌딩 블록 4)이 될 수 있다.

아데노신을 제대로 축적할 수 있게 다시 돌려놓는 데 가장 효과적인 방법은 자연스러운 생체리듬에 맞춰 적절하고 질 좋은 수면을 취하는 것이다. 하지만 현실적으로 질 좋은 수면을 하기 힘들 때 우리는 그 대신 흔히 세계에서 가장 인기 있다는 향정신성 약물을 찾는다. 카페인은 뇌의 아데노신 수용체를 차단하는 작용을 한다. 내부 스톱워치는 계속 작동하고 아데노신도 계속 축적되지만, 카페인을 섭취하면 뇌가 이를 인식하지 못하게 되는 것이다. 결국 간에서 카페인이 대사되면 에너지 슬럼프가 일어나게 되는데, 우리는 그 효과를 매우 급격하게 느낄 수 있다. 그러나 카페인에는 지금당장은 확실히 드러나지 않지만 장기적으로 더 오래 지속될 수도 있는 영향 또한 존재한다.

2023년에 진행한 메타 연구에 따르면, 카페인 섭취가 수면 시간을 45.3분 감소시키는 것으로 나타났다.[24] 카페인 섭취 후 잠드는 것이 어렵지 않더라도 수면 효율성은 떨어진다는 연구 결과도 있다. 카페인 섭취 후 얕은 수면이 크게 증가하고, 일반적으로 아데노신을 배출하는 단계인 깊은 수면이 감소하여, 수면 효율이 7프로 감소한다는 것이다. 본질적으로 우리는 카페인으로 아데노신 수치 상승에 대응하려고 하지만, 결과적으로는 문제를 가릴 뿐만 아니라 의도치 않게 문제를 악화시키는 상황에 놓일 수 있다. 수면 시간을 줄이고 효율성을 떨어뜨려 아데노신 배출량을 더욱 줄인 다음, 카페인 섭취 용량을 늘려 아데노신 수치 상승과 싸우고 자가 치료를 시도하는 악순환에 빠지게 되는 것이다.

그렇다고 카페인을 절대 섭취해서는 안 된다는 말이 아니다. 다만 이 책의 핵심 주제에 따라 카페인이 뇌에 미치는 영향에 대해 잘 알고 있어야 한다는 의미다. 스마트폰과 마찬가지로 카페인도 본질적으로 나쁜 것은 아니며, 중요한 것은 카페인을 어떻게 사용하느냐다. 특히 카페인을 섭취하는 시간과 복용량이 큰 차이를 만든다. 섭취한 카페인의 절반을 간이 분해하는 데 평균적으로 약 3~5시간이 걸리는데 이를 과학자들은 '반감기'라고 부른다.* 연구에 따르면 카페인이 수면에 악영향을 미치지 않고 간에서 대사되려면 커피 한 잔(약 107밀리그램의 카페인 함유)은 잠자기 8.8시간 전에,

---

* 과학자들은 물질의 신진대사를 언급할 때 '반감기'라는 용어를 자주 사용한다. 이 개념으로 보다 신뢰할 수 있는 측정치를 제공할 수 있기 때문이다. 시스템에서 물질의 농도가 줄어들면 효소에 의한 분해 속도도 감소한다. 이는 마치 계산대 직원이 줄을 서 있을 정도로 손님이 많을 때는 효율적인 속도로 일하지만, 손님이 적을 때는 속도를 늦추고, 손님이 없을 때는 잠시 멈추는 것과 비슷하다.

운동할 때 마시는 카페인 함량 높은 음료(217밀리그램)은 잠자기 13.2시간 전부터 차단해야 하는 것으로 밝혀졌다. 따라서 취침 시간을 오후 10시로 잡았다면 오후 1시 12분쯤부터는 커피를 마시지 말아야 한다는 뜻이 된다. 카페인 함량(47밀리그램)이 낮은 차 종류는 수면에 큰 영향을 미치지 않으므로 이론적으로는 취침 시간에 임박해서 한 잔 정도 마시는 것은 상관없다.

간 효소가 카페인을 처리하는 방식은 유전자 변이가 상당한 영향을 미치며 그래서 사람마다 다르기 마련이다. 카페인 대사에 걸리는 시간 범위가 2시간에서 8시간 정도로 넓어질 수 있는 이유도 바로 여기에 있다. 따라서 지속적으로 피곤하고 자고 나도 상쾌한 기분이 들지 않는다면 카페인이 함유된 음료를 디카페인 음료(카페인 함량이 2밀리그램에 불과하다)로 바꾸는 것이 간단한 해결책이 될 수 있다. 어떤 변화든 마찬가지겠지만, 카페인 섭취도 자신에게 어떤 영향을 미치는지 면밀히 관찰한 다음 조절해서 자신에게 맞는 전략을 찾아보는 것이 바람직하다.

스마트폰 끄기 연습 4회차

수면의 질 높이기

마스터 생체 시계를 최적화하는 방법

> 가능하면 규칙적으로 기상 및 취침 시간을 지키자. 수면 장애로 어려움을 겪는 경우, 기상 시간을 일정하게 설정하는 것('아침 고정하기'로 알려진)이 강력한 전략이 될 수 있다. 잠드는 것은 무의식적이지만 이와 달리 매일 같은 시간에 일어나기는 우리가 통제할 수 있으므로 수면 주기를 조절하는 데 도움이 된다.

> 수면 주기를 전략적으로 조절하려면 자연광 노출을 이용하자. 수면 주기를 앞당기고 싶다면(즉 일찍 일어나고 싶다면) 가능한 한 기상 시간에 가까운 아침에 자연광에 노출되는 것이 좋다. 한낮의 자연광 노출은 마스터 생체 시계를 변경시키지 못하지만 도파민 분비 촉진 효과가 있다.

> 너무 일찍 깨서 수면 주기를 늦추고 싶다면(즉 늦게 자고 늦게 일어나고 싶다면) 암막 커튼을 설치해서 아침 햇살은 막고, 아직 빛이 남아 있는 늦은 오후나 저녁에 야외에서 더 많은 시간을 보내는 것을 목표로 하자. 그렇지 않으면 실내조명을 밝게 조절하는 경우에도 늦은 시간까지 각성 상태를 유지할 수 있다.

> 주말에 더 늦게까지 자고 싶다면 기상 시간을 1시간 정도 늦춰보자. 더 늦춰질 것 같더라도 너무 걱정할 필요는 없다. 오히려 주중 수면 개선에 집중하는 것이 더 중요할 수 있다. 그 대신 일어나자마자 햇빛에 노출하여 지연된 기상 시간을 반드시 상쇄해야 한다.

취침 시간 미루기 방해 전략

> 보람 있으면서도 편안한 활동이 수면과 짝을 이루게 되면 충만해진 상태로 잠자리에 들 수 있다. 예를 들어 취침 시간을 위해 특정 목욕 제품 혹은 스킨케어 제품을 고른다거나 좋아하는 책을 읽는 시간을 저녁으로만 제한해보자.

> 실행 두뇌 재충전을 위해 반드시 하루 종일 휴식을 취하자. 저녁만이 여러분의 유일한 여가 시간인 데다, 무엇보다 실행 두뇌가 지쳐버린 상태라면 미루기가 쉬워진다.

> 취침 시간에 하는 마음 챙김은 유익한 활동이며 충분히 연마 가능한 기법이다. 긴장을 풀 수 있도록 좋아하는 디지털 활동을 하되, 취침 시간 미루기 영역으로 넘어가는 시점이 언제인지 파악하고 있어야 한다.

> 디지털 기기 없이 하루를 마무리하는 루틴은 한계가 있을 가능성이 높으므로 디지털 기기를 사용하지 않고 수면과 연계시킬 수 있는 몇 가지 방법을 추가하자. 심리적 분리를 기기에만 의존하지 말고 뇌와 수면을 연관시킬 수 있는 다양한 레퍼토리를 마련해보자.

몇 가지 아이디어

> 온수 목욕과 샤워: 이는 피부 혈관을 확장시켜 체온을 떨어뜨림으로써 수면을 돕는다는 추가적 이점이 있다.

> 냄새: 긴장 완화와 관련해 가장 자주 언급되는 것이 라벤더이기는 하나 향의 종류는 중요하지 않다. 어떤 향이든 지속적으로 사용하기만 하면 뇌가 냄새와 수면 연관성을 형성할 수 있기 때문이다.

> 기록: 머릿속을 가득 채우고 있는 것들을 비우는 가장 좋은 방법은 종이에 적는 것이다. 2장에서 제공한 팁을 사용하여 정말로 소소한 습관(빌딩 블록 8)을 시작해보자.

취침 전 스마트폰 사용 습관 개선

> 디지털 장치의 밝기를 낮추고 블루라이트 필터링 도구를 사용하되 취침 시간에 자동으로 실행되도록 설정을 조정하자. 그 영향이 미미하더라도 자동 조종 두뇌에 휴식을 취할 시간이라는 신호를 주어 스마트폰을 덜 사용하게 만들 수 있는 간단한 조치가 될 수 있다.

- 예측할 수 없고 불안을 유발하는 콘텐츠는 피해야 한다. 대신 가벼운 내용의 콘텐츠를 보자.

- 수동적인 콘텐츠가 사회적 상호작용을 일으키는 능동적인 콘텐츠보다 더 바람직하다.

- 종료 지점이 있는 활동을 하자. 일례로 자연스럽게 종료할 수 있는 게임하기, 명상하기, 잠이 오는 이야기 듣기 등이 있다. 이마저도 너무 오래 몰입하면 결과적으로 수면 시간을 줄이게 되니, 중지 알림을 설정하는 것이 좋다.

- 수면을 방해할 수 있는 알림은 꺼야 한다.

이른 아침 스크롤하는 습관 깨기

지연

- 전부 아니면 전무라는 접근 방식은 필요하지 않다. 5분 규칙을 사용하여 아침 스크롤을 늦추는 것부터 시작하고 거기서부터 시간을 늘려보도록 하자.

- 각성 효과를 높이려면 5분 동안 될수록 많은 자연광을 쐬자. 커튼을 젖히고 가능하면 창문도 활짝 열거나 바깥으로 나가는 것도 좋다. 이렇게 몇 분 만 해도 어두운 스마트폰 화면을 들여다보는 것보다 더 나은 효과를 얻을 수 있다.

스마트폰 끄기 연습 4회차

단축

➤ 스크롤할 수 있는 시간을 타이머로 설정하고 관리 가능한 수준이 될 때까지 며칠에 한 번씩 서서히 줄여나가는 것을 목표로 세우자.

치환

➤ 이른 아침 스크롤하는 습관을 다른 것으로 바꿔보자. 내가 가장 좋아하는 방법은 오늘 하루 동안 가장 기대되는 일 3가지를 일기장에 쓰는 것이다. 이렇게 하면 기대의 힘(빌딩 블록 7)을 활용하면서도 개수에는 제한을 두게 된다. 매력적인 인용문이나 긍정의 말이 담긴 책과 잡지를 뒤져보자.

조언

➤ 의지력이 부족할 때는 사전 약속(빌딩 블록 4)이 도움이 된다. 스마트폰을 침대 옆 탁자 위에서 충전하는 대신, 일어나서 잡아야 할 정도로 멀리 떨어뜨려 놓자. 또는 알람 시계로 스마트폰을 대체하는 것도 방법이다.

➤ 습관은 보상을 통해 강화된다. 원하는 아침 식사를 여유롭게 즐기며 절약한 시간을 보상받을 수 있다.

➤ 끈기를 가지고 계속 진행하자. 새로운 아침 루틴이 자동화되려면 몇 달은 걸릴 것이다.

➤ 낮잠은 쓸모없는 절약*false economy*이다. 낮잠을 잘 수 있는 시간은 짧기 때문에 뇌가 회복 효과를 발휘하는 데 필요한 수면 상태에 도달하지 못한다. 낮잠과 이른 아침 스크롤링 습관을 버리고 싶다면 알람을

이른 시간에 맞추는 대신, 취침 시간을 늦추고 기상 시간에 한 번에 벌떡 일어나는 것이 더 효과적이다.

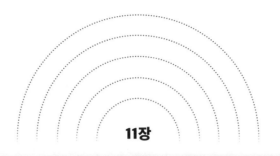

11장

건강한 습관에 건강한 정신이 깃든다

스마트폰과 관련한 가장 큰 우려는 의심의 여지 없이 스마트폰이 우리의 정신 건강에 미치는 영향이다. 스크롤을 하며 뉴스를 훑다 보면, 지금 우리가 손에 쥐고 있는 바로 이 스마트폰 기기의 위험성을 경고하는 헤드라인이 쏟아진다. 하지만 스마트폰에 대한 신문 기사들과 그들이 인용하는 연구들의 노골적인 부정적 평판과 비교했을 때, 스마트폰과 우리의 신체적·정신적 행복간의 관계는 훨씬 더 복잡하고 미묘하다.

우리가 인식해야 할 첫 번째 사항은 기술과 관련하여 빈번하게 유포되는 정보가 편향적이라는 것이다. 뉴스의 목적 중 하나는 우리의 관심을 끄는 것이며, 부정적인 결과를 포함한 연구일수록 뉴스로서 보도할 만한 가치가 높다고 여겨질 가능성이 크다. 또한 경각심을 불러일으키는 헤드라인일수록 더 관심을 얻고 더 빈번하게 공유되는 경향이 있다. 하지만 스마트폰 사용과 정신 건강에 대한 연구들은 좋거나 아니면 나쁘거나 식의 단정적 결과가 아니라, 부정적인 효과와 긍정적인 효과 모두를, 심지어는 아무런 효과도 없음을 보여준다. 더욱이 거의 20년에 걸친 조사 연구에 따르면, 스마트폰이나 소셜 미디어 같은 앱들이 우리의 행복에 강한 부정적 효과를 미친다고 볼 결정적 증거는 전무했다.

여기에는 2가지 주된 이유가 있는데, 그것들 모두는 악평과 과장에 매몰되어 있는 탓에 필연적으로 그러한 결론에 도달할 수밖에 없다는 문제를 안고 있다. 첫째, 스마트폰을 사용하며 시간을 보낸다는 행위가 본질적으로 부정적인 것은 아니다. 따라서 스마트폰을 집어 든다고 해서 반드시 정신 건강에 해로운 결과가 초래되지는 않는다. 스마트폰이 우리에게 어떤 영향을 미치는지는 그것이 사용되는 방식에 크게 좌우되기 때문이다. 스마트폰을 사용하여 친구에게 메시지를 보내는 것이 업무용 이메일을 확인하고 뉴스를 읽는 것과 같은 결과를 가져오지는 않는다. 그러나 이러한 예시들에서조차 스마트폰이 당신의 행복에 미치는 영향은 당신이 메시지를 보내고 있는 대상(당신에게 협조적인지 비협조적인지)이나 당신이 소비하는 콘텐츠의 유형에 따라 달라질 것이다. 공교롭게도 연구들에서 이러한 스마트폰 사용 활동 대부분은 '스크린 타임'이라는 포괄적인 용어 아래 묶여 있는 탓에, 조사 데이터를 해석하기 어려울 뿐만 아니라 결과적으로 데이터 자체를 무의미하게 만든다. 스크린 타임이 증가한다고 해서 자동적으로 행복이 감소하지는 않으며, 정신 건강이 영향을 받는 명확한 시점을 확인할 방법이 있는 것도 아니다.

두 번째 핵심 요인은 사람들이 지닌 복잡성에 좌우된다. 이러한 특성은 유전적 요소뿐만 아니라 우리가 과거에 어떤 환경에서 성장했는지 또 현재 어떤 환경에 처해 있는지에 기인하기도 한다. 그렇다고 스마트폰이 모든 사람에게 똑같이 아무런 영향도 미치지 않는 것은 아니다. 오히려 긍정적인 효과와 부정적인 효과가 혼재되어 결국에는 서로 상쇄된 것으로 보는 것이 타당하다.

한 연구에서는 다양한 소셜 미디어 플랫폼을 사용하는 387명의 젊은이를 대상으로 3주간 모니터링을 실시했다. 연구 결과 대상자들의 45프로는 그들의 행복에 아무런 변화도 경험하지 못했으며, 28프로는 부정적인 영향을 경험한 데 반해, 오직 26프로만 긍정적인 영향을 경험한 것으로 나타났다.[1] 만약 연구 참가자들의 경험을 하나로 통합한다면, 전체적인 변화가 없거나 약간의 부정적인 효과가 나타난다는 결론에 도달할 것이다. 대규모 집단에서 얻은 평균치는 참가자 개개인의 상태에 대해 거의 말해주지 않는다. 따라서 이번 장에서는 스마트폰이 우리 개개인의 정신 건강에 미치는 영향을 판단하기 위해 무엇에 주의해야 하고 스스로에게 어떤 질문을 던져야 하는지를 살펴볼 것이다.

정신 건강에는 감정 조절이 필수적이다

———

정신 건강을 더 잘 이해하기 위해서는 두뇌가 감정을 처리하는 방식을 이해할 필요가 있다. 나중에 문제가 될 만한 상황이 생기면, 우리 두뇌의 정중선을 중심으로 양쪽에 하나씩 있는 두 개의 영역이 활성화된다. 이들 영역은 편도체라 불리는데, 이 명칭은 모양이 아몬드를 닮았다 해서 아몬드를 뜻하는 그리스어 아미그달라 *amygdala*에서 유래했다. 편도체의 활성화는 위험을 피하는 중요한 메커니즘 역할을 한다. 이 두뇌 구조에 손상을 입은 원숭이들은 평소 같았으면 피했을 다른 원숭이나 잠재적 포식자에게 다가가는 것 같은, 매우 부적절한 행동을 하는 것으로 알려져 있다.[2] 편도체는 두뇌 감정회로의 핵심 부분으로, 이 부분이 어떤 식으로 반응하느냐는 우리의 유전적 특질과 과거의 경험에 좌우된다. 또한 우울증, 불안감, 외상후스트레스장애*post-traumatic stress disorder* 같은 정신 건강 질환들을 앓는 사람들도 편도체 활성 정도에 변화가 일어난다.[3,4]

우리의 즉각적인 감정 반응 모두가 합리적인 것은 아닌 만큼 이에 따라서 행동한다면 문제를 일으키게 될 것이다. 그런 까닭에 실행 두뇌가 감정에 개입해서 합리적으로 행동하도록 유도한다. 감정 조절이라 불리는 이 과정을 통해 많은 경우에 실행 두뇌는 브레이크를 걸면서 감정 두뇌를 조절한다. 만약 분노나 다른 어떤 강렬한 감정이 북받치는 상황이었음에도 이내 진정되었던 경험이 있다면, 감정 조절 과정이 일어난 덕분이다. 하지만 감정 조절이 단순히 감정을 억제하거나 제거하는 것을 의미하지는 않는다. 감정 조절이 제대로 작동하기 위해서는 실행 두뇌와 감정 두뇌가 쌍방으로 협력해야 한다. 감정 두뇌의 활성화는 실행 두뇌에 귀중한 정보를 제공한다. 어떤 대상에 대한 강렬한 느낌은 실행 두뇌에게 무언가 주의를 집중해야만 할 일이 생겼다는 신호로 작용한다. 예를 들어 소셜 미디어의 감정적인 게시물이나 스마트폰과 관련하여 눈길을 끄는 (특히 경고 전술을 사용한) 헤드라인이 우리의 관심을 사로잡는 이유도 바로 이 때문이다. 감정 두뇌가 주의를 기울이도록 경보를 발령하면, 실행 두뇌는 이 경보를 다른 두뇌 영역들의 정보나 과거 경험들과 결합하여 장기적이고 잠재적인 결과들을 고려해서 어떤 행동을 해야 할지를 결정한다.

만약 감정 두뇌가 끊임없이 경보를 발령하거나 실행 두뇌가 그러한 경보를 처리하는 데 어려움을 겪고 있다면 난관에 봉착한다.[5] 이는 통제 불가능한 스트레스 상황에 직면했거나 지속적인 불안 상태 같은 정신 건강상의 질환이 있어서 빚어지는 문제일 수도 있다. 이유가 무엇이건 실행 두뇌가 감정 인풋을 끊임없이 처리하는 한편으로 브레이크를 쉬지 않고 밟아대는 것은 매우 소모적인 일이다. 우리가 이미 살펴봤듯이 실행 두뇌는 집중, 동기부여뿐만 아니라 의지력도 담당한다. 따라서 과도한 감정 조절로 우리가 저전력 모드에 빠진다면, 이러한 능력이 저하되기 시작한다. 이는 유전적으로 실행 두뇌의 능력이 떨어지는 경향이 있거나 실행 두뇌의 기능 장애를 일으키는 질환을 앓고 있는 사람들에게서 더 두드러지게 나타난다. 실행 두뇌가 피로해지면 자제력이나 목표 지향성을 발휘할 수 있는 능력이 저하되며, 그에 따라 감정 조절 능력도 약화된다. 이런 식으로 피로가 누적되고 처리 능력이 부족해지면, 감정 두뇌에 기반한 행동을 취할 가능성은 커진다. 그러다 보면 대수롭지 않아 보이는 일에도 화를 내거나 짜증을 내고 울화통을 터뜨리기도 한다.

내부 자원이 고갈된 상태라면, 우리는 감정을 조절하기 위해 또 다른 전략을 사용할 수도 있다. 즉 외부의 지원을 요청하는 것인데, 다른 사람의 두뇌를 이용해서 우리 자신의 두뇌를 조절하는 데 도움을 받을 수 있다. 이를 외부 조절이라 한다. 만약 누군가에게 당신의 문제를 공유함으로써 도움을 받은 적이 있다면 바로 이 때문이다. 외부 감정 조절은 매우 강력하며, 다른 이들과 걱정거리를 공유하거나 포옹을 주고받거나 할 때 우리가 어떻게 위로를 받게 되는지를 설명해준다. 뿐만 아니라 반대로 우리가 다른 이들에게 받은 위로를 어떻게 돌려주는지도 보여준다.

감정 두뇌는 생존을 위해 중요한 보호 메커니즘을 제공하는데, 이는 무엇보다 어린 자녀들한테서 중요한 역할을 한다. 이러한 이유로 인해 편도체는 가장 빨리 발달하는 뇌 구조 중 하나이며, 생후 첫해에 그 크기가 두 배로 증가한다.[6] 실행 두뇌의 기능은 아동기 후반에 발달을 시작하기 때문에, 영유아의 감정 두뇌는 주로 외부 원천에 의지하여 감정을 조절한다. 그러므로 부모의 영향으로 자녀의 감정 두뇌 활성화가 촉진될 수도 있고 억제될 수도 있다. 자녀를 달램으로써 자녀의 감정 두뇌 활성화를 약화할 수 있지만, 동시에 잠재적 위험을 자녀에게 경고함으로써 활성화를 강화해야 하는 상황도 있을 수 있다. 아이들이 애착 담요나 봉제 인형에 집착하는 경향도 이러한 외부적인 감정 조절에 의지하기 때문에 빚어진다. 막 발달하기 시작한 실행 두뇌는 처음에는 편도체에 의지한다. 편도체를 통해 주변 세계에 대한 학습이 이루어지기 때문이다. 따라서 어린아이의 행동은 강한 감정적 요소에 이끌린다. 아이가 자라면서 실행 두뇌의 작동도 점점 원활해진다. 하지만 실행 두뇌와 편도체 사이의 연결이 완성된 형태를 갖추기 시작하는 것은 청소년기에 접어들고 나서부터다. 이 시기가 되면 자녀는 기본적인 감정을 이해하기 위해 부모에게 의존하는 정도가 크게 줄어든다. 그러나 보다 복잡한 감정들을 처리하기 위해서는 여전히 외부의 감정 조절 지원이 필요할 수도 있다.[7]

스마트폰은 감정 조절 도구가 될 수 있을까

———

한번은 평상시처럼 신경과 진료를 하던 중에 뭔가가 무심코 내 주의를 끌었다. 진료 대기실 안의 모든 사람이 하나같이 자신의 스마트폰에 몰두하고 있었다. 어쩌면 당신은 이 모습이 우리에게 1초라도 스마트폰과 떨어지고 싶어 하지 않는 끊임없는 욕구가 존재하고 있음을 보여주는 전형적인 사례라고 생각할지도 모른다. 또는 우리의 사회구조가 잠시도 중단을 모르는 탓에, 우리 역시 늘 스마트폰 기기를 손에 움켜쥐고 있는 거라고 결론 내릴지도 모른다.

대신에 나는 이러한 행동이 진료 대기실이라는 이 특수한 환경에 비추어볼 때 완벽하게 타당한 것임을 깨달았다.

의사를 방문하는 것은 불안을 유발하는 경험일 수 있다. 환자는 개인적인 정보를 낯선 이와 공유해야 하며, 방문 결과가 어떻게 나올지를 두고 걱정에 휩싸일 수도 있다. 불확실성 상황에서의 불안과 지루함, 좌절과 조바심은 한데 어우러져 실행 두뇌에 피로를 유발하고 감정 조절 능력을 감소시킬 수 있다. 이러한 요인들을 고려할 때, 대처 메커니즘의 일환으로 자신의 스마트폰에 본능적으로 손을 뻗는 것은 충분히 이해 가능한 행동이다.

다른 사람의 도움을 구하는 것 외에도, 우리는 외부 감정 조절의 또 다른 핵심 원천을 기술에서 찾기도 한다. 많은 연구들이 '디지털 감정 조절'로 알려진 이 현상을 강조해왔는데,[8] 여기에는 디지털 지원 네트워크의 활용 또한 포함된다. 이를테면 친구에게 문자 메시지를 보내거나 온라인 공간에 참여하여 다른 사람과 비슷한 경험을 공유함으로써 유대감을 키우는 것이 대표적이다. 또는 비디오 게임을 하거나 유튜브 영상을 시청하거나 음악에 몰두할 수도 있는데, 이 모든 활동은 일시적이지만 다른 영역으로 도피할 수 있도록 해준다는 공통점을 가지고 있다. 유머 또한 감정을 조절하기 위해 흔히 사용되는 방법이다. 아마도 재미있는 동영상을 보고 공유하는 현상이 인기를 끄는 이유도 이 때문일 것이다. 이 모든 행동은 일시적인 기분 전환을 제공한다.

디지털 감정 조절은 10대들이 기술에 의지하는 이유 중 하나이기도 하다. 청소년기는 우리의 자녀들이 보다 독립적으로 변하는 시기다. 달리 말해 청소년기에는 삶에서 어른들에 대한 의존도가 점차 줄어들기 때문에 이때 10대들은 자신의 감정 상태를 스스로 관리하는 방법을 배워야 한다. 앞 장에서 논의했듯이 크로노타입이 저녁으로 이동하면서 취침 시간에 오히려 스마트폰 사용량이 증가할 수 있다는 점에 더해, 디지털 감정 조절도 10대의 스마트폰 기기 사용 방식에 영향을 미치는 요인일 수 있다.

감정 조절이 우리의 정신 건강과 행복에서 중추적인 역할을 담당한다는 것은 부정할 수 없는 사실이다. 다만 명심해야 하는 것은 디지털 감정 조절이 유일한 도구가 아니기 때문에 당신 자신의 내부 기관을 강화하는 데 집중해야 한다는 점이다. 분명 디지털 감정 조절은 새로운 대처 전략은 아니다. 스마트폰 시대가 도래하기 전에도 사람들은 영화를 보고 음악을 들으며 책을 읽으며 감정을 조절했다. 하지만 스마트폰의 광범위한 가용성과 편리함을 능가할 감정 관리 도구는 없었다. 이러한 유형의 감정 조절 방식에 대한 과도한 의존은 후일 문제성 스마트폰 습관의 형성으로 이어질 수 있다. 우리가 이미 살펴봤듯이 문제는 이러한 습관 대다수가 감정적 연상 매체들에 의해 촉발될 수 있다는 것이다.

만약 당신이 자신의 감정 반응을 줄이고 싶다면, 감정적 스트레스 상황에 처해 실행 두뇌가 불가피하게 긴장 상태에 놓일 때까지 기다리기보다 자신의 내부 기관을 강화하는 편이 더 수월할 것이다. 내면의 힘을 강화하기 위해 쓸 수 있는 가장 건설적인 방법은 지금 이 순간에 무비판적으로 주의를 기울이는 마음 챙김 명상mind-fulness meditation을 실천하는 것이다. 마음 챙김 과정을 실천한다는 것은 호흡, 자세, 감각, 생각이나 감정 같은 당신의 즉각적인 경험에 의식적으로 집중한다는 것이다. 마음이 산란해질 때마다 부드러운 방향 전환을 통해 당신의 주의력이 지금 이 순간으로 (마음이 산만하다고 기분 나빠하지 말고) 다시 돌아오도록 해야 한다. 여러 번 반복할수록 두뇌도 이 방법에 숙달될 것이다. 그 말인즉 당신의 감정이 고조될 때면 언제든 비슷한 방법을 적용할 수 있다는 것을 의미한다. 예컨대 이 책에서 제시한 충동 서핑(빌딩 블록 1 고급편) 같은 방법들은 이러한 전략과 일맥상통한다. 제한된 시간 동안 스마트폰에 손을 뻗지 않은 채 불편한 마음으로 가만히 앉아 당신의 감정을 무비판적으로 평가해보라고 요구하기 때문이다. 그렇게 함으로써 당신은 더 많이 의식적으로 행동할 수 있을 뿐 아니라 그러한 과정을 통해 자신의 내부 감정 조절 기관을 단련할 수 있게 된다.

명상이 스트레스 감소에 효과적인 방법이라는 것은 신경과학을 통해서도 뒷받침된다. 영향력 있는 과학 연구에 따르면 일반적으로 불안과 걱정은 우리의 마음이 과도하게 미래에 집중하는 것에서 비롯되며, 우리가 가장 행복할 때는 우리의 마음이 현재라는 순간을 향할 때라고 한다.[9] 빌딩 블록 7에서 설명했듯이, 우리는 예측 능력을 활용하여 보상을 기대할 수 있다. 하지만 우리는 미래의 부정적인 (심지어 중립적이라 하더라도) 주제에 대해 생각할 때보다 현재에 집중할 때, 훨씬 더 행복해진다. 마음 챙김을 실천하면 우리의 마음을 현재라는 순간으로 되돌리는 데 도움을 받을 수 있다. 더욱이 규칙적으로 명상을 하는 사람들에게서는 편도체의 활성화가 감소하는 대신 실행 두뇌 구조의 활성화가 증가하는 것이 관찰된다.[10]

이는 마치 두뇌를 위해 근력 강화 운동을 하는 것과 같다. 즉 마음챙김 명상은 실행 두뇌를 더 강하게 만들어 더 많은 압력을 잘 처리할 수 있게 만들 뿐만 아니라, 그와 동시에 감정 두뇌의 반응성향진hyper reactive(자극에 대한 반응성이 비정상적으로 증가하는 현상-옮긴이)을 크게 줄여준다. 나아가 실행 두뇌 기능에 대한 긴장을 완화하여, 실행 두뇌의 가용 자원을 증가시킨다. 결과적으로 주의력 지속 시간이 늘어나고 의지력이 증폭됨으로써, 우리의 습관에 뚜렷하게 긍정적인 영향을 미친다.

우리의 내부 감정 조절 구조를 강화할 수 있는 또 다른 방법으로는 움직임movement이 있다. 신체 활동은 스트레스를 완화하는 건설적인 대처 메커니즘의 하나로, 우리가 스마트폰에 손을 뻗을 때 얻고자 하는 것과 동일한 형태의 기분 전환을 제공할 수 있다. 뿐만 아니라 인체에서 자연적으로 발생하는 기분 전환제인 엔돌핀의 방출을 촉진하는 등 추가적인 이점도 제공한다. 이러한 즉각적인 영향 외에도 규칙적인 운동에는 수면의 질을 향상시켜 실행 두뇌의 능력을 재충전하는 효과가 있다. 게다가 신체 활동은 뉴런에 영양을 공급하는 BDNF(뇌유래 신경영양 인자) 같은 영양물질의 방출을 촉진한다.[11] 또한 자연에서 시간을 보냄으로써 이러한 이점을 늘릴수록 더욱 운동의 긍정적 효과를 증폭시킬 수 있다. 예를 들어 자연에서 1시간을 걷는 것만으로도 편도체의 활성화가 크게 감소하는 것으로 나타났다.[12]

아주 잠깐이라도 명상과 움직임을 일상 루틴 속으로 끼워 넣는다면 실행 두뇌의 능력은 향상된다. 그리고 이러한 능력의 향상은 감정적으로 격앙된 순간에 잠시 멈출 수 있는 힘을 제공하며, 그 틈을 활용하여 우리는 우리의 대처 방식에 변화를 줄 수 있다. 감정적 연상 매체를 만났을 때 우리에게 일시 중지 능력이 존재한다면, 어떠한 문제성 습관이라 할지라도 그 퍼즐의 첫 번째 두 조각을 분리하는 데 도움이 된다. 그러고 나서 이 일시 중지를 활용하여 마음 챙김과 운동을 루틴 속으로 끼워 넣는다면, 정말로 소소한 조력적 습관이 구축되기 시작한다. 이는 감정에 이끌려 스마트폰을 확인하는 버릇들을 줄이는 데 도움이 될 뿐 아니라, 결과적으로 어떠한 모순적 습관도 대체하게 될 대안적 경로(빌딩 블록 8과 9)를 부호화할 수 있게 해준다.

일단 평온한 순간을 틈타 감정 조절 메커니즘을 연마했다면, 스트레스가 높은 상황에서도 비디지털 방법들을 활용해 디지털 감정 조절에 대한 의존도를 줄일 수 있다. 촉발된 편도체가 우리 몸에 투쟁 도피 호르몬fight-or-flight hormones(스트레스 상황이나 생존을 위협받는 상황에서 나오는 호르몬으로 아드레날린 등이 여기에 속한다.-옮긴이)을 방출하라는 신호를 보내서 교감 신경계를 활성화하면, 심장 박동수와 호흡수가 증가한다. 극심한 스트레스 상황이라면, 강화된 실행 두뇌가 제공하는 반성적 일시 중지를 활용하여 호흡 운동을 해보자. 예를 들어 횡경막 심호흡deep diaphragmatic breathing, 박스 호흡법box breathing, 4-7-8 호흡법4-7-8 breathing, 오지 호흡법 fivefinger breathing 혹은 생리학적 한숨physiological sigh 호흡법 등을 실천할 수 있다. 물론 호흡을 조절하는 행동 자체가 어떤 호흡 운동법을 선택하느냐보다 중요하다. 호흡을 조절하면 부교감 신경계가 활성화되어, 교감 신경계의 반응을 억제하고 감정 두뇌에 피드백을 제공하여 감정 두뇌의 격렬한 활동을 누그러뜨린다. 반성적 일시 중지 동안 기록을 하는 것도 이러한 감정들을 합리적으로 처리하는 데 도움이 될 수 있다. 사전 약속(빌딩 블록 4)을 활용하여 어떤 방법을 쓸지 반드시 미리 계획해보자.

때로는 팟캐스트를 들으며 걸을 때처럼 디지털 감정 조절과 비디지털 감정 조절을 동시에 수행할 수도 있다. 또는 호흡 운동을 한 후에 디지털 기분 전환을 하는 것처럼 순차적으로 수행할 수도 있다. 유혹 묶기(빌딩 블록 10)에서 설명했듯이, 디지털 활동과 비디지털 활동을 결합하면 습관 형성을 촉진할 수 있다. 어떠한 것이든 새로운 습관을 시작하기란 힘든 일이다. 하지만 습관 형성이라는 과정 자체를 통해 우리는 실행 두뇌를 강화하고 실행 두뇌의 다양한 기능이 주는 이점들을 향유할 수 있다.

어떤 상황에서 디지털 감정 조절을 사용할지를 고려하는 것도 중요하다. 일반적으로 디지털 기기를 사용하는 것은 당신이 통제할 수 없는 일련의 상황들에 대처하는 좋은 전략이다. 하지만 이는 수동적인 기법으로서 적극적인 노력을 요하는 상황에서는 유용한 도구가 되지 못한다. 다음 질문을 고민해보자. 시간 때우기로 상황이 해결될 수 있을 것인가? 여기에 "그렇다"라고 답할 수 있다면 디지털 감정 조절은 적절한 해결책이다. 그러나 "아니다"라는 결론에 도달한다면, 아마도 다른 방법으로 문제를 해결해야 할 것이다. 예를 들어 우리 중 많은 이들이 침대에 누워 있는 것 말고는 거의 아무런 일도 할 수 없는 상황을 경험한다. 우리가 통제할 수 없는 그러한 상황에서 기술을 사용하는 것은 우리가 겪는 증상으로부터 주의를 돌릴 수 있는 좋은 방법일 수 있다. 나의 환자 대부분도 입원에 대한 생각을 떨쳐버리기 위해 디지털 활동과 비디지털 활동 모두를 활용한다. 마찬가지로 우리 모두는 일시적인 스트레스, 슬픔, 걱정을 경험한다. 하지만 일반적으로 그러한 감정들은 저절로 해결된다. 지금 당신이 느끼고 있는 스트레스나 불편이 관리 가능할 정도로 충분히 경미한지를 살피는 것이 중요하다. 보다 심각한 어려움이라면 전문가의 도움을 비롯한 적극적인 외부의 개입이 필요할 것이기 때문이다. 하지만 만약 우리가 특정 신체적·정신적 질환으로부터 회복하기 위해 조치를 취해야 함에도 불구하고 우리의 디지털 습관이 이러한 조치에 반해 비활동성inaction을 조장한다면, 기술의 사용은 해로울 수 있다. 이때의 기술이란 대처 메커니즘이 아닌 하나의 회피 형태와 다름 없다. 따라서 우리의 기술적 대처 도구가 어떤 힘을 지니고 있는지를 깨닫는다면, 또한 자신을 보다 잘 인식하게 된다면, 우리가 언제 그리고 어떻게 기술 도구들을 사용해야 하는지를 더 잘 분별할 수 있게 될 것이다.

따라서 진료 대기실이라는 상황은 디지털 감정 조절이 유용한 좋은 사례임이 확실하다. 몇 달 후 나 역시도 같은 상황에 놓이게 되었는데 비슷한 진료 대기실에 앉아 내 차례를 기다리고 있을 때였다. 스마트폰이 울렸다. 친한 친구가 보낸 메시지였다. 나는 즉시 답장을 보내서, 친구에게 내 걱정에 대해 털어 놓았다. 나는 그런 식으로, 내게 필요한 도움을 외부에서 구하는 중이었다. 하지만 바깥 세상에서 보기에는 나 역시도 대기실의 다른 사람들과 마찬가지처럼 보였을 것이다. 스마트폰에 '딱 붙어' 떨어지지 않는 그저 또 다른 한 사람 말이다.

디지털 스트레스를 경계하라

———

　디지털 기기는 다양한 기능을 가지고 있으며 우리의 삶에서 복합적인 역할을 수행한다. 이 말은 디지털 기기가 대처 메커니즘일 수도 있지만, 동시에 스트레스의 원인이 될 수도 있음을 의미한다. 불안과 압박감은 기술 자체에서 나오는 것이 아니라 사회적 요구, 디지털 기기로 접근 가능한 콘텐츠, 우리가 발전시킨 습관들이 결합할 때 만들어진다. 스트레스가 항상 해로운 것은 아니라는 점에 유의하는 것 또한 중요하다. 어느 정도의 스트레스는 매우 효과적인 동기부여 요소일 수 있으며, 심지어 성과를 높일 수도 있다. 문제성 스트레스는 우리의 두뇌에 가용 자원을 초과하는 과제가 주어질 경우 발생한다. 스트레스의 감정적 처리 대가가 과도한 수준에 도달하면 두뇌는 저전력 모드에 빠질 수도 있다. 앞에서 논의했듯이 저전력 모드는 에너지 보충 활동이나 충분한 수면으로 개선될 수 있다. 하지만 문제성 스트레스가 만성적이고 회복이 불충분하다면, 탈진 상태에 빠져들 위험이 있다. 탈진의 징후가 실제로는 더 심각한 상태의 피로를 의미하며, 그러다 보니 회복하는 데 더 오랜 시간이 소요된다.

　기술 덕분에 우리는 사랑하는 사람과 연락을 취하고, 외부 지원 네트워크에 접속할 수 있게 되었다. 하지만 기술 탓에 업무로부터 완전히 단절된 상태로 편안한 휴식을 취하기 어려운 상황이 생겨날 수도 있다. 결국 우리에게는 실행 두뇌를 재충전할 기회가 줄어들었다. 끊임없는 이메일 확인이 모두에게 문제를 일으키지는 않을 것이다. 따라서 이 습관의 영향은 일터에 따라, 업무 유형과 개인의 두뇌 상태에 따라 다를 것이기 때문에, 과도하게 일반화해서는 안 될 것이다. 어떤 이들은 활력적이고 성취감을 주는 업무 덕분에 오랜 시간 일하면서도 지치지 않을지도 모른다. 하지만 대부분의 사람은 어느 순간 업무에서 비롯된 디지털 스트레스를 경험하게 되며, 때로는 그로 인해 감정적 대가를 치러야 할 수도 있다.

업무 외에도 우리는 오락이나 현실 도피의 일환으로 스마트폰에 손을 뻗는다. 그러나 이러한 행동은 우리가 의도한 효과를 내지 못할 수도 있다. 우리의 감정 두뇌는 본질적으로 감정적인 정보에 사로잡히도록 설계되어 있으며, 감정 두뇌의 격렬한 활성화를 이끌어내는 데는 두려움만큼 효과적인 것도 없다. 감정 두뇌는 생존 메커니즘의 하나이기 때문이다. 우리의 디지털 습관 중에 큰 부분을 차지하는 것은 끊임없이 뉴스나 소셜 미디어를 새로고침하는 버릇이다. 그러다 보니 우리는 감정적으로 격앙된 정보를 조금씩 규칙적으로 끊임없이 공급받는다. 전 세계에서 발생하는 당혹스러운 사건들이나 소셜 미디어 상의 논쟁적인 댓글이 대표적인 예다. 팬데믹, 전쟁, 자연재해 같은 지구상의 위협적인 사건들에 대해 읽다 보면 무력감이 들며, 그러한 무력감이 우리의 편도체에 불러일으킨 높은 수준의 감정적 활성화를 조절하는 사이에 우리도 지쳐버린다.

그런 데다 우리의 반응도 상황을 더 나아지게 만드는 것과는 거리가 먼 경향이 있다. 이미 살펴보았듯이, 불확실성은 실행 두뇌에 상당한 부담으로 작용한다. 통제력을 되찾기 위해 우리가 채택하는 대처 메커니즘의 하나는 그 불확실한 사건에 대해 더 많은 정보를 찾는 것이다. 우리는 상황을 이해하는 데 도움이 될 법한 한 조각의 정보라도 캐내고 싶은 희망을 가지고 다양한 출처를 샅샅이 뒤진다. 부정적인 뉴스에 대한 강박적 소비를 둠스크롤링 *doomscrolling*이라 하는데, 이러한 현상은 지구적 사건뿐만 아니라 건강에 대한 두려움 같은 개인적인 사건을 둘러싸고도 벌어진다. 불확실성과 싸우기 위해 이런 식의 정보 수집 방법을 사용하면, 단기적으로는 마치 더 준비된 듯한 느낌을 갖도록 두뇌를 속일 수 있을지도 모른다. 하지만 특정 지점을 지나면, 그러한 자족적 느낌조차 줄어들면서 정보도 더 이상 유용하지 않게 된다. 실제로 이러한 방법은 장기적으로는 우리의 신체적·정신적 건강 모두에 부정적인 결과를 초래할 수 있다.

디지털 세계에서 일어나는 일에 정신적으로 몰두하는 현상을 가리켜 '온라인 경계*online vigilance*'라 부른다. 온라인상의 콘텐츠와 커뮤니케이션에 대한 이 같은 끊임없는 몰입은 그 대상이 업무 이메일이든, 소셜 미디어의 좋아요와 팔로워든, 혹은 뉴스에서 접하는 위협적인 사건이든 간에 부정적인 영향을 미칠 수 있다. 한정된 인지적 자원의 상당 부분을 끊임없이 온라인 세계에 할애하는 것은 우리의 두뇌 능력이 현재라는 지금 이 순간에 머무르지 못하도록 방해한다. 또한 다른 문제들을 처리하는 데 필요한 실행 두뇌의 비축 에너지를 고갈시켜, 우리를 감정적으로 더 취약하고 동요하기 쉽게 만든다.

게다가 스트레스성 콘텐츠에 끊임없이 노출된다면, 우리는 두뇌에 또 다른 고갈 요인을 추가하는 셈이다. 건강한 개인의 경우, 코르티솔cortisol 수치는 일반적으로 아침에 가장 높았다가 밤에는 낮아지는 양상을 보인다. 극심한 스트레스 상황에 처하면 두뇌는 부신adrenal gland에 투쟁 도피 반응의 일환으로 코르티솔을 방출하여, 경계 강화의 단기적 메커니즘을 작동시키라는 지침을 내린다. 하지만 코르티솔 수치가 장기간 높게 유지되는 만성적 스트레스 상황에 처하면, 아침저녁의 코르티솔 차이가 없어진다. 즉 '필요할 때면 언제든' 생성되던 물질이 이제는 하루 종일 끊임없이 공급된다. 이 비동기화된desynchronized 비생리학적non-physiological 패턴은 우리의 신체적·정신적 건강에 상당한 영향을 미친다.[13]

뇌의 3가지 핵심 영역인 실행 두뇌, 기억 수신함(해마), 감정 두뇌(편도체)에는 코르티솔 수용체가 풍부하게 존재하며, 그런 까닭에 코르티솔 수치 변화에 큰 영향을 받는다. 장기간 스트레스에 노출되는 경우 코르티솔의 증가는 집중력이 감소를 불러일으키는 만큼 특히 실행 기능에 영향을 미칠 수 있다. 그리고 실행 능력이 감소하면, 저전력 모드에 빠질 가능성이 커진다. 결과적으로 자동 조종 시스템에 저장된 습관을 기반으로 행동하기 십상이며 단기적 보상에 따른 결정을 내리기가 쉽다. 만성 스트레스는 해마에 영향을 미쳐 해마의 부피 감소와 그에 따른 기억 장애를 유발할 수도 있다. 반면에, 지속적으로 스트레스에 노출되는 경우, 편도체가 확장되어 잠재적으로 우리의 감정 반응을 변화시키는 것으로 알려져 있다.[14,15] 이는 실행 두뇌의 감정 조절 기능 감소를 동반하는 탓에 만성적 스트레스 상황에 처하는 경우, 끊임없이 안절부절하는 느낌이 든다거나 보통 때라면 보다 쉽게 대처할 수 있었을 상황에서도 화가 나고 짜증이 나게 된다. 동시에 야간에도 높게 유지되는 코르티솔 수치는 우리의 수면과 수면의 필수적인 회복 기능을 저해함으로써, 두뇌 전체에 간접적으로 영향을 미친다. 만성적인 스트레스는 디지털이냐 비디지털이냐를 막론하고 피로를 유발하며 문제성 디지털 습관이 보다 쉽게 형성될 수 있는 악순환 구조를 촉발한다.

직장에서의 필요로 인한 것이든, 아니면 팬데믹과 전쟁 같은 위협적인 사건들에서 기인한 것이든, 우리는 어느 정도의 디지털 스트레스를 피할 수 없다. 그러나 막연한 불안감이나 만성적 스트레스의 원인을 파악하기 위해서는 이메일의 받은편지함이나 좋아요 혹은 소셜 미디어 팔로워를 얻는 일에 집착하는 것 같은 다양한 유형의 온라인 경계로 인해 고통스러운지 아닌지를 평가해보는 것이 도움이 될 수 있다. '항시 인터넷에 접속해 있어야 한다always on'는 사고방식이야말로 기술이 당신에게 부정적인 영향을 미치는 이유 중 하나다.

스크린 타임은 결과가 아니라 하나의 징후다

———

　일반적으로 스마트폰 사용과 관련하여 불필요한 우려를 자아내는 헤드라인은 그 주장을 뒷받침하기 위해 과학적 연구를 인용하곤 한다. 전형적으로 인용되는 연구는 하나같이 우울증과 불안 같은 정신 건강 문제를 지닌 집단과 그러한 문제가 없는 집단을 비교하면서 전자가 스마트폰에 더 많은 시간을 쓴다고 보고한다. 설령 불안하고 우울한 사람들이 스마트폰에 더 많은 시간을 쓴다고 해서, 정말로 그러한 사실이 그들의 스마트폰이 정신 건강 문제의 원인임을 보여주는 증거가 될 수 있는 걸까?

　위에서 설명한 비교 연구들은 횡단 연구 방법cross-sectional study(어떤 현상 혹은 연구 대상에 대해 어느 한 시점을 특정해 데이터를 수집 및 분석하는 연구 방법-옮긴이)을 사용한 것들이다. 횡단 연구 방법은 신속하게 연구를 수행할 수 있으며, 추가 조사를 위한 가설을 생성할 수 있다는 장점이 있지만 결정적인 증거는 제시할 수 없다. 이 연구들에서 우리는 스마트폰 사용과 정신 건강 문제라는 두 변수 사이에 상관성이 있다는 것은 관찰할 수 있다. 그러나 어떤 변수가 원인이고 어떤 변수가 결과인지를 특정할 수는 없다. 이를테면 과도한 스마트폰 사용이 정신 건강 문제를 일으키는가? 아니면 정신 건강 문제가 스마트폰 사용의 증가를 가져오는가? 그것도 아니라면 실행 두뇌의 자원을 소진시켜 우리를 저전력 모드 상태에 빠뜨리는 사회적 압박감 같은 제3의 요인이 스마트폰 사용 증가와 정신 건강 문제 모두를 일으키는가? 또는 불필요한 걱정을 불러일으키는 신문의 헤드라인에 노출되는 것이 정신 건강 문제에 영향을 일으켰을 가능성은 없는가?

내가 지나치게 까다롭게 구는 것처럼 보일지도 모르지만 그렇지 않다. 의학 및 과학 공동체에서 빈번하게 강조되는 '인과성이 아닌 상관성association, not causation'이라는 문구는 변수 간의 이러한 제한적 관계를 적확하게 조명한다. 기본 원칙은 충분한 증거 없이 성급하게 결론을 이끌어내서는 안 된다는 것이다. 인과성 없는 상관성 개념을 집약적으로 보여주는 하나의 예는 아이스크림의 판매량 증가와 상어의 공격 횟수 증가 간의 관계다. 확실한 것은 당신이 아이스크림을 먹는다고 해서 상어의 공격을 받지는 않을 것이라는 점이다. 이 두 변수 간의 상관성에는 인과성이 존재하지 않는다. 두 현상의 근본 요인은 더운 날씨다. 여름철이면 사람들의 아이스크림 소비량이 증가한다. 동시에 바다에서 야외 수영을 즐기는 사람들이 늘어나는 만큼 상어를 만날 가능성도 커진다.

마찬가지로 정신 건강 문제를 앓고 있는 집단과 정신 건강 문제가 없는 집단을 비교하면 두 집단 사이에는 많은 차이가 드러날 것이다. 하지만 무엇이 원인이고, 무엇이 결과인지, 두 변수 모두에 영향을 주는 제3의 근본 요인이 있는지 아닌지를 정확히 짚어내기란 불가능하다. 이러한 인과관계를 확립하려면, 정신 건강 질환을 앓은 경험이 없는 집단을 장기간 추적하여 스마트폰 사용 증가가 정신 건강 질환의 발현보다 선행하는지 여부를 관찰해야 한다. 이 종단 연구 방법longitudinal study은 긴 시간과 많은 비용을 필요로 하기 때문에 횡단 연구보다 훨씬 더 수행하기 어렵다. 횡단 연구가 특정 시점에 두 집단 사이에 존재하는 차이를 스냅사진 찍듯이 빠르게 포착함으로써 매우 신속하게 수행될 수 있는 반면에, 종단 연구에는 시간의 경과가 수반된다. 이것이 바로 횡단 연구가 종단 연구보다 훨씬 더 많이 이루어지는 이유다. 그러나 우리가 불완전한 횡단 연구를 아무리 많이 수행한다고 하더라고, 완벽한 데이터를 얻을 수는 없다. 실제로는 잘못된 경로로 이끌려 잘못된 결론에 도달할 가능성만 커질 뿐이다.[16]

현재로서는 500명의 참가자들을 8년에 걸쳐 모니터링한 경우가 소셜 미디어와 정신 건강의 상관관계를 주제로 가장 오래 지속된 종단 연구다. 참가자들의 연령대는 13~20세로 많은 정신 건강 질환이 청소년기 혹은 성인기 초반에 뚜렷하게 발현된다는 점을 고려할 때, 그들이 다른 연령대에 비해 정신적으로 취약하다는 것을 의미했다. 이 연구는 정신 질환이 이미 발병한 집단과 아닌 집단을 과거로 거슬러 올라가며backward 비교하는 대신에, 미래로 나아가는forward 방법을 썼다. 참가자들은 이 방법에 따라 자신의 소셜 미디어 사용을 보고하는 한편, 설문지를 통해 자신의 우울과 불안 증세를 직접 모니터링했다. 13세 때 하루에 31~60분을 소셜 미디어에 사용했던 참가자들은 시간이 꾸준히 늘어나더니 성인기 초반이 되자 하루에 평균 2시간 이상을 소셜 미디어에 사용했다. 상당한 양이었다. 연구 전반을 볼 때, 참가자들의 소셜 미디어 사용은 그때마다 자연스럽게 늘었다 줄었다 했지만, 그렇다고 그러한 변화에 상응하여 그들의 정신 건강 결과도 변화하지는 않았다. 달리 말해 소셜 미디어에 평균보다 많은 시간을 쓴다고 해서 그로 인해 우울증이나 불안감 점수가 증가하지는 않았으며, 소셜 미디어 사용이 줄어든다고 해서 어떤 이점이 나타나지도 않았다. 8년의 추적 관찰 끝에 연구자들은 소셜 미디어 사용이 우리가 흔히 듣는 얘기처럼 '한 세대를 망치고' 있다는 증거는 없다고 결론 내렸다.

연구자들이 8년 동안 추적 관찰하는 대신에 두 집단을 비교하는 횡단 연구를 진행했다면, 그들도 소셜 미디어 사용과 우울증/불안감 점수 사이에서 선정적인 신문 헤드라인에 빈번하게 오르내리는 것과 같은 상관성을 발견했을 것이다. 즉 시간이라는 통찰력 있는 차원이 없었다면 횡단 연구로 그들 역시 잘못된 결론에 도달했을 것이다. 하지만 종단 연구 덕분에 그들은 소셜 미디어 사용과 정신 건강 간의 관계를 보다 정확하게 분석할 수 있었다. 그렇기는 해도 이 연구 또한 완벽하지 않으며 나름의 한계를 지닌다. 예를 들어 참가자들은 객관적인 평가를 받은 것이 아니라 자신의 스크린 타임과 증상을 직접 보고하도록 요청받았다. 이는 종종 정확성이 떨어진다는 문제를 안고 있지만, 인간 연구에 수반되는 어려움을 잘 보여주는 예이기도 하다.

따라서 논쟁적인 헤드라인을 읽을 때는 스마트폰이 우리의 정신 건강을 악화시킨다는 결론으로 비약하는 대신에, 스마트폰 사용이 원인이 아니라 결과일 수도 있다는 점을 명심하는 것이 중요하다. 디지털 감정 조절에 대해 살펴본 바를 고려할 때, 불안과 우울 증세를 보이는 사람들은 대처 메커니즘의 일환으로 스마트폰에 손을 뻗을 수 있다. 즉 스마트폰 사용은 그들이 심리적으로 고군분투하고 있다는 징후일 가능성이 더 크다. 내가 진료실에서 만난 중증 우울증 환자들은 침대 밖으로 나오기도 힘든 경우가 많았다. 하지만 그렇다고 해서 그들의 우울증이 침대의 편안함에서 비롯된다고 주장하면 이는 터무니없는 소리가 될 것이다.

우리는 힘든 시기일수록 상황을 부주의하게 악화시키는 행동을 하는 경향 때문에 실상을 완전히 파악하는 데 어려움을 겪는다. 하루 종일 침대에 머무르는 것과 마찬가지로 상당한 시간을 스크롤하며 보내느라 신체 활동이나 취미 활동, 친구와의 사교 활동처럼 우리의 정신 건강에 긍정적인 영향을 미치는 활동에 참여하지 못하게 될 수도 있다. 스마트폰과 앱의 몇몇 기능들은 중독성은 없어도 문제성 습관 형성의 힘을 가지고 있다. 그만큼 부적절한 스마트폰 사용은 정신 건강에 간접적인 영향을 미칠 수 있다. 이러한 요인들을 분리하는 것은 그 자체로 보다 정교한 연구를 요하는 어려운 과제다. 그때까지는 스마트폰 사용에 대한 선정적인 헤드라인을 접하게 되는 경우가 생기더라도, 그러한 헤드라인들에는 오해의 소지가 많으며 근본적인 과학적 연구의 한계를 언급하지 않는 경우가 많다는 사실을 염두에 두기를 바란다.

모든 게 스마트폰 탓은 아니다

최근 몇 년 사이에 정신 건강 질환 진단이 증가해왔다는 것은 부인할 수 없는 사실이다. 이러한 진단이 수직 급상승하기 시작한

2007~2010년부터 스마트폰이 대중화되기 시작했다는 지적을 접하는 것 또한 드문 일이 아니다. 그러나 이는 현상에 대한 다소 피상적인 접근이다. 앞에서 논의했듯이 정신 건강 문제의 증가를 하나의 단일 원인으로 귀착시키는 것은 지나치게 단순한 감이 있다. 그 기간 동안에는 기후 변화에 대한 우려의 급증을 비롯하여 세계 금융위기, 전쟁, 자연 재해, 정치 지형의 변화 등 정신 건강에 영향을 미쳤을 법한 중대 사건들이 발생했기 때문이다.[17]

정신 건강 문제에 대한 인식과 이해가 커지고 우울증과 불안감 같은 질환을 앓는 사람들에 대한 낙인이 감소했다는 것은, 그만큼 사람들이 자신들의 문제를 공개하고 도움을 구할 가능성이 더 커졌다는 것을 의미한다. 그리고 나는 그러한 변화를 진료 과정에서 직접 목격해왔다. 그 결과 당연하게도 진단 수가 증가해왔다. 소셜 미디어와 온라인 포럼이 폭넓은 정보에 기반한 논의와 경험을 공유할 수 있는 환경을 제공한 것은 물론이거니와, 스마트폰의 사용으로 정신 건강 개입이 원활해지고 정신 건강 서비스에 대한 접근성이 높아졌다. 또한 많은 정신 건강 헬프라인helplines(외부의 독립적인 제3자에게 위탁하여 운영하는 익명의 제보 시스템으로 익명성 공익 제보시스템으로도 알려져 있다.-옮긴이)이 문자 메시지를 통한 커뮤니케이션 선택지를 제공함으로써 많은 사람들이 이 서비스를 더 쉽게 접근하고 이용할 수 있게 되었다. 이러한 방법이 자신의 문제에 대해 공개를 꺼리는 사람들을 비롯하여 이제 막 성인기에 접어든 청년이나 신경다양성neurodiverse(정신질환으로 일괄 분류되던 자폐, 발달 장애, ADHD, 다운증후군, 조현병 같은 정신질환들이 실상은 일련의 스펙트럼상에서만 '다를' 뿐 다양성으로 포함해서 인식해야 한다는 관념에 바탕을 둔 개념이다.-옮긴이) 발달 장애를 가진 개인에게 특히 매력적으로 여겨진 덕분이다.

정신 건강 문제는 다양한 원인에서 비롯되며, 그 발현 여부는 유전적 취약성과 생활 스트레스 요인들의 조합에 좌우된다. 적어도 내가 진료한 환자들의 경우는 확실히 그랬다. 정신 건강 질환의 가족력이 있다는 것은 유전적 감수성genetic susceptibility(부모로부터 물려받은 유전자가 특정 질병에 취약해 그 병이 잘 발생할 경우 유전적 감수성이 높다고 말한다.-옮긴이)이 높다는 의미지만, 환자들의 이야기를 들어보면 생활환경에서 오는 어려움 또한 만만치 않다. 예를 들어 그들은 사회 경제적 불평등을 경험했을 수도 있고, 인종차별을 비롯한 여타 차별의 대상이었을 수도 있으며, 공해가 심하고 녹지와 건강한 음식에 대한 접근성이 떨어지는 빈곤하거나 안전하지 못한 지역에 거주하고 있을 수도 있다. 어쩌면 그들에게는 적절한 지원 네트워크가 없을 수도 있고, 가족이 없거나 가족 관계가 위태로울 수도 있다. 또는 가정 폭력을 경험했거나 유아기에 트라우마를 겪었을 수도 있다. 스마트폰이 우리의 정신 건강에 유해한 영향을 미치고 있다 하더라고, 다른 중요한 요인들에 비하면 그 영향은 미미할 가능성이 크다. 2019년에 옥스퍼드대학교가 실시한 연구가 이 점을 잘 보여준다. 에이미 오번Amy Orben 박사는 앤드류 프리지빌스키Andrew Przybylski 교수와 함께 디지털 기술의 사용(특히 소셜 미디어, 컴퓨터, 인터넷 사용이라는 범주로 구분된)이 정신 건강에 미치는 영향을 살펴보기 위해 영국과 미국의 대규모 데이터베이스 세

곳에서 얻은 35만 5000명의 청소년을 분석했다. 연구자들은 결과의 신뢰성과 타당성을 보장하기 위해 사전 등록 분석법pre-registered analysis을 사용했다. 이 방법을 사용하면 데이터세트의 과도 추정 excessive calculations을 통해 결과적으로 예정된 서사에 부합하는 데이터만을 선택하는 것을 방지할 수 있다. 즉 그동안 스마트폰 사용에 관한 많은 조사 연구의 결과에 잠재적으로 영향을 미친 문제를 해결할 수 있다. 그렇다면 연구 결과는 어땠을까? 기술 사용은 행복 변이variation in well-being의 단지 0.4프로만 설명하는 것으로 나타났다.[18] 중요한 점은 이러한 결과가 여전히 인과관계가 아니라 상관관계를 나타내고 있는 것에 불과하다는 것이다. 즉 스크린 타임은 원인이 아니라 징후일 수 있었다. 하지만 미디어의 과도한 반응과 비교할 때, 이 정도의 극히 미미한 상관관계는 놀라운 결과다. 폭음, 담배 흡연, 마리화나 흡연, 괴롭힘, 싸움 모두 기술보다 행복과 훨씬 더 큰 연관성을 지녔다. 심지어 안경 착용과 행복 간의 상관관계가 기술 사용과의 상관관계보다 더 유의미한 것으로 나타났다.

옥스퍼드인터넷연구소Oxford Internet Institute에서 인간행동과 기술을 연구하는 앤드류 프리지빌스키 교수는 매티 뷰오레Matti Vuorre 교수와 함께 거의 100만 명에 달하는 페이스북 사용자의 행복 데이터를 평가했다. 소셜 미디어와 정신 건강에 관한 한 아마도 가장 포괄적이라고 할 수 있을 이 광범위한 조사 연구는 12년(2008년부터 2019년까지)에 걸쳐 총 72개국 94만 6798명의 참가자를 대상으로 이루어졌다.[19] 그러나 이 연구에서도 소셜 미디어 사용과 심리학적 위험을 연결할 수 있는 구체적인 증거는 드러나지 않았다. 이러한 위험의 부재는 연령과 국가와 무관하게 일관되게 나타났다. 현재로서는 이 조사 연구야말로 소셜 미디어가 오늘 인구 전반에서 목격하는 정신 건강 악화의 원인이 아니라는 것을 보여주는 가장 결정적인 증거이자, 소셜 미디어를 악마화하려는 미디어의 서사를 효과적으로 중화할 수 있는 해독제다.

이 연구가 중요한 이유는 연구를 통해 기술 사용과 행복의 관련성이 매우 미미하거나 심지어 아예 없음을 보여줬음에도, 스마트폰 사용 및 정신 건강 문제와 관련된 부정적인 기사들이 여전히 우리에게 영향을 미칠 수 있기 때문이다. 우리의 기대는 잠재력을 현실로 만들 정도로 두뇌에 강력한 영향을 미친다. 의학에서 이야기하는 '플라시보 효과placebo effect'에 따르면 주사로 통증이 완화될 것이라는 단순한 기대만으로도 두뇌는 두뇌의 통증 처리 영역을 비활성화하는 자체 천연 화학 물질 합성 반응을 일으킬 수 있다.[20] 즉 당사자들은 실제로 고통이 완화되는 경험을 한다.

스펙트럼의 한쪽 끝에 플라시보 효과가 있다면 반대쪽에는 '노시보 효과nocebo effect'가 있다. 예를 들어 스타틴statin은 혈관에 콜레스테롤이 높게 축적되는 것을 방지함으로써 심장마비와 뇌졸중 같은 위험한 질병을 줄이기 위해 사용되는 약물이다. 스마트폰과 마찬가지로 스타틴의 부작용과 관련해서도 부정적인 언론 기사를 많이 접할 수 있다. 정확한 조사를 위해 뉴잉글랜드 의학 저널New England Journal of Medicine에서 심각한 부작용으로 스타틴 치료를 중단한 경험이 있는 참가자들을 모집했다. 시험 기간 동안 참가자들은 스타틴과 비활성 설탕 알약을 한 달 주기로 번갈아가며 복용했다. 놀랍게도 설탕 알약을 복용할 때조차 거의 모든 참가자들이 처음에 스타틴 치료를 중단하게 했던 것과 같은 정도의 심각한 부작용을 경험했다고 보고했다.[21] 확실히 스타틴에도 부작용은 있다. 그러나 어떤 약에 해로운 부작용이 있다는 강한 믿음은 그 약이 없을 때조차 노시보 효과를 통해 뇌에 의해 부작용이 재현될 가능성이 크다. 이러한 통찰 덕분에 부작용에 대한 우려로 스타틴을 중단했던 환자들의 상당수가 실험 참여 이후에 스타틴을 기꺼이 재복용하기 시작했다.

비슷하게 스마트폰을 계속 스크롤하면서도 그러한 행동이 우리에게 해로운 영향을 미칠 것이라고 끊임없이 두려워하는 것은 우리의 편도체를 활성화하여 결과적으로 자기 충족적 예언self-fulfilling prophecy이 된다. 우리는 불안과 두려움이 스마트폰 사용 자체의 결과가 아니라, 걱정과 죄책감에 사로잡혀 있기 때문이라는 사실을 깨닫지 못한다. 소위 '유해한' 스마트폰의 사용 방법을 우리가 통제할 수 없다는 것에 대한 이러한 수치심은 우리의 정신 건강에 직접적인 영향을 미칠 수 있다. 즉 스마트폰을 더 많이 사용하지 않더라도 스마트폰의 잠재적인 '문제성 사용'에 대해 더 많이 우려하는 참가자일수록, 정신 건강 문제를 나타낼 가능성이 더 크다는 것을 보여주었다. 심지어 연구진들의 주장에 따르면, 사람들이 전반적인 스마트폰 사용을 줄이는 것보다 기술 사용에 대한 우려를 비롯하여 그들이 가진 생각을 제고하는 것이 정신 건강에 더 도움이 될 가능성이 크다.[22]

정신 건강 문제에 관한 한, 기술과 우리의 관계보다 중요한 유발 요인들이 많이 존재한다. 그리고 나는 정신 건강 문제에 대한 책임을 끊임없이 스마트폰 사용에만 과도하게 돌리는 화법이 점점 불편해졌다. 이러한 유형의 화법은 암암리에 개인을 비난하는 식으로 사용될 수 있다. 그것은 마치 "당신이 스마트폰을 그렇게 많이 사용하지만 않는다면 아무런 문제도 없을 것이다"라고 말하는 것처럼 들린다. 이런 식으로 스마트폰에 집중하는 것은 우리의 정신 건강에 영향을 미칠 수도 있는 더 중요한 문제들을 간과하게 함으로써 해결을 방해한다. 이것이 바로 내가 이 책을 쓰게 된 이유다. 이 책을 통해 분란을 조장하는 수사구들에 똑같이 기름을 붓기보다 우리가 스마트폰과 관련하여 어느 정도 균형을 회복하기를, 그래서 스마트폰과 우리의 관계를 보다 비판적으로 고려할 수 있기를 바란다.

스마트폰 끄기 연습 5회차

정신 건강 챙기기

감정 조절 방법

___

플랜 B를 사용하여 내부 감정 조절을 강화하자.

디지털 감정 조절 관리하기

디지털 감정 조절 중에서도 특정 앱을 둘러싼 문제성 습관들을 줄이기 위해서는 다양한 방법을 동원할 필요가 있다. 감정적 연상 매체들로 인해 같은 앱을 지속적으로 열려 한다면, 다음과 같은 감정 조절 방법을 시도해보자.

➤ '스마일 파일smile file'을 만들자. 언제든 다시 보고 싶은 멋진 사진, 동영상 혹은 인용구들로 이루어진 앨범을 만들어보자. 이외에도 받은 메

시지 중에 좋은 것들이 있다면 캡쳐한 다음 스마일 파일에 저장하자.

- ▸ 친구에게 메시지를 보내자.

- ▸ 메모장에 여러분의 감정을 적어보자.

- ▸ 쉽고 간단한 게임을 해보자.

- ▸ 음악이나 오디오북을 듣자.

- ▸ 무드 트래킹mood-tracking(기분이 어떻게 달라지는지 패턴을 알기 위해 일정 시간 동안 자신의 기분을 기록하는 심리 기법-옮긴이) 앱에 여러분의 느낌을 기록해보자.

- ▸ 명상앱을 이용해보자.

경계 설정하기

- ▸ 뉴스의 위협적인 사건들, 소셜 미디어의 논쟁적인 댓글 혹은 스트레스성 받은편지함에 대한 지속적인 노출로 인해 정신 건강과 수면이 방해받고 있다는 생각이 든다면, 장애물을 삽입하기(빌딩 블록 3)나 장소 활용하기(빌딩 블록 5)를 활용해서 경계를 설정해보자.

- ▸ 경계를 설정할 때는, 긍정적인 언어를 사용하는 것이 경계를 지키는데 유리하다. 한 연구에 따르면 "나는 할 수 없다I can't"라고 말하는 대신에 "나는 하지 않는다I don't"라고 바꿔 말하는 것만으로도 변화를 유지할 가능성이 커진다고 한다.[23] 따라서 "직장 밖에서는 이메일을 확인할 수 없다"라고 말하는 대신에 "가족과 시간을 보내는 중에는 이메

일을 확인하지 않는다"라는 식으로 표현을 바꾸도록 노력해보자.

마지막으로 자기계발서를 읽으며 여러분의 정신 건강을 돌보는 것과 정신 질환을 앓는 것은 다르다는 점을 유의하자. 신체 질환과 마찬가지로, 정신 질환도 전문가의 도움이 필요한 문제다. 그러니 필요하다면 반드시 의료 전문가를 찾아가기 바란다.

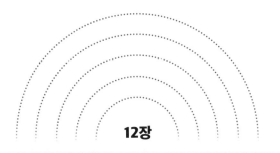

12장

소셜 미디어는 정말 해로울까

소셜 미디어 플랫폼은 우리의 인간관계, 커뮤니케이션, 정보 소비의 구조 자체를 혁명적으로 변화시켰다. 또한 우리에게 공유와 상호작용, 그리고 발견을 위한 전례 없는 기회를 제공해왔다. 그러나 디지털 영역 내에서, 우리는 우리의 인지 과정에 영향을 미치는 독특한 문제들과도 직면하고 있다.

나는 소셜 미디어를 친구들의 근황을 확인하고, 전문적 경험을 공유하는 데 사용한다. 처음 부모가 됐을 때는 육아를 하는 데 유용한 도구로 많은 도움을 받기도 했으니, 확실히 소셜 미디어는 내게 긍정적인 경험을 선사했다. 그럼에도 불구하고 소셜 미디어에는 함정이 존재한다. 여기에는 우리가 소비하는 콘텐츠와 그 콘텐츠가 우리의 자아 인식self-perception에 미치는 영향, 콘텐츠 소비 및 게시물 올리기 모두와 관련된 문제성 습관의 형성을 둘러싼 고심도 포함된다. 실제로 소셜 미디어의 장점과 단점은 우리가 생각하는 것보다 훨씬 다양하다.

게다가 부정적 견해는 사실상 긍정적 측면을 제대로 활용하지 못하게 방해한다. 소셜 미디어를 포기해야만 한다는 것은 우리를 무력화할뿐더러, 본질적으로 비현실적인 주장이다. 이번 장에서는 소셜 미디어와 우리의 두뇌 사이의 복잡한 관계에 대한 통찰과 더불어 균형 잡힌 접근법을 제공하고자 한다. 과학적 지식과 실천적 전략을 결합한다면 끊임없이 변화하는 소셜 미디어라는 바다를 항해하는 데 필요한 기술을 갖출 수 있다. 기술 오용의 반대말은 기술 포기가 아니라, 기술을 현명하게 사용하는 법을 배우는 것이다.

소비하는 콘텐츠의 유형을 파악하라

———

우리의 두뇌는 편견에서 자유롭지 못하다. 두뇌는 우선순위에 따라 정보를 선택적으로 거르고 처리한다. 내가 임신했을 때는 유모차에 아이를 태우고 산책하는 부모들이 갑자기 많아진 것처럼 보였다. 전에는 왜 그들을 알아차리지 못했던 걸까? 당신도 살면서 이와 비슷한 경험을 한 적이 있을 거라고 확신한다. 가장 흔한 예는 새 차를 구입하는 경우다. 내가 산 차와 같은 메이커, 같은 모델이 전보다 갑자기 더 눈에 띄게 된다.

당신이 일상생활을 하는 동안에도 두뇌는 엄청난 양의 정보를 처리하고 있다. 매분 수천 개의 정보가 두뇌에 들어온다. 우리의 눈은 주변에 존재하는 수백 개의 대상을 보며, 우리의 귀는 다양한 소리를 듣는다. 그리고 내부적으로도 우리의 두뇌는 심박 수, 소화, 체온을 비롯한 다양한 신체 기능 정보를 수신한다. 하지만 모든 정보를 의식하지는 못한다. 대부분의 정보가 잠재의식 수준에서 걸러지기 때문에, 우리는 오직 선별된 몇 가지 요소들에만 주의를 집중할 뿐이다.

망상 활성계reticular activating system는 뇌간 기저부에서 이마 뒤쪽의 실행 두뇌에 이르기까지 두뇌 전반을 아우르며 실행되는 고도로 복잡한 연결망으로, 주의력을 조절하여 우리가 중요한 것에 집중하도록 만든다.[1] 예를 들어 시끄럽고 혼잡한 공간에서도 자신의 이름이 불리는 소리를 알아차릴 수 있는 '칵테일파티 효과the cocktail party effect' 현상이 대표적이다. 즉 이 주의력 스포트라이트가 특정 대화를 향해 비춰진다는 것은, 당신의 뇌가 이 주제에 대한 볼륨을 높이는 한편 그와 무관한 주제들은 배경 소음으로 여겨 볼륨을 줄인다는 것을 의미한다.

물론 이 스포트라이트의 방향을 의식적으로 조정할 수는 있다. 하지만 우리의 생각과 감정 같은 내면의 상태도 이러한 주의력 스포트라이트에 잠재의식적으로 영향을 미쳐 주변 환경의 특정 측면에 초점을 맞추도록 할 수 있다. 임신처럼 인생을 바꾸는 경험도 이 스포트라이트의 방향에 영향을 미칠 정도로 우리의 인지 자원에서 중요한 부분을 차지한다. 그러다 보니 우리가 다른 초보 부모들을 알아차릴 가능성도 더 커진다. 감정 두뇌의 활성화 역시 강력한 경보 신호를 발송하여 스포트라이트의 방향을 전환한다. 이것이 바로 우리가 소셜 미디어의 감정적인 콘텐츠에 본능적으로 끌리게 되는 이유이자, 그러한 감정적 게시물들이 가장 많은 반응을 얻게 되는 이유다.

우리의 물리적 환경과 마찬가지로, 디지털 세상도 엄청난 양의 정보를 생산한다. 보통의 소셜 미디어 소비자는 너무 많은 사람을 팔로우하는 탓에 그들의 피드에 올라오는 모든 콘텐츠를 매일 확인할 수조차 없다. 7장에서 논의했듯이, 소셜 미디어 앱들은 현재 이 문제를 해결하기 위해 알고리즘 피드를 배치하고 있다. 우리가 무엇을 봐야 하는지를 결정하는 알고리즘은 중요도에 따라 콘텐츠의 우선순위를 매긴다. 주의력이 유한하다는 사실을 감안해 우리에게 '가장 최근의 것'이 아닌 '가장 좋은' 혹은 '가장 관련성이 높은' 콘텐츠를 보여준다. 하지만 이러한 서열화는 또 다른 중요한 문제를 야기한다. 물리적 세상이 상대적으로 영구적인 데 반해, 알고리즘이 제공하는 피드들은 우리가 무엇에 관심을 가지느냐에 따라 바뀔 수밖에 없다. 알고리즘은 이전에 상호작용한 콘텐츠 정보, 예컨대 좋아요나 댓글 혹은 공유 정보를 활용해 향후에 보여줄 콘텐츠를 결정한다. 즉 당신의 주의력 스포트라이트가 당신이 집중하게 될 콘텐츠를 결정하는 데서 결정적 역할을 한다. 알고리즘은 이 정보를 활용하여 비슷한 콘텐츠에 우선권을 부여할 뿐 아니라, 당신의 관심을 계속해서 사로잡기 위해 결과적으로 강력한 증폭 효과를 발휘하게 된다.

인간 두뇌의 복잡성에 비하면 이 알고리즘들은 단순하다. 알고리즘의 증폭 효과는 무차별적이어서 열정을 부추길 수도 있지만 취약성을 악화할 수도 있다. 우리의 주의력 스포트라이트는 무언가에 흥미를 느낄 때 활성화될 수도 있지만, 무언가에 상처받을 때도 활성화될 수 있기 때문이다. 마구잡이로 투하되는 육아 콘텐츠는 예비 부모에게는 유용할 수 있지만, 유산을 경험했거나 출산 문제를 겪고 있는 사람에게는 유용하지 않을 것이다.

앞 장에서 살펴봤듯이, 정신 건강 질환을 앓고 있거나 과거에 트라우마 병력을 지닌 적이 있다면 감정 두뇌의 활성화 방식이 크게 바뀌었을 공산이 크다. 그런 경우라면 스포트라이트가 기능하는 방식 역시 극적으로 바뀌었을 것이다. 감정 두뇌는 우리의 기억 수신함과 연결되어 있기 때문에, 특정 기억에 중요하다는 표식을 붙임으로써 그 기억을 보다 많이 저장할 가능성이 크다. 우리는 감정적인 콘텐츠를, 긍정적인 경험보다는 부정적인 경험을 더 잘 기억하는,[2] 부정적 편향inherent negative bias이 있다. 하지만 우울증을 앓는 사람이라면 감정 두뇌의 부정적 변이가 보일 가능성이 크며, 그 결과 부정적 자극(특히 개인적 관련성을 지닌)을 기억하려는 성향이 나타나기도 쉽다.[3,4] 마찬가지로 불안도 부정적 편향으로 이어질 수 있지만, 불안의 경우는 명시적으로 위협적인 정보를 향해 드러난다.[5] 물론 디지털 알고리즘이 특정 개인의 개인적인 편향과 정신 건강 상태를 인지할 수는 없다. 하지만 '좋아요'와 댓글 같은 의식적 상호작용뿐 아니라 '좋아요' 버튼을 누르지 않으면서 콘텐츠에 머무는 지속 시간, 스크롤 속도, 특정 게시물이나 페이지에 보낸 시간 같은 무의식적 상호작용도 미래의 콘텐츠를 결정하는 데 활용될지 모른다. 결과적으로 우리의 취약한 정신이 의도치 않게 디지털 세상의 왜곡된 의식에 영향을 받을 수밖에 없게 된다.

즉 두뇌의 작동 방식이 우리의 콘텐츠에 대한 반응 방식을 결정하는 것이다. 소셜 미디어와 관련하여 일반적으로 논의되는 신체 이미지가 적절한 예가 되겠다. 우리는 신체 이미지에 취약한 경향이 있다. 사회적 기대나 매체에서 제시되는 외모에 대한 비현실적인 기준으로 인해 많은 사람들이 불안을 느끼거나 취약해지기 쉽다. 하지만 이러한 근심은 주의력 스포트라이트와 알고리즘 작동 방식이 맞물릴 때 더욱 증폭된다. 자신의 신체 이미지에 대해 왜곡된 인식을 가진 사람일수록 '완벽한 신체'라는 이상화된 이미지에 주의력 스포트라이트를 비추고 이끌릴 가능성이 크며, 그로 인해 비슷한 이미지에 점점 더 빈번하게 노출될 가능성도 커진다. 결과적으로 이는 그들이 접하는 디지털 세상의 잘못된 일방통행식 이미지를 생성하게 되는데, 이 이미지는 또다시 계속해서 그들의 스포트라이트에 영향을 미치게 된다.

연구에 따르면 신체 이미지에 관한 한, 우리에게 가장 큰 영향을 미치는 요인은 플랫폼 사용 시간보다는 콘텐츠의 유형이었다. '이상적'이거나 '완벽한' 신체 이미지로 넘쳐나는 소셜 미디어 피드를 가지는 것과 재미있는 동영상 클립으로 가득한 피드를 보유하는 것 사이에는 뚜렷한 차이가 존재한다. 특히 건강에 해로울 정도의 체중 감량을 미화하는 콘텐츠를 시청하는 것은 유해한 것으로 보고되고 있다. '신스퍼레이션thinspiration(날씬한thin과 영감inspiration의 합성어로 날씬한 몸매를 유지하도록 이용자들을 자극하는 이미지, 경험담, 노하우 등을 이르는 신조어-옮긴이)' 같은 해시태그는 이러한 해로운 유형의 콘텐츠와 직접적인 관련이 있다. 그러나 '운동 자극제 *fitspiration*'와 '마른 몸이 아닌 건강한 몸*strongnotskinny*'처럼 처음에는 깡마른 몸매에 대한 서사에 반대하기 위해 시작된 해시태그들도 식사 제한, 과도한 운동 같은 건강한지 못한 습관을 조장하는 것으로 밝혀졌다. 근육질의 가꿔진 이미지를 강조함에도 불구하고, 이 또한 여전히 이상적인 신체 이미지를 장려하고 있기 때문이다.[6] 또한 연구에 따르면 이미지 편집과 뷰티 필터에 의존하는 행동은 이러한 이미지를 보는 사람뿐 아니라 창작자에게도 신체 이미지 문제를 악화시킬 수 있다고 말한다.[7] 창작자에게 필터링된 이미지를 게시한 후 보상적인 좋아요와 댓글을 받는 행위는 편집이 필수적이라는 잘못된 관념을 강화할 수 있기 때문이다. 또한 두뇌의 신경 적응 시스템이 편집을 표준이 되는 새로운 기준선으로 설정함으로써, 편집되지 않은 자아 이미지를 더 부정적으로 여기도록 만들기 때문이기도 하다.

소셜 미디어와 알고리즘은 우리가 지닌 문제 중 상당수의 원인이라는 비난을 받고 있지만, 두뇌에 영향을 미치기 위해서는 콘텐츠 그 이상의 것이 필요하다. 다시 한번 신체 이미지를 예로 들어보자. 이상화된 아름다움과 신체 기준은 소셜 미디어가 탄생하기 이전부터 유행하고 있었고, 전통적인 미디어와 우리 주변 사람들에 의해 오랫동안 선전되어 왔다. 따라서 우리가 주변에서 이 비현실적인 기준과 이미지를 본다면, 실제로 우리가 목격하고 있는 것은 소셜 미디어에 투영된 사회의 모습과 다르지 않다. 디지털을 통해 변형된 비현실적으로 완벽한 이미지를 잡지 표지에서 보고 성장하면서 그러한 미적 기준을 내면화한 사람들이 그 도달할 수 없는 이미지를 모방하는 콘텐츠를 계속해서 게시하는 것은 결코 놀라운 일이 아니다.

지금까지 소셜 미디어의 유해한 측면을 보여주는 전형적인 예를 들긴 했지만 새로운 유형의 콘텐츠가 협소한 신체적 이상 그 너머를 탐색하는 데 도움이 된다는 점에서, 소셜 미디어에는 분명 '좋은' 측면도 있다. 소수의 전통적인 미디어 게이트키퍼gatekeeper(정보가 대중에게 전달되는 과정에서 정보 유통 경로의 여러 관문을 관리하는 역할을 담당하는 매체 혹은 조직-옮긴이)의 역할을 넘어서, 많은 소셜 미디어 종사자들은 도달 불가능한 이상에 맞서 싸우며 신체 수용과 다양성을 장려하기 시작했다. 한 조사에 따르면 이러한 유형의 게시물과 이미지는 그것을 보는 사람들에게 긍정적인 영향을 미쳐, 그들의 신체 만족도를 높이는 것으로 나타난다. 편집된 이미지와 편집되지 않은 이미지를 직접 비교함으로써 디지털 툴과 필터, 전략적 위치 선정으로 사진이 어떤 식으로 변형될 수 있는지를 보여주는 콘텐츠는 디지털 문해력digital literacy(디지털 플랫폼상에서 올바른 정보를 찾아 비판적으로 평가하고 조합하는 능력-옮긴이)과 인식 향상 측면에서 도움이 된다.[8,9] 이러한 유형의 콘텐츠가 지닌 대중적 성격은 신체적 이상을 둘러싼 담론을 변화시키는 데 결정적 역할을 하고 있다. 물론 어쩌면 당신은 그러한 콘텐츠가 잡지 표지에서 발견되는 이미지의 다양성을 확장하는 데 불과하기 때문에 여전히 전통적인 미디어에 도움이 될 뿐이라고 주장할지도 모른다.

신체 이미지는 소셜 미디어와 관련하여 흔하게 논의되는 하나의 사례이자 수많은 쟁점 중 하나일 뿐이다. 이 수많은 쟁점들을 관통하는 하나의 공통된 주제가 존재하는데, 소셜 미디어 콘텐츠와 알고리즘은 뿌리 깊은 개인적 혹은 사회적 쟁점들을 반영하고 증폭한다는 것이다. 하지만 동시에 같은 쟁점을 두고 더 나은 쪽으로 변화시키고자 하는 행동주의를 표방하기도 한다.

소셜 미디어 알고리즘은 양극화된 관점을 증폭하고 강화하여, 소위 반향실 효과echo chambers(뉴스 미디어나 소셜 미디어의 정보를 이용하는 사용자가 갖고 있던 기존의 신념이 닫힌 체계로 구성된 커뮤니케이션에 의해 증폭 및 강화되어 같은 입장을 지닌 정보만 지속적으로 되풀이하여 수용하는 현상-옮긴이)를 창출하는 식으로 우리의 디지털 세계를 바꾼다고 비난받았다. 하지만 이 현상이 발생한다고 하더라도 그것에 직접적인 영향을 받는 사람들의 수는 부풀려진 경우가 많다. 이 현상은 알고리즘이 제공하는 콘텐츠의 개인화에서 비롯되기도 하지만 우리 자신의 뿌리 깊은 확증 편향confirmation bias에서 비롯되기도 한다. 즉 우리는 우리의 기존 신념과 일치하는 정보들만을 선택하고, 그럼으로써 그 관점을 되풀이하는 경향이 있다. 그러나 공교롭게도 우리는 다양한 부류의 정보들이 범람하는 디지털 풍요의 시대에 살고 있다. 이는 2000명의 영국 성인을 대상으로 그들의 정치 뉴스 소비 방식을 탐구한 연구를 통해서도 드러났다. 연구에 따르면 대부분의 사람들은 반향실에 갇히기보다는 놀랄 정도로 다양한 디지털 정보 식습관을 가지고 있었다.[10] 소셜 미디어는 그 광범위함에도 불구하고 많은 사용자들이 플랫폼에서 빈번하게 전파되는 오보를 민감하게 인식하는 탓에 종종 신뢰성이 떨어지는 뉴스 출처로 여겨진다. 그 결과 사람들은 소셜 미디어가 아닌 다수의 출처에 의지하여 사실 확인을 하는 등 자신의 미디어 소비 습관을 다변화하는 경향이 있다. 조사 대상 중 오직 8프로만이 다양성이 떨어지는 정보 식습관을 가지고 있어 반향실 효과에 잠재적으로 취약할 것으로 여겨졌다. 달리 말해, 소셜 미디어는 우리의 견해에 영향을 미칠 수는 있지만, 세상에 대한 우리의 이해를 형성하는 훨씬 더 광범위하고 다양한 미디어 퍼즐의 그저 한 조각에 불과하다는 것이다.

우리가 소셜 미디어를 주로 부정적으로 인식하는 이유는 대부분 두뇌가 기능하는 방식에서 비롯된다. 앞에서 논의했듯이 우리에게 선천적인 부정적 기억 편향이 있다는 말은, 불행한 경험을 기억하고 끊임없이 그 기억에 사로잡히는 경향이 있다는 것을 의미한다. 이는 그러한 사건을 되풀이하지 않도록 방지하고 교훈을 얻도록 설계된 일종의 본질적인 안전망에 가깝다. 운전하면서 겪게 되는 경험들을 예로 들어보자. 우리는 '위기일발의 아슬아슬했던 상황'을 잊지 못한다. 하지만 같은 경로임에도 사고 없이 무수히 운전하고 다녔던 모든 순간들을 똑같이 강렬하게 기억하지는 않다. 아니 어쩌면 아예 기억하지 못할 수도 있다. 이러한 편향은 소셜 미디어에서의 상호작용에도 적용된다. 이따금 소셜 미디어 플랫폼들은 적의와 분노의 온상이라는 오명을 받고 있기도 하지만, 이는 우리의 두뇌가 그러한 사건들을 기억해야 할 중요한 일들로 여기기 때문일 수도 있다. 그러나 이 디지털 공간에는 유용하면서도 다정한 사례들 또한 존재한다. 비록 단 하나의 부정적인 댓글이 수많은 긍정적인 댓글들을 압도할 만큼 존재감을 발휘할 수도 있다. 개중에는 부정적인 생각에 사로잡히는 경향이 더 큰 사람들도 있으며, 저전력 모드로 이러한 성향이 악화될 수도 있다. 애석하게도 이런 순간이야말로 일반적으로 소셜 미디어에 가장 많이 끌리는 때이자, 소셜 미디어를 대처 메커니즘으로 가장 빈번하게 이용하는 때이기도 하다.

만약 지금까지의 논의에 공감한다면, 당신이 노출되는 콘텐츠 유형에 보다 신중할 필요가 있다. 소셜 미디어의 신체 이미지 콘텐츠는 연구자들로부터 상당한 관심을 받았다. 하지만 학업 성취, 직업 열망이나 관계 등 당신이 이미 불안감을 가지고 있을 수도 있는 모든 측면들에도 같은 정도의 관심을 기울여야 한다. 어쩌면 물리적 식이조절을 할 때처럼 디지털 식이조절의 효과를 주의 깊게 고려해야 할지도 모른다. 건강에 해로운 음식의 과도한 소비가 신체 건강에 해로운 영향을 미칠 수 있는 것과 마찬가지로, 당신이 소비하는 콘텐츠도 당신의 주의력 스포트라이트와 소셜 미디어 알고리즘의 상호작용으로 인해 생각, 감정 및 인식에 심각한 영향을 미칠 수 있음을 깨달아야 한다. 메타 인지의 힘을 이용할 수도 있다. 주의력 스포트라이트가 작동하는 방식을 이해하고 당신에게 부정성 편향과 취약성이 존재한다는 점을 인식한다면, 주의력 스포트라이트에 문제가 생기는 경우 이를 개선할 수 있을 것이 때문이다.

소셜 미디어 알고리즘이 기존의 취약성을 증폭시키는 효과가 있다는 사실이 점점 더 널리 알려지고 있다. 그에 따라 특정 유형의 콘텐츠들을 표시하지 않거나 유해하다는 표식을 붙이도록 명시적인 지침을 내리는 등 직접 알고리즘을 맞춤 지정할 수 있는 툴도 개발되었다. 물론 유해하거나 자극적인 콘텐츠를 소셜 미디어 피드에서 제거한다고 해서 모든 잠재적 위험이 제거되지는 않겠지만 완화할 수는 있을 것이다. 마치 안전벨트를 착용한다면 자동차 충돌 사고가 발생했을 때 상해의 위험이 줄어드는 것과 같은 이치다. 개인의 성장을 돕고 다양한 관점을 제시하며 건강한 사고방식을 고무하는 콘텐츠에 참여하겠다는 목표를 세워보자. 그리고 활용 가능한 모든 툴을 이용하여 당신의 소셜 미디어 피드가 그러한 콘텐츠에 맞춰지도록 조정해보자.

남과 비교하지 않으면서 살 수 있을까

―

소셜 미디어가 우리의 자존감에 미치는 영향이 꼭 부정적이기만 한 것은 아니다. 수많은 과학적 연구들을 종합해본 결과, 소셜 미디어와 자존감의 연관성은 무시해도 좋을 정도로 낮거나 아주 적은 음의 상관관계를 보이는 것으로 나타난다.[11,12] 소셜 미디어가 자존감을 변화시키는 방식을 탐구한 연구에 따르면, 참가자들의 88프로가 영향 없다고 보고한 데 반해, 4프로는 긍정적 효과가 8프로는 부정적 효과가 있다고 보고했다.[13] 소셜 미디어는 종종 그 부정적 측면으로 인해 비판받지만, 보편적으로 부정적인 영향을 미친다기보다는 특정 취약성을 가진 개인들에게 표적화된 영향력을 행사하는 경향이 있다.

이 패턴은 우리가 정신 건강과 관련하여 관찰한 바를 그대로 반영하는 한편, "왜 어떤 개인이 다른 개인보다 더 많은 영향을 받게 되는가"라는 의문을 제기한다. 부분적이긴 하지만 우리 자신을 주변의 다른 사람들과 비교하는 우리의 타고난 성향에서 답을 찾을 수 있을 것이다. 이따금 우리는 소셜 미디어 상의 다른 사람들과 우리 자신을 비교하는 일을 자제하라는 조언을 듣는다. 사람들에게는 자신의 삶을 큐레이팅해서 보여주려는 경향이 있기 때문이다. 이러한 조언은 분명 좋은 의도를 가지고 있지만 그럼에도 지나치게 현상을 단순화하는 경향이 있다. 비교라는 보편적 행동을 통해 우리는 우리가 사회에서 어디쯤 위치하는지, 다른 사람과 어떤 식으로 관계를 맺고 있는지를 알게 된다. 그러므로 비교를 완전히 제거한다는 것은 비현실적이다. 우리 모두는 성취와 자질이라는 측면에서 다른 성향을 타고났기 때문이다.

비교 행동을 유독 많이 하는 사람들도 있다. 스스로가 보다 빈번하게 비교 행동을 하는 유형의 사람인지 아닌지는 아마도 본능적으로 알 것이다. 이러한 특성은 '높은 비교 지향'으로 알려져 있다. 비교는 본질적으로 나쁘다기보다 복잡한 영향을 미친다. 예를 들어 우리 자신을 비슷한 환경의 다른 사람들과 비교하는 것은 경험을 표준화하는 동시에 유대감을 제공할 수 있다. 측면 비교*lateral comparison*라는 이러한 비교는 살면서 비슷한 사건들을 헤쳐 나가거나 같은 어려움들에 직면한 개인들 사이에 연대감과 상호 지지를 형성한다는 점에서 분명 도움이 된다. 이와 같은 질병이 있는 내 환자들 중 많은 이들이 소셜 미디어 플랫폼과 비교 경험을 통해 같은 상황에 처한 다른 이들과 연결됨으로써 위안과 위로를 발견했을 뿐 아니라 귀중한 통찰과 실질적인 도움을 받았다.

이따금 우리는 성취도, 개인적 자질, 사회적 지위의 측면에서 자신을 다른 사람과 비교 평가한다. 우리가 우월하다고 여기는 사람들과 우리 자신을 비교하는 '상향 비교upward comparison'는 2가지 독특한 반응을 이끌어낼 수 있다. 누군가에겐 질투와 부당한 느낌 같은 부정적 감정을 촉발하여 자기 회의감을 들게 할 수도 있지만 다른 누구가에겐 건설적인 도구 역할을 할 수 있다. 다른 사람들을 관찰하는 것은 자신의 강점을 객관적으로 식별하고, 개선할 영역을 정확히 짚어내며, 개인적 성장을 고무하는 데 도움이 될 수 있다.[14] 늘 그렇듯 구체적인 영향은 개인의 기질과 취약성에 따라 다르다. 예를 들어 우울증을 경험하는 사람들은 기억 편향과 부정적인 자기 인식으로 인해 상향 비교의 역효과가 더 나타나기 쉬울 뿐 아니라, 잠재적으로도 낮은 자존감을 더 낮추고 부정적인 자기 신념을 강화하기 십상이다. 신체 이미지에 관한 한, 부정적인 외모 비교의 빈도가 높은 사람일수록 자신의 외모에 대한 불만족도 높은 것으로 나타났다.[15]

비교 스펙트럼의 정반대 쪽에는 '하향 비교'가 있다. 이는 우리가 열등하다고 여기는 사람들과 자신을 비교하는 경우를 가리킨다. 하향 비교는 처음에는 유익한 것처럼 보일지도 모른다. 자신의 우월성에 대한 인식을 강조함으로써 일시적이지만 자존감을 끌어올릴 수 있기 때문이다. 하지만 여기에는 일련의 고유한 문제들이 따른다. 우선 일반적으로 외부 요인에 기반한 자존감은 우리가 만나는 사람과 콘텐츠에 따라 달라지기 때문에 본질적으로 불안정하다. 나아가 하향 비교를 통해 안도하려는 습관은 자아 가치감을 약화시키고 자족감을 키워 잠재적으로는 개인의 성장을 저해할 수 있다. 또한 우리가 지닌 잠재력을 최대한으로 끌어올리기 위해 노력하기보다, 우월감을 확립하기 위해 다른 사람의 결점을 찾는 일에 안주하려 할 수도 있다. 그렇다면 이러한 습관이 우리가 다른 사람을 바라보거나 대우하는 방식에 영향을 미쳐 사회적 상호작용에 부정적인 결과를 초래하지는 않는지 점검해봐야 할 수도 있다.

비교라는 습관을 완전히 없애기보다는, 이러한 평가가 당신에게 어떠한 영향을 미치는지, 특히 자신의 비교 성향이 어떠한지를 충분히 이해할 필요가 있다. 소셜 미디어는 전통적인 미디어보다 더 거리낌이 없고 노골적인 것처럼 보일지도 모른다. 그리고 어떤 점에서는 그렇기도 하다. 하지만 우리가 소셜 미디어에서 잠깐 보는 모습들은 누군가의 생활에서 최고의 순간을 포착한 것이자, 남들이 가장 부러워할 만한 것들을 보여주기 위해 어느 정도는 큐레이팅을 거친 것들이다. 즉 우리는 타인이 공유하기로 선택한 것만을 볼 수 있기 때문에 이 결과물들은 객관적 비교 대상이 아니다. 이는 일반적인 삶에도 적용되는 원리다. 우리가 감정적으로 갈등을 빚거나 저전력 모드일 때 특히 자주 스크롤하며, 그럼으로써 우리가 보는 콘텐츠는 자연히 실제 감정보다 우위를 점하게 된다. 그럴 때면 우리의 두뇌는 소셜 미디어에 몰두하여 오프라인에서 몸소 경험하는 진정한 기쁨과 참여의 순간들을 간과하는 경향이 있다.

복잡한 사회적 비교 환경을 제대로 헤쳐 나가기 위해서는, 균형 잡힌 디지털 습관을 기르고 앞에서 제시했던 다양한 감정 조절 방법들을 활용하는 것이 반드시 필요하다. 유용한 전략은 이롭지 못한 상향 혹은 하향 비교를 측면 비교로 전환하는 것이다. 만약 당신이 누군지도 모르는 사람들을 대상으로 해로운 비교를 하고 있다면, 서로의 공통점을 발견하기 위해 노력해보자. 부정적인 상향 비교를 통해 다른 사람의 성공이 부당하다는 느낌이 촉발되는 경우라면, 자기 개선의 기회로 재구성할 수 있다. 이러한 사례들을 당신의 개인적 성장을 위한 디딤돌로 이용하자. 또한 감정 두뇌가 활성화되는 순간 실행 두뇌의 관심이 유발된다는 점을 되새겨 분석적인 접근 방법을 써보자. 다른 사람에게 집중하는 대신에, 비교를 통해 드러나는 당신의 욕망이나 가치, 혹은 열망이 무엇인지를 판별해보자. 비교로 인해 어떤 불안감이 증폭되는가? 비교가 당신의 개인적 목표와 어떤 식으로 조화를 이룰 수 있는가? 중요한 것은 간혹 어떤 사람들에게는 이러한 형태의 자아 성찰 탐색 과정이 보다 중요한 도전 과제가 되기도 하며, 이러한 과정에는 종종 지속적인 노력과 실천이 필요하다는 사실을 이해하는 것이다.

감정 조절 능력이 줄어들고 내면에서 부정적인 서사가 일어날 위험이 높은 저전력 모드일 때는, 이러한 자아 성찰 과정을 실행하기가 더욱 어려워진다. 만약 당신이 '혐오 팔로잉' 활동을 반복적으로 하거나 부정적인 감정을 불러일으키는 콘텐츠나 프로필을 습관적으로 본다면, 이를 위험을 예고하는 적신호로 간주해야 한다. 그럴 때는 이러한 습관들을 긍정적인 생각을 고무하는 사람들이나,

학습을 비롯한 자기계발, 진정한 즐거움으로 대체해보자. 궁극적인 목표는 디지털 환경이 당신 개인의 성장을 저해히는 깃이 아니라 뒷받침해야 한다는 것이다. 우리가 참여하는 콘텐츠와 우리의 상호작용 방식들이 시냅스 가소성synaptic plasticity으로 인해 두뇌에 실질적인 변화를 가져올 수 있다는 점을 늘 명심해야 한다. 그러니 두뇌를 VIP 영역으로 간주해서, 콘텐츠를 선택하거나 사람들을 대할 때 분별력을 발휘하도록 노력해보자.

이러한 비교가 비단 소셜 미디어에서만 일어나는 것은 아니다. 비교는 온라인 영역뿐 아니라 우리 주변의 사람들과 어울리는 오프라인 상호작용에서도 발생한다. 많은 사람이 가까운 주변 사람들과 자기 자신을 비교하며, 이러한 오프라인상의 비교는 온라인상의 비교에 비해 보다 지속적이고 잠재적으로 더 많은 영향을 미친다. 어떤 경우든 균형 잡히고 건강한 자존감 접근법을 길러서, 다른 사람과의 상향 혹은 하향 비교에 영향을 덜 받도록 하는 것이 중요하다. 디지털 세계와 현실 세계 모두에서 개인적 성장을 고무하고 보다 안정적인 자아 존중감을 제공하기 위해서라도, 우리는 두뇌가 지닌 본질적 특성과 우리 자신의 개인적 가치들을 이해하는 데 집중해야 한다.

소셜 미디어도 결국은 습관이다

———

소셜 미디어가 정말로 나쁘다면, 그만두는 것이 좋을 것이다. 하지만 이러한 결론을 뒷받침할 만한 과학적 증거는 존재하지 않는다. 2021년에 한 연구는 130명의 대학생을 5개의 상이한 조건에 무작위적으로 배정했다. 즉 학생들은 연구 조건에 따라 소셜 미디어 사용에 아무런 변화가 없거나 1주에서 4주 동안 기존에 사용하던 소셜 미디어 플랫폼을 끊거나 했다. 연구 결과에 따르면, 소셜 미디어에 계속 접속한 학생들과 상이한 기간 동안 소셜 미디어를 끊었던 학생들 사이에는 행복도 면에서 어떠한 차이도 나타나지 않았다.[16] 이 분야에서 수행된 모든 연구를 종합해볼 때, 소셜 미디어 중단에 따른 전반적인 명확한 이점은 없었다.[17] 일부 연구에 따르면 오히려 소셜 미디어 사용을 완전히 그만둔 경우에 삶의 만족도가 감소하고, 기분이 가라앉으며, 외로움이 증가하는 등의 부정적인 효과가 나타났다.[18]

그렇다고 해서 이 분야의 모든 연구가 같은 결과를 보여주는 건 아니다. 인용 빈도가 높은 한 연구에 따르면, 페이스북을 4주 동안 비활성화했더니 사용자에게 유익한 효과가 나타났다.[19] 하지만 해당 연구가 2018년 미국 중간선거 동안 수행되었다는 사실을 알고 나면 이 결과만을 있는 그대로 받아들이긴 어려울 것이다. 당시의 정치적으로 긴장된 분위기 탓에 사용자들 사이에서 디지털 스트레스의 양이 늘어나 결과의 균형이 바뀌었으며, 결과적으로 다른 때와 달리 페이스북에 접속하지 않은 사람들이 더 많은 이점을 누렸을 확률이 높다. 이는 소셜 미디어가 개인에게 미치는 영향을 우리가 살아가는 보다 광범위한 맥락으로부터 분리하는 일이 얼마나 어려운지를 보여주는 동시에, 모두에게 적용할 수 있는 포괄적인 규칙을 만들어내는 것이 불가능함을 단적으로 보여주는 놀라운 사례다.

모든 개인은 저마다 독특한 두뇌를 가지고 있으며, 그들 각각이 처한 상황 또한 복잡하다. 누군가는 소셜 미디어를 피하는 것이 가치 있다고 여길 수도 있다. 그러나 당신이 원하지 않는데도 소셜 미디어 사용을 완전히 그만두라고 권할 수 있는 과학적 증거란 존재하지 않는다. 즉 소셜 미디어를 계속 사용하고 싶다면, 소셜 미디어와 가능한 한 건강한 관계를 유지하도록 의도적이고 주의 깊은 균형을 유지해야 한다. 많은 연구에 따르면, 소셜 미디어 사용을 성공적으로 조절하는 사람들은 부정적인 영향을 피할 수 있는 것으로 나타났다.[20] 조력적인 습관을 형성하는 것이야말로 소셜 미디어 사용을 조절할 수 있는 유용한 도구를 갖추는 방법이자, 소셜 미디어를 통한 사회적 연결이 주는 온갖 이점을 우리가 누릴 수 있는 핵심적인 방법이다. 습관에 대한 통제력이 부족하다는 것은 지속적인 스마트폰 확인이 우리의 목표와 충돌하기 시작하고, 그럼으로써 다른 유익한 활동을 대체할 가능성이 커지며, 결과적으로 부정적인 영향을 미치게 된다는 의미다. 하지만 소셜 미디어에서 벗어나 오프라인에서 시간을 보낸다고 해서 당신이 건강한 디지털 습관을 구축하는 데 반드시 도움이 되는 것은 아니라는 점을 명심하

자. 이는 휴식을 취한 후에 다시 너무도 쉽게 이전의 스마트폰 사용 패턴으로 빠져드는 것만 봐도 알 수 있다. 최적의 접근법은 소셜 미디어를 계속 사용하는 한편으로, 그동안 '디지털 디톡스'에 사용된 에너지의 방향을 건강한 습관을 구축하고 유지하는 쪽으로 전환하는 것이다.

한계를 설정하는 것은 보다 건설적인 스마트폰 사용을 위한 좋은 방법이다. 하지만 우리가 소셜 미디어에 사용하는 시간을 단순히 제한하겠다는 자동 반사적인 반응은 피해야 한다. 이는 간단한 해결책처럼 보일지도 모르지만 비록 사용 시간이 더 짧아졌다 치더라도 더 빈번하게 소셜 미디어를 확인하게 만듦으로써 동일한 파괴적 습관을 영속화할 수 있다. 일반적으로 더 짧고 더 빈번한 확인이 더 길지만 덜 빈번한 확인보다 방해 가능성이 훨씬 크다. 짧은 확인은 정말로 소소한 행동이며, 그런 점에서 의도적인 행동보다는 자동적인 습관이 될 가능성이 훨씬 더 크다. 지속 시간이 줄었음에도 불구하고 이러한 습관은 집중력을 계속해서 흩뜨리고 일상 활동을 지속적으로 중단시키기 때문에 소셜 미디어에서 장시간을 보내는 것만큼이나 해로울 수 있다. 이 자동화된 확인에 대한 통제력이 부족할 때, 소셜 미디어는 즐거움의 원천에서 좌절의 원천으로 바뀔 수 있다.

보다 효과적인 방법은 하루에 정해진 횟수만큼 소셜 미디어를 확인하도록 사전 약속하는 것이다. 이 방법에 대해서는 앞 장의 사전 약속(빌딩 블록 4) 부분에서 이미 논의한 바 있지만, 여기에서는 좀 더 확장해보고자 한다. 소셜 미디어 사용을 조절하는 데 가장 효과가 큰 방법이기 때문이다. 목표는 짧은 소셜 미디어 확인들을 한데 통합해서 보다 긴 확인으로 민드는 것이다. 그렇게 하면 소셜 미디어 사용과 사용 사이에 소셜 미디어를 사용하지 않는 시간을 길게 연장할 수 있다. 기존의 정확한 확인 횟수는 사람마다 필요와 선호에 따라 다를 것이다. 80/20 규칙(빌딩 블록 7)을 적용할 수도 있다. 소셜 미디어로부터 얻는 이점의 대부분은 확인을 시작한 첫 20분 안에 얻어지며, 그 이후로는 이득이 줄어든다는 그 규칙 말이다. 나는 개인적으로 하루에 최대 두 번까지만 인스타그램을 확인하고 수동으로 로그인하는데, 이 효과적인 장애물 덕분에 나는 소셜 미디어 사용을 더욱 체계화할 수 있다. 예전에는 시범적으로 한 달 동안 하루에 한 번씩만 인스타그램을 확인해본 적도 있었는데, 이내 두 번의 확인이 제공하는 추가적인 유연성이 더 도움이 된다는 사실을 발견했다. 야심 찬 횟수가 중요한 것이 아니다. 핵심은 당신이 계속할 수 있으면서도 당신이 필요한 것을 충분히 얻을 수 있는 한정된 확인 횟수를 설정하는 것이다.

이 접근방식의 핵심은 당신이 소셜 미디어에 사용하는 시간의 양을 제한하지 않는다는 것이다. 예를 들어 일단 인스타그램 앱을 열면, 원하는 만큼 자유롭게 시간을 보낼 수 있기 때문에 그다지 크게 제약적이라는 느낌을 받지 않을 수 있다. 그렇게 시간이 지나고 이와 같은 행동을 반복하다 보면, 우리의 두뇌는 새로운 패턴을 부호화하게 되고 그에 따라 소셜 미디어와 연관된 내부·외부의 연상 매체들의 수가 줄어들게 된다. 그러면 더 이상 소셜 미디어 확인이 자주 찾는 탓에 자기 방해를 일으키던 행동이 되지 않는다. 이제 소셜 미디어를 사용하는 것은 통제할 수 없어서 끊임없이 좌절감을 불러일으키는 존재나 행동이 아니라, 마치 양치질처럼 일상적으로 하는 다른 많은 유한한 일과 같은 것이 되어 버린다. 업무상 규칙적인 소셜 미디어 접속이 필요한 경우라 할지라도, 이메일을 일괄 확인하는 것과 유사하게 다른 일들을 침해하지 않는 고유한 확인 및 게시 패턴을 개발할 수도 있다.

이 방법이 매우 효과적인 이유는 확인 횟수를 제한함으로써 자동적이고 습관적인 행동을 할 가능성이 줄어들기 때문이다. 즉 미리 계획해서 의도적으로 소셜 미디어를 사용할 가능성이 커진다. 어쨌거나 확인 횟수를 제한하는 경우라면, 그중 영양가 없는 콘텐츠에 시간을 낭비하고 싶지는 않을 것이다. 또한 소셜 미디어를 이런 식으로 사용하면 소셜 미디어를 실제로 더 즐거운 것으로 만들 수 있다. 앞에서 논의했듯이 미디어에서 그려낸 방식과는 다르게 도파민은 우리가 무언가를 기대할 때 방출된다. 소셜 미디어를 확인하고 싶을 때마다 그 충동에 따라 행동한다면, 우리에게 기대를 할 시간적 여유는 존재하지 않는다. 매일 정해진 횟수만 확인하도록 스스로에게 제한을 건다면, 그래서 끊임없이 피드를 새로고침하는 행동을 자제한다면, 소셜 미디어를 따라잡는 데 따른 기대와 흥분을 불러일으키게 될 것이다. 흥미로운 것은 정반대 결과도 일어날 수 있다는 점이다. 개중에는 일단 그들의 문제성 습관을 해결하고 나면, 자신이 소셜 미디어를 생각했던 것만큼 그렇게 즐기지 않는다는 사실을 깨닫는 경우도 있을 것이다. 그들은 자동 조종 두뇌 속에 각인된 비조력적 습관의 결과로 이러한 행동에 속박되어 있었을 뿐이다.

당신이 소셜 미디어에서 참여하는 활동은 그곳에서 보낸 시간을 인식하는 방식에 큰 영향을 미친다. 초기의 조사 연구들은 게시, 좋아요와 댓글 같은 적극적인 소셜 미디어 사용이 소극적인 검색보다 유익하다고 제안했다. 하지만 추가적인 연구들은 꼭 그렇지만도 않다는 사실을 발견했다.[21] 결론적으로 적극적이든 소극적이든 소셜 미디어에 참여하는 '올바른' 방식이 규정되어 있는 것은 아니다. 핵심은 소셜 미디어 습관이 목표에 부합하는지, 그리고 알고리즘이 상호작용을 지침 삼아 그것과 더 비슷한 콘텐츠를 보여주려 한다는 것을 인식하고 있는지다. 어떤 의미 있는 활동 없이 그저 최근 뉴스를 훑어보기만 하는 것은 가치 없는 일이다. 그렇다고 게시물에 좋아요나 댓글을 반드시 적극적으로 달아야 한다는 의미는 아니다. 대신에 어떤 활동이든 충분히 몰입하려고 노력할 필요가 있다. 충분히 긴 시간 동안 휴식을 취한 다음 교육적이건 오락용이건 콘텐츠에 진심으로 몰입한다면, 소셜 미디어 경험의 질을 향상시켜 그곳에서 보낸 시간을 더욱 가치 있게 느낄 수 있다.

디지털 세상에는 우리가 합리적으로 소비하는 것이 불가능할 정도로 많은 정보가 넘쳐난다. 따라서 온라인 활동에 참여하는 동안 우리의 목적이 무엇인지를 염두에 두는 것이 무엇보다 중요하다. 만약 소셜 미디어에서 시간을 보낼 계획이라면, 당신의 피드가 가능한 이러한 목적을 반영하도록 구성하자. 예를 들어 나는 예비 부모 시절, 프로필상에서 부모 역할의 다양한 측면들을 논의하는 것으로 보였던 사람들을 팔로우하여 광범위한 설명을 제공받는 한편으로, 개인적으로 도움이 될 법한 콘텐츠를 선별적으로 선택함으로써 부모 되기를 위한 마음의 준비를 더 잘 할 수 있었다. 특정 기술을 배워보고 싶다면, 소셜 미디어가 제공하는 노련한 전문가부터 열성적인 초보자들에 이르기까지 다양한 스펙트럼의 지식과 통찰을 얻을 수 있다. 엄청나게 많은 전문가들이 소셜 미디어를 사용하고 있기 때문에 번지수만 잘 찾는다면 다양한 주제와 관련된 전문적 지식을 발견하기란 쉬운 일이다. 생산적인 것만이 가치 있는 것은 아니다. 즐기거나 영감을 찾는 일도 충분히 좋으며, 내 피드 역시 상당 부분 그러한 것들로 채워져 있다. 중요한 것은 명확한 목적을 가지고 시간을 소비해야 할 뿐 아니라, 그 목적에 부합하는 조력적 습관을 구축하도록 노력해야 한다는 것이다.

나만의 보상 체계를 구축하라

우리에게는 소셜 미디어를 확인하는 방식이나 콘텐츠와 관련된 습관뿐 아니라, 우리 나름의 디지털 기부방식이나 상호작용을 둘러싼 행동들이 이미 형성되어 있다. 소셜 미디어에서는 뜻밖의 댓글이나 메시지, 갑작스럽게 밀려드는 좋아요, 새로운 사진들의 업로드 등 참신하고 예상치 못한 보상을 얻을 수 있기 때문에 흥미진진하다. 넓게 본다면 소셜 미디어에는 2가지 유형의 보상이 존재한다. 내부 보상은 심리적 욕구를 충족시킬 수 있는 보상으로, 개인이 지닌 저마다의 우선순위에서 기인한다. 반면 외부 보상은 타인과 사회에 의해 가치와 혜택이 매겨진다. 소셜 미디어 사용은 창조성, 자기표현, 유대감을 창출함으로써 우리에게 내부 보상을 줄 수 있다. 하지만 동시에 사회적 인정이나 심지어 금전적 이득 같은 외부 보상을 제공함으로써 우리에게 큰 영향을 미칠 수도 있다.

외부 보상이 본질적으로 나쁜 것은 아니지만 과도하게 의존하는 것은 좋지 않다. 디지털 인정 지표digital validation metric에 대한 과도한 의존이 소셜 미디어의 예측 불가능성과 결합하는 경우 끊임없는 새로고침 같은 문제성 습관 형성을 조장할 수 있다. 우리가 무언가를 게시하고 나서 새로운 알림이 생겼을지도 모른다는 바람으로 앱이나 피드를 여러 차례 새로고침할 때 나타나곤 하는 현상이 여기에 해당된다. 이러한 현상이 발생하는 이유는 외부 보상을 얻을 수 있을지도 모른다는 가능성으로 인해 기대 도파민이 게시물을 올리기 전부터 상승하기 때문이다. 이럴 때일수록 좋아요 수나 팔로워, 혹은 조회 수 같은 여러 지표들이 기대보다 낮을 경우, 실망감이 생겨나며 도파민 수치가 급락하면서 혹시 실수를 하지는 않았는지를 고민하게 된다. 그러면서 재차 확인하기 위해 앱을 새로고침하고, 그러고도 다시 한번 확인해본다. 마치 농구공을 던지는 것처럼 두뇌는 기대했던 보상을 받으면서 깔끔하게 마무리할 수 있을 때까지 계속해서 시도하기를 원한다.

애석하게도 디지털 지표라는 외부 보상들은 믿을 수 없기로 악명 높다. 일단 습관이 형성되면, 누군가는 게시물을 올릴 때마다 그저 새로고침을 하느라고 상당한 시간을 허비하게 될지도 모르며, 그러다 보면 보상을 받기는커녕 실망감만 커지게 된다. 또한 어쩌면 당신은 앱의 여러 다른 기능들에 접근하는 대신, 수많은 온라인 평가 지표들을 모니터링하는 데 불균형적일 정도로 많은 시간을 쓰는 습관을 가지고 있을 수도 있다. 이는 한 번의 확인으로도 충분하기 때문에 소셜 미디어에서 보낸 시간을 낭비로 느끼게 만들 뿐만 아니라, 방해가 되는 짧은 문제성 확인의 횟수도 늘어나게 한다. 디지털 세상의 이러한 측면에 마음을 빼앗기다 보면 온라인 경계가 증가할 수 있으며, 이는 다시 디지털 스트레스를 부르는 또 다른 원인이 되기도 한다.

이러한 습관으로 곤란을 겪고 있다면, 소셜 미디어 상의 외부 보상이 요행에 기반한 경우가 많아서 일관성이 없을 수 있다는 사실을 인지할 필요가 있다. 대신에 게시물을 올리는 당신 내부의 동기 요인들에 주목하도록 해보자. 한 연구에 따르면 삶의 목적의식이 강한 사람일수록 자존감과 관련하여 소셜 미디어의 좋아요에 의한 영향을 덜 받는 것으로 나타났다.[22] 이는 개인적으로 의미 있는 동기와 목표를 가지는 것이 일종의 보호 요인으로 작용하여, 당신의 전반적인 자아 존중감에 대한 소셜 미디어 인정의 영향을 줄일 수 있음을 의미한다. 또한 자신만의 보상 체계를 계발하여 통제할 수 있는 보상을 제공함으로써, 타인이 제공하는 외부 보상에 대한 의존도를 줄이는 방안도 모색해볼 수 있다. 이러한 보상은 결과보다는 노력에 기초해서 구성해야 한다. 결과에 따른 보상은 예측할 수 없을 뿐 아니라 기대에 미치지 못할 경우 의욕을 잃게 할 수도 있기 때문이다. 이렇게 하기 위해서는 당신이 공유하는 자료에 대해, 그리고 그 자료를 왜 공유해야 하는지에 대해 보다 신중하게 생각해야 한다. 따라서 결과적으로 소셜 미디어에 게시물을 올리는 것과 관련하여 보다 의도적인 습관을 형성할 수 있게 된다.

소셜 미디어가 인간의 상태에 미칠 수 있는 영향과 관련하여 지금까지 우리가 살펴본 것보다 훨씬 더 많은 이야기를 할 수도 있지만, 나는 독자들이 직접 적용할 수 있는 주제들로 압축해서 논의를 진행하기 위해 노력했다. 나는 당신이 디지털의 바다를 능숙하게 항해하며 그 부정적인 영향력을 최소화하도록 다양한 실천적 방안들을 제공하고자 한다. 하지만 내가 개인의 실천 방안에 초점을 맞추었다고 해서 사회나 소셜 미디어 기업에게 책임이 없다는 뜻은 아니다. 안전벨트, 에어백, 제한 속도가 교통안전을 개선해온 것처럼 우리는 디지털 안전을 향상시키기 위해서라도 기술을 계속해서 면밀히 조사할 필요가 있다. 나는 소셜 미디어에도 이에 상응하는 조치가 취해지기를, 예컨대 사람들이 건강한 디지털 습관을 형성하고 디지털 행복을 증진하는 데 도움이 되는 보편적인 도구들이 고안되고 제공되기를 희망한다.

스마트폰 끄기 연습 6회차

슬기로운 소셜 미디어
생활 구축하기

건강한 소셜 미디어 사용을 위한 규칙

———

> ➤ 앱에 소비하는 시간보다 그 앱에서 접하는 콘텐츠가 더 많은 영향을
> 미친다.

> ➤ 주의력 스포트라이트가 기능하는 방식을 고려할 때, 보고 싶다는 충
> 동을 일으키는 대상과 유익한 대상이 항상 일치하는 것은 아니다.

> ➤ 대강 훑어가며 읽거나 무심코 하는 검색은 콘텐츠를 기억하지 못하게
> 할 가능성이 크며, 시간을 제대로 쓰고 있지 못하다는 인상을 남기기
> 쉽다.

> ➤ 소셜 미디어를 사용하는 동안에도 주의가 분산된다면, 저전력 모드에
> 빠져 휴식이 필요한 상태일 수 있다.

> 현재 팔로우하고 있는 사람들로부터 가르침이나 즐거움을 얻을 수 있는지 확인하자.

> 부정적인 영향을 미치는 계정을 삭제하고, 팔로우를 끊고, 음소거를 하는 등 디지털 환경을 정리하자.

> 특정 유형의 콘텐츠를 이용할 때 어떤 느낌이 드는지를 주의 깊게 살펴보자. 보다 객관적인 관점을 가지고 싶다면 가족이나 친구가 그와 동일한 느낌을 가지기를 원하는지를 생각해보자.

> 알고리즘을 맞춤 설정할 수 있도록 좋아요나 댓글은 유용한 콘텐츠에만 달아보자. 또한 규칙적으로 사용하는 소셜 미디어 플랫폼에서 유해한 콘텐츠를 신고하는 방법을 숙지해두자.

> 무심코 하는 검색보다 관심에 기반한 의도적인 검색을 우선시하자.

소셜 미디어 확인 조절하기

———

> 수차례 이루어지는 짧은 확인들을 몇 번의 보다 긴 확인들로 압축하여, 소셜 미디어 확인 횟수를 제한하자.

> 정확한 횟수를 결정하려면, 하루에 소셜 미디어를 얼마나 자주 확인하는지를 생각해보자. 80/20 규칙을 적용해서, 소셜 미디어 확인 횟수를 현재의 1/5로 줄여보자. 이 규칙에 따른다면, 그렇게 횟수를 줄여도 여러분은 소셜 미디어 확인에 따르는 이점을 대부분 누릴 수 있다.

스마트폰 끄기 연습 6회차

> 소셜 미디어 앱들을 스마트폰의 마지막 화면이나 폴더 안에 재배치하는 등 장애물을 삽입하자(빌딩 블록 3). 매번 수동으로 로그아웃하고, 로그인할 때도 패스워드를 입력하게 하자. 더 큰 장애물이 필요하다면 이중인증이 제공하는 일시 정지 방법을 활용하자.

> 사전 약속(빌딩 블록 4)의 일환으로 계획한 확인 횟수에 도달하면 앱을 삭제했다가 다음날 재설치하는 방법을 아용해보자.

> 소셜 미디어 확인을 짧은 산책, 스트레칭, 정원 가꾸기, 낱말 게임, 친구에게 메시지 보내기, 혹은 스마트폰에 저장된 사진 정리로라도 대체해보자(빌딩 블록 9).

(🎯 전략)

외부 인정에 대한 의존도 줄이기

> 외부 인정에 대한 의존도를 줄이려면, 내부 동기를 연마하고 끊임없이 자신에게 다음과 같은 질문을 던져보자. 게시물을 올리려는 구체적인 의도는 무엇인가?

> 소셜 미디어를 사용하는 목적에 대해 숙고해보자. 어떤 스킬을 개선하거나 어떤 새로운 정보를 배우고 있는가?

> 예측 불가능한 뜻밖의 결과가 아니라 일관되고 의도적인 게시물로 보상받는 연습을 해보자.

> 좋아요 수나 댓글을 확인하고 싶은 충동이 들 때, 5분 규칙(빌딩 블록 1)을 적용하자.

> 게시물을 올린 후에는 소셜 미디어에서 로그아웃하고 장애물을 삽입하자. 아울러 새로고침 습관을 버리도록 노력하자(빌딩 블록 2).

> 게시물을 올린 후 간식을 먹는 계획은 대안적일 뿐 아니라 보다 예측 가능한 보상이 될 수 있다. 유혹 묶음(빌딩 블록 10)을 사용하면, 새로운 습관을 강화하는 한편으로 필요한 기분 전환까지 덤으로 얻을 수 있다.

> 사전 약속을 사용하여 바쁜 시간대에 게시물이 게시되도록 예약설정하자. 그렇게 한다면 게시물에 대한 반응을 나중에 확인할 수밖에 없다.

온라인에서 부정성을 대하는 방법

———

> 감정 조절 자원은 유한하다. 그러니 경계를 설정하고, 받아들일 만한 힘이 없다면 지나치게 감정적으로 소모적인 일에는 참여하지 말자.

> 부정적인 댓글에 답하고, 자신을 방어하고 싶은 것은 자연적인 본능이다. 반박하지 않는 것은 곧 옳다는 반증과 같다고 느끼기 때문이다. 부정적인 댓글에 답변하기 전에, 몇 분이라도 좋으니 잠시 두뇌에 생각할 틈을 주자.

> 부정적인 댓글이 여러분의 행동을 바꾸도록 내버려두지 말자. 일반적인 답변으로도 해결할 수 없을 것 같다면 그냥 무시하자.

> 가상 세계의 무언가가 여러분을 괴롭힌다면, 현실 세계에서 그것에
> 관해 반드시 이야기할 수 있어야 한다. 우리의 두뇌는 내부에 저장된
> 생각들을 확대 해석하는 경향이 있다. 따라서 다른 누군가의 관점으
> 로 생각해보는 것만으로도 큰 도움이 된다. 일단 큰소리로 입밖에 털
> 어놓는 순간, 트롤링trolling(누군가를 화나게 할 의도로 인터넷에서 모욕적
> 인 언행을 하는 것-옮긴이) 댓글의 대부분은 우스워지면서 그 힘을 잃게
> 된다.

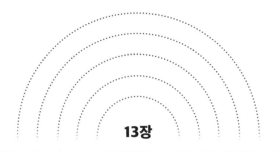

13장
더 나은 미래를 위한 스마트폰 사용법

이 책을 읽으면서 스마트폰이 세간에서 묘사되는 것만큼 그렇게 사악하지 않다는 사실을 깨달았기를 바란다. 더불어 스마트폰 사용이 두뇌에 미치는 영향을 이해하고 나면 많은 함정을 피하는 데 도움이 될 것이다. 아직도 우리 중 많은 이들은 "스마트폰이 우리의 시간을 낭비하고, 우리의 두뇌에 해를 끼쳐, 다음 세대에 여러 가지 문제들을 일으키지는 않을까?" 하는 막연한 걱정과 불안에 시달리고 있다. 비록 어떠한 미래가 펼쳐질지 불확실하긴 하지만 미래에 대한 두려움을 누그러뜨리는 데 도움이 되고 싶다는 바람에서 나는 신경과학에 기반한 통찰과 지식을 공유하는 것으로 이 책을 마무리하고자 한다.

당신만의 디지털 습관을 계발하라

———

타임머신을 만들어 미래로 가지 않고, 우리보다 앞서 살았던 사람들의 지식을 그저 들여다보는 것만으로도, 미래에 대한 통찰을 얻을 수 있다. 나는 이러한 경험을 개인적으로 또 직업적으로 자주 접하고 있는 스스로가 엄청난 행운아라고 생각한다. 할머니의 생생한 증언부터 부모님이 가르쳐주신 삶의 교훈들, 내 환자들이 들려준 이야기들에 이르기까지 한 세기에 걸쳐 변화하는 세상을 통해 다양한 미래의 가능성을 엿볼 수 있었다. 그들의 인생 경험담을 들을 때면 나는 덴마크 철학자 쇠렌 키르케고르Søren Kierkegaard의 다음과 같은 경구가 떠오르곤 한다. "삶을 살기 위해서는 미래로 나아가야 한다. 하지만 삶을 이해하기 위해서는 오직 과거를 돌아보는 수밖에 없다Life has to be lived forwards but can only be understood backwards."

나는 두뇌가 기억을 처리하고 저장하는 방식에 항상 흥미를 느껴왔고, 이러한 관심은 내 과학적 조사 연구에서 최고조에 달했다. 핵심은 두뇌가 서로 다른 유형의 기억을 저장하며, 이 각각의 기억이 경험을 형성하는 데서 독특한 역할을 한다는 것이다. 기억에는 의미 기억semantic memories (혹은 사실 기억factual memories)과 일화 기억episodic memories이 있다. 이중 일화 기억은 특정 사건들에 대한 기억으로, 대부분 고도로 개인적이고 독특하다는 특징을 가지고 있다. 예를 들어 파리가 프랑스의 수도라는 사실을 아는 것은 의미 기억이지만, 파리에서 보낸 즐거웠던 한 주를 회상하는 것은 일화 기억이다.

열심히 일하고 끊임없이 공부하며 메시지에 답변을 보내고 할 일 목록 작성을 완료하며 받은편지함을 0으로 만드는 것은 의미 기억을 구축하는 활동들이다. 이 2가지 유형의 기억 사이에 존재하는 핵심적인 차이는, 일화 기억에는 있는 '언제'라는 시점이 의미 기억에는 없다는 것이다. 당신이 알고 있는 그 많은 정보와 사실들도 어느 시점에 알게 되었는지까지는 기억하지 못할 수 있다. 일화 기억이 부족하면, 삶이 안개에 가린 듯 다소 희미해 보일 수 있다. 일화 기억에는 소중했던 과거의 순간들로 순간 이동시키는 힘이 있어서 기쁨이나 웃음, 삶을 풍요롭고 의미 있게 만든 독특한 순간들을 떠올리게 한다.

우리 대부분은 직장에서의 빡빡한 일과 시간, 시험공부, 심지어 팬데믹 봉쇄 같은 분주한 시간이 얼마나 시간 감각과 기억 능력을 흐릴 수 있는지를 경험한 바 있다. 이는 나 또한 개인적으로 경험해온 현상이기도 하다. 지금의 직업으로 나를 이끌었을 뿐 아니라 이 책 첫 장의 뼈대를 구성하는 데 지대한 공헌을 한 《아내를 모자로 착각한 남자》를 집어 든 그 독특했던 순간을 제외하면, 내게 대학 시절의 나머지는 희미할 뿐이다. 그 시절 내내 대부분 힘든 공부를 하며 셀 수 없이 많은 시간을 보냈고, 내게 풍부한 의미 기억으로 남아 있지만, 특별한 일화 기억은 거의 존재하지 않는다.

도서관에서 보낸 그 긴 시간이나 이 책을 쓰느라 보낸 시간을 내가 후회하는 것은 아니다. 하지만 적어도 기억이라는 문제에 관한 한, 즐거운 순간들을 누리고 열심히 일에 매진하는 것이 균형 있게 조화를 이룰 때 충만한 삶이 가능해진다. 즉 의미 기억과 일화 기억 모두가 풍부하게 뒤섞인 태피스트리를 짜는 것이 중요하다. 자기 통제와 생산성은 매우 탐나는 특징들이긴 하지만, 우리 자신에게 영속적인 일화 기억을 형성할 수 있는 기회를 주어야 한다는 점을 잊지 말아야 한다. 이 기억들이야말로 삶의 서사를 엮어내는 씨실과 날실이자, 그 기억을 회상할 때마다 떠오르는 기쁨의 원천이며, 미래에 다른 이들과 공유하게 될 귀중한 이야깃거리다. 연구들에 따르면 기본적인 욕구가 충족 가능한 상황에서, 행복에 보다 큰 기여를 하는 것은 물질적인 소유가 아니라 경험이다.[1] 이런 맥락에서 일화 기억을 키울 수 있는 기회를 만드는 것이 자신의 가치관 형성에서 중요한 부분을 차지하는 데 반해, 사람들이 가장 간과하는 것 중 하나가 바로 미래 자아를 돌보고 이에 투자하는 일이다.

그렇다면 스마트폰과 기술은 우리의 기억 형성에 어떤 영향을 미치는가? 습관적인 스마트폰 사용은 풍부한 개인적 경험을 바탕으로 한 일화 기억을 망각하고 객관적인 사실만을 위한 의미 기억을 생성하는 경향이 있다. 실제로 부주의한 스크롤링과 스마트폰 기기를 통한 목적 없는 상호작용은 어떤 기억도 생성하지 못할 수도 있다. 스마트폰 사용이 과도할수록 특히 그럴 가능성이 높다. 스크롤링과 몰아보기 행동은 두뇌에게 지금 막 우리가 본 것을 생각하거나 분석하고 숙고할 조금의 틈도 주지 않은 채, 계속해서 불균형한 콘텐츠 소비를 이어가게끔 만든다. 결과적으로 이러한 경험은 미래에 유용하게 활용될 만한 강력한 기억을 만들어내지 못하는 경우가 많다. 정보 과부하로 인해 자신이 본 내용을 거의 기억하지 못하는 일은 흔하지만 신경과학자의 꽤집에서 본다면, 그리 놀라운 일이 아니다. 단 한 번의 집중을 요하는 학습 일정보다 일정한 간격을 두고 이루어지는 반복 학습(정보를 천천히 주기적으로 접하는 것)이 기억을 공고히 하는 데 훨씬 더 유리하다.[2] 마찬가지로 이와 같은 원리가 시험을 준비할 때나 소셜 미디어 피드를 탐색할 때도 적용된다. 우리가 소비하는 콘텐츠를 선별하고, 기대하며, 즐기는 과정을 사전에 설계하는 식으로 이러한 원리에 대응할 수 있다. 예를 들어 우리가 기사를 읽든, 영화를 시청하든, 아니면 소셜 미디어를 탐색하든 간에 콘텐츠를 숙고하고 흡수할 수 있는 충분한 시간을 가진다면 콘텐츠를 보다 깊이 이해할 수 있을 뿐 아니라 의미 기억의 질을 향상시켜 그 시간을 보다 기억에 남는 경험으로 만들 수 있다. 이러한 방식으로 기술의 힘을 이용한다면, 일화 기억과 의미 기억 간에 균형을 만들어냄으로써 삶을 더욱 풍요롭게 할 수 있다.

기억 저장의 내부 작동 방식은 실로 매혹적이다. 새로운 기억이 기억 수신함인 해마에 도착한 한 통의 메일과 같다고 상상해보자. 이 '기억 메일'은 수면 과정을 통해 두뇌의 다양한 부위에 존재하는 장기 저장소로 옮겨진다. 그러고 나면 이제는 무언가를 기억하기 위해 애써야 하는 경우가 자주 발생하는데, 이것이 저장 과정이 실패했기 때문은 아니다. 철자 하나 같은 아주 작은 단서가 갑자기 기억을 소환하는 경우가 있다는 것만 봐도, 기억 저장에는 문제가 없다는 것을 알 수 있다. 기억이 실제로는 제대로 저장되었음에도 접근하는 데 어려움을 겪을 수 있다. '복구 오류retreival error'라 불리는 이 현상은 회상 과정에서 흔히 발생하는 문제 중 하나로, 우리 두뇌가 저장하는 정보의 방대한 양과 복잡성에서 기인한다.

잊혀진 의미 기억을 찾기란 쉬울 수 있지만, 개인적이고 독특한 순간인 일화 기억을 복구하는 문제는 그렇게 간단하지 않다. 이따금 우리가 휴가 중에 방문한 매력적인 레스토랑이나 등산 중에서 만난 숨 막힐 정도로 아름다운 풍경 같은 세부 사항들 하나하나를 떠올려 기억의 간극을 채우기 위해서는 다른 사람의 도움이 필요하다. 이 지점이 바로 우리의 스마트폰이 기억 보조 장치로서 귀중한 역할을 할 수 있는 부분이다. 오늘날 우리는 그 어느 때보다 많은 삶의 순간을 포착할 수 있게 되었다. 스마트폰의 갤러리를 빠르게 훑어보는 것만으로도 잊힌 기억이 범람하듯 밀려 들어온다. 내 스마트폰에는 아이들의 사진을 무작위적으로 선정해서 잠금 화면에 띄워주는 기능이 있다. 사진을 볼 때마다 얼굴에는 웃음이 떠오를 뿐 아니라, 사진을 찍던 순간의 기억과 연결된 신경 통로가 강화되어 스마트폰이 없었다면 거의 떠올릴 수 없었을 그 순간들을 더 자주 기억할 수 있게 된다. 의과대학 1학년 때 스마트폰이 있었다면 갤러리는 그 시절의 즐거운 기억들도 가득했을 것이고, 그랬다면 스크롤 한 번으로도 그 순간들을 더 쉽게 회상할 수 있었을지 모른다.

하지만 특별히 의미 있는 순간에는 스마트폰으로부터 방해받지 않는 것이 중요하다. 과도한 기록은 경험 자체가 지닌 풍부함을 훼손하여 우리의 기억 수신함에 들어와야 할 생생한 세부 사항들을 없애버린다. 유용한 실천 방안은 스마트폰을 주의를 분산시키는 방해 요소가 아닌 보조수단으로 활용하는 것이다. 여기에는 사진을 딱 한 장만 찍은 다음, 소셜 미디어에 게시하는 과제는 후일로 미뤄두는 방법도 포함된다. 이 방법은 현재라는 순간에 집중하는 데 도움이 될 뿐 아니라, 나중에 이 순간을 회상할 별도의 기회 또한 제공한다. 나아가 기술의 도움을 받든 아니든 간에 좋은 수면 습관을 기르는 것은 기억을 공고하게 하는 데 도움이 된다. 수면은 이러한 경험들이 두뇌의 영구 저장소로 이전하는 과정을 용이하게 함으로써, 이 소중한 순간들을 회상하고 되살릴 수 있는 능력을 향상시킨다.

스마트폰의 또 다른 이점은 독특한 형태의 현실 도피를 제공하여, 순간적으로 다른 세상에 몰입하고 자신의 관점을 넘어 다양한 시각을 탐색할 수 있도록 해준다는 것이다. 이러한 경험은 우리의 삶을 풍요롭게 한다. 그러나 균형을 유지하는 것이 무엇보다 중요한만큼 우리는 디지털 풍광을 항해할 때도 삶을 망각해서는 안 된다. 어쨌거나 우리가 시간과 관심을 오늘 어디에 어떻게 썼느냐에 따라 미래의 자아가 직접적으로 달라질 것이기 때문이다. 개인적 목표와 열망과 조화를 이루는 디지털 습관을 주의 깊게 계발하는 것은 일종의 투자와 같다. 즉 기술을 주의를 분산시켜 경로를 이탈하게 만드는 방해 요소가 아니라, 목적을 실현할 풍부한 수단으로 활용할 수 있다. 이는 미래의 우리 자신을 돌보는 핵심 전략의 하나로서 우리가 되고자 하는 모습으로 발전하는 데 일조한다.

미래에도 사용 가능한 두뇌 만들기

———

"이러한 발명은 앞으로 이것을 사용할 사람들의 정신에 망각을 불러일으키게 될 것이다. 사람들이 더 이상 기억할 필요가 없어지기 때문이다." 이 인용구는 기술이 우리의 두뇌에 미치는 영향에 대한 우려를 잘 드러낸다. 하지만 이것이 기원전 400년경에 철학자 소크라테스가 글쓰기writing를 두고 한 말이라는 사실을 알게 된다면, 아마 깜짝 놀랄 것이다.[3] 이 개념을 보다 깊이 있게 탐구하기 위해서는 기억과 망각 이면의 신경과학에 대해 먼저 살펴볼 필요가 있다.

우리가 평생에 걸쳐 기억을 저장하고 그 기억을 즐길 수 있으려면 두뇌 기관을 보호하는 것이 중요하다. 8장에서 살펴본 헨리의 사례는 기억 수신함이 손상될 때 어떠한 새로운 기억도 생성할 수 없게 된다는 것을 보여준다. 하지만 대부분의 사람들에게 건망증은 수술이나 외상의 결과가 아니다. 가장 흔한 원인은 세포 내의 단백질 변형 때문이다. 수면 중에는 변형된 단백질의 일부가 제거되기도 하지만 나이가 들어감에 따라 조금씩 축적되기도 한다. 그러다가 임계점에 도달하다는 순간, 축적된 단백질은 뉴런 내부 기관을 방해하기 시작하며, 영구적인 손상을 일으키게 된다. 일반적으로 이 과정은 신경변성neurodegeneration으로 알려져 있다. 신경과 전문의는 관련 단백질의 종류와 영향받는 두뇌의 부위에 따라 질병의 명칭을 다르게 진단한다. 예를 들어 우리의 운동 능력을 관장하는 동시에 핵심 도파민 생성 영역인 흑질이 손상되면 파킨슨병이 발생한다. 건망증에 관한 한 가장 흔하게 진단되는 치매 형태는 알츠하이머병 *Alzheimer's disease*이다. 알츠하이머병의 경우, 베타 아밀로이드*beta-amyloid*와 타우*tau*라는 2종의 단백질이 우리의 기억 수신함에 있는 뉴런의 내외부에 축적되어, 과학자들이 '플라크*plaque*'와 '엉킴*tangle*'이라 부르는 덩어리를 형성한다. 그리고 이 축적된 단백질 덩어리는 뉴런의 내부 작동을 방해해서 의사소통 능력을 떨어뜨린다.

나는 진료 과정에서 알츠하이머병이 기억 수신함에 미치는 영향을 자주 목격한다. 알츠하이머병 초기 단계의 환자는 최근의 일들을 기억하는 데 어려움을 느끼지만, 이미 영구 저장소에 옮겨져 질병의 영향과 무관한 장기 기억에는 문제가 없는 경우가 대부분이다. 안타깝게도 알츠하이머병이 진행되고 단백질 변형이 해마를 넘어 두뇌의 다른 영역들로 확대되는 과정에서, 환자들의 장기 기억뿐 아니라 다른 인지 기능에도 차질이 생긴다. 광범위한 연구가 진행 중이지만, 신경 손상을 되돌리기란 매우 어려운 일로 판명되고 있다. 하지만 1988년 일군의 과학자들이 137명의 사후 두뇌를 대상으로 단백질 변형 수준을 평가하는 연구를 수행하는 과정에서 주목할 만한 발견을 했다. 놀랍게도 연구자들은 대상 두뇌의 일부에서 알츠하이머병을 앓는 환자들과 비슷한 수준의 플라크를 관찰했지만, 이들이 생전에 어떠한 기억력 문제도 호소한 적이 없음을 알게 되었다. 실제로 이들의 정신 수행능력은 두뇌 관련 질환이 없었던 사람들과 별 차이가 없었다.[4]

이 특정 개인들이 변형 단백질을 갖고 있었음에도 불구하고 우려와는 다르게 잘 지낼 수 있었던 이유는 무엇인가? 연구 결과, 그들의 두뇌는 더 크고 더 많은 연결 회로를 가진 것으로 밝혀졌다. 일부 뉴런이 손상되었음에도, 두뇌가 뉴런 손상을 상쇄하고 정상적으로 기능할 정도의 예비 용량을 갖추고 있어서 어떠한 증상도 발현되지 않을 수 있었다. 인지적 비축분cognitive reserve으로 알려진 이 특성은 수많은 연구들을 통해서도 입증되고 있다.[5] 인지적 비축분을 저축 계좌와 같다고 가정했을 때, 꾸준한 저축을 통해 예상치 못한 재정적 부담으로부터 보호받을 수 있는 것처럼 기억력 쇠퇴를 막을 수 있다.

나이가 들면서 두뇌 기능이 일부 쇠퇴하는 것은 불가피한 현상이다. 연구들에 따르면 두뇌 용량은 35세부터 매년 0.2프로씩 줄어들다가 60세가 넘으면 그 축소 비율이 0.5프로 이상까지 가속화되는 것으로 알려져 있다.[6] 결론적으로 인지적 비축분을 구축하는 것이 미래에도 사용 가능한 두뇌를 만들 수 있는 가장 효과적인 방법이다. 복잡한 사고 과정을 수반하는 일을 하거나 교육을 받는 것과 인지적 비축분의 상승 간에는 밀접한 관계가 있다. 이러한 활동에 참여하는 사람들의 두뇌는 연결 회로의 수가 증가하고 전반적인 밀도가 더 두꺼운 것으로 나타났다. 이 책 전반에 걸쳐 "활성화되는 세포는 서로 연결되어 있다"라는 원리를 탐구하면서 두뇌가 어떻게 우리의 행동을 기반으로 강력한 연결회로를 형성하는지를 조명했다. 역으로 두뇌에는 "사용하지 않는다면 결국에는 잃게 될 것이다if you don't use it, you lose it"라는 원리 또한 해당된다. 특정 활동을 간과한다면 그 활동에 상응하는 두뇌 영역의 기능이 쇠퇴하여, 궁극적으로는 우리의 미래 인지적 비축분에 악영향을 미칠 것이다.

그러므로 글쓰기에 대한 소크라테스의 우려가 전혀 근거 없는 것이 아니었다. 글쓰기의 출현이 기억에만 의지해서 긴 구절들을 암송하던 시대와 비교하면 전반적인 기억 능력의 후퇴를 가져온 게 분명하다. 하지만 이 문제만을 떼어서 단독으로 다룰 수는 없다. 글쓰기는 우리를 둘러싼 직접적인 환경을 넘어 풍부한 관념의 세계에 우리를 노출시켜 지적 지평을 확장하고 사고 능력을 자극한다. 따라서 글쓰기가 인식에 가져온 이점은 기억력의 감소보다 훨씬 더 크다. 두뇌를 활성화하기 위해 방대한 양의 텍스트를 암송하는 것 같은 관행을 되살릴 필요도 없다. 비록 기억력이 같은 식으로 발휘되지는 않더라도, 읽기와 쓰기는 여전히 두뇌를 활발히 움직이게 만든다. 이 책을 읽으면서도 당신 두뇌의 회로 연결은 상당한 변화를 경험하게 되었을 것이다. 글쓰기는 인지적 비축분을 구축해서 우리의 두뇌를 미래에도 사용할 수 있게 해주는 강력한 도구다. 즉 글쓰기는 망각을 조장하는 대신에 망각으로부터 우리를 보호하는 역할을 수행하는 중이다.

그러나 소크라테스의 우려는 기술을 사용하는 방법과 관련하여 현재의 우리가 가지고 있는 우려와 상당 부분 닮아 있다. 이제는 과거의 교훈을 미래에 적용해야 한다. 스마트폰 사용을 둘러싼 흔한 걱정 중 하나는 스마트폰이 우리의 인지 능력을 떨어뜨릴지도 모른다는 것이다. 예를 들어 스마트폰이 등장하기 전 나는 개인 전화번호 여러 개를 기억하고 있었지만, 어릴 적 집 전화번호를 제외하면 지금은 내 자신과 내 남편 번호만 겨우 외우고 있을 뿐이다. 남편의 번호를 외우고 있는 것도, 첫 번째 아이를 임신하고 출산이 다가오자 응급 상황에 대비하기 위해서는 일부러라도 암기해야 했기 때문이었다. 아마 많은 이들이 공감할 것이다. 하지만 내가 더 이상 다수의 전화번호를 외우지 못한다고 해서, 이 사실이 곧 내 기억력의 약화를 나타내는 것은 아니다. 단순히 내 두뇌가 활용되는 방식이 변화하고 있을 뿐이다. 지금의 나는 인지적 자원의 많은 부분을 두뇌 스캔에서의 미묘한 차이들을 인지하고, 사람들은 잘 모르는 어려운 의학적 질병명을 기억하며, 다양한 약물 복용량을 기억해내는 데 할애한다. 이는 우리의 기억 시스템이 주기적으로 사용되는 정보에 우선권을 부여하고 보존하는 한편으로 자주 접근하지 않는 자료는 사라지도록 허용하기 때문이다. 예를 들어 의사로서 주기적으로 사용하는 호출기 번호, 코드 및 비밀번호는 자주 사용하는 전화번호와 동일하게 기억에 남지만, 병원을 바꿔 새 번호들을 받으면, 과거의 정보들이 관련성을 잃으면서 새 번호들로 빠르게 대체된다는 사실을 알고 있다.

당신이 나처럼 스마트폰이 존재하기 이전 시기에 성장했다면, 어쩌면 두뇌가 정보 관리의 변화에 적응해온 방식에서 뚜렷한 추이가 나타난다는 것을 알아차렸을지도 모른다. 스마트폰은 여러 개의 전화번호를 기억해야 했던 관행을 불필요한 군더더기로 만들어버렸다. 그러다 보니 이제 자신의 번호처럼 빈번하게 사용하기 때문에 반복적으로 되새길 필요가 있는 번호들만 기억하는 경향이 있다. 결과적으로 우리의 인지적 자원은 복잡한 패스워드, 이메일 주소, 이중 인증 코드, 심지어 소셜 미디어 사용자 아이디*social* *media handle* 같은 정보를 기억하도록 재할당되었을 수 있다. 우리는 스마트폰이 급격히 증가하기 전에 우리가 보유할 수 있었던 정보의 양을 지나치게 강조한 나머지, 전화번호부를 비롯한 다른 문서 기록 같은 물리적 수단에 얼마나 많이 의존했는지를 쉽게 간과해버리는 경향이 있다. 실상은 글쓰기가 출현한 이래로 우리의 두뇌가 덜 빈번하게 사용되는 정보를 관리하기 위해 오랫동안 우리 외부의 도구들을 사용해왔다. 그저 시간이 지나면서 이러한 도구의 성격이 진화해왔을 뿐이다.

운동으로 심혈관을 건강하게 만들 수 있는 것처럼, 두뇌에 정신적 도전 과제를 부여한다면 인지적 비축분을 늘릴 수 있다. 런던 택시 운전사들은 '지식*the Knowledge*'이라 불리는 런던 거리에 대한 엄격한 테스트를 통과해야만 택시 면허를 발급받을 수 있는데, 두뇌 스캔 결과 이들의 해마가 평균보다 큰 것으로 나타났다.[7] 해마는 기억 수신함의 역할을 할 뿐 아니라 공간 탐색에서도 많은 역할을 한다. 방향감각 상실과 길을 잃고 헤매는 것이 알츠하이머병 환자의 초기 증상 중 하나인 이유도 이 때문이다. 택시 운전사의 경우, 복잡한 도시 풍광을 끊임없이 탐색해야 하는 직업상의 까다로운 특징이 이 핵심적인 두뇌 영역의 크기에 직접적인 영향을 미쳤다.

스마트폰의 GPS 같은 내비게이션 기술에 과도하게 의존하는 것은 해마의 성장에 긍정적인 영향을 미치지 못하는 한편, 나이가 들수록 인지적 비축분의 감소와 치매 발병률의 증가로 이어질 수도 있다. 그러나 이 또한 소크라테스의 우려처럼 그저 가설에 불과하다. 글쓰기의 출현이 인지적 이점을 가져온 것처럼, 기술에도 그러한 위험을 상쇄할 수 있는 이점이 존재할 것이다. 기술에 관한 우려의 일부가 장점으로 전환될 수 있는 것도 바로 이 지점이다. 예를 들어 사회적인 활동을 유지하는 것은 두뇌를 자극하여 인지적 비축분을 구축하는 강력한 원천이며,[8] 기술은 이러한 과정을 보다 수월하게 만든다. 다양한 연구에 따르면, 소셜 미디어는 사회적 참여 기회를 제공해 고독감을 감소시킴으로써 정신 건강을 향상시키는 등 노인들에게 몇 가지 긍정적인 영향을 미치는 것으로 나타났다.[9] 흥미롭게도 한 연구는 소셜 미디어 사용이 노화와 함께 자연적으로 발생하는 실행 두뇌 기능의 감소를 방지할 수 있다는 사실을 보여주기도 했다.[10]

핵심은 당신이 정신적으로 새로운 도전을 하거나 개선을 위해 노력할 때마다, 두뇌에도 긍정적인 변화가 일어난다는 사실이다. 도전의 대상이 기술적인 것인지 아니면 비기술적인 것인지는 크게 중요하지 않다. 자신을 새로운 아이디어에 노출시키거나 언어를 학습하는 것, 혹은 문제해결 게임을 하는 것 등은 모두 인지적 비축분의 증가에 기여하며, 이러한 활동 중 상당수가 스마트폰을 이용할 때보다 쉽게 접근 가능하다. 우리는 모두 인지 운동cognitive workout이 다방면에 걸쳐 일어날 수 있도록 정신적으로 도전적인 활동을 모색하고 다양한 활동을 통합해야 한다.

인지적 비축분을 위한 습관을 형성하기 위해서는 도구상자의 빌딩블록을 활용하는 데서 시작할 수 있다. 이를테면 도미노 습관을 확립하기 위해 매일 특정 시간을 의도적으로 확보해두거나(빌딩 블록 8), 기존의 활동을 인지적 비축분을 구축할 수 있는 활동으로 대체해보자(빌딩 블록 9). 매일 하는 것이 힘들다면, 형편이 좋을 때를 선택해서 하루 종일 인지적 도전 활동에 참여하는 시간을 마련할 수도 있다. 스마트폰이 제공하는 편리함에 기대는 대신에 5분 규칙(빌딩 블록 1)을 채택해서 인내심을 발휘하는 것도 좋은 방법이다. 예를 들어 길을 찾기 전에 몇 분간 마음속으로 경로를 계획해보거나, 계산기를 사용하기 전에 일부 암산을 해본다거나 온라인 검색에 의지하기 전에 정보를 기억해본다거나 하는 식으로 말이다. 이러한 작업에 쏟는 정신적 노력은 정답에 도달하는지의 여부와 무관하게, 신경 경로가 활발하게 움직이도록 자극해서 두뇌에 긍정적인 변화를 이끌어낼 것이다.

디지털 원주민이 미래다

당신 자신을 책임지는 것과 다른 사람의 인생을 책임지는 것은 완전히 별개의 문제다. 이것은 내가 의사로서 일상적으로 직무를 수행하는 과정에서 직면하는 문제이기도 하다. 하지만 이 일조차도 자식을 품에 안았을 때, 그래서 그들의 행복과 생존이 전적으로 당신에게 달려 있다는 사실을 깨닫게 되었을 때 분명해지는 책임의 무게에 비하면 비할 게 아니다. 영양부터 안전에 이르기까지 그들에게 필요한 모든 것은 당신의 부지런한 돌봄과 관심에 달려 있다. 그러다 보니 부모들은 오늘 하는 행동이 자녀의 발달과 미래에 심대한 영향을 미칠 수 있음을 늘 되새기게 된다.

육아는 두려운 일이다. 디지털 시대의 육아는 십중팔구 더 그럴 것이다. 오늘날 디지털 원주민의 부모들은 스마트폰이 없던 환경에서 성장했다는 점을 고려할 때, 그에 따른 온갖 어려움들을 몸소 체험하는 중이다. 한 연구에 따르면, 참가자들에게 생소한 이미지를 제시했을 때는 편도체의 활동이 증가했지만 일단 이 이미지들이 무엇인지 알고 나면 활동이 진정되었다.[11] 우리는 미지의 것에 직면하면 본능적으로 두려움이라는 반응을 보인다. 나 또한 어린 두 딸의 부모로서 이러한 두려움을 경험하는 중이다. 두려움은 공포 메커니즘의 역할을 한다. 감정 두뇌는 실행 두뇌에 경보를 보내 자녀의 안전에 주의를 기울이라고, 늘 신중하라고 다그친다. 대부분의 초보 부모라면 공감하는 바로 그 느낌말이다. 중요한 것은 우리가 이 두려움에 어떻게 반응하느냐다. 우리는 외면하거나 회피하는 대신에 두려움을 인정하고 주의를 기울일 필요가 있다.

유언비어를 자극하는 헤드라인이 당신의 관심을 끌기 위해 가장 흔하게 이용하는 전술이 바로 두려움을 이용하는 것이다. 감정 두뇌가 활성화되면, 두뇌는 주의력 스포트라이트를 켜서 두려움을 일으킨 원인이 무엇인지를 탐색한다. 파국을 예고하는 헤드라인을 접한 부모라면 반드시 다음 사항을 기억해야 한다. 부정적인 주장은 가족의 복잡한 역학 관계를 과도하게 단순화할 뿐 아니라, 미래 세대가 직면하는 어려움의 원인이 보다 광범위한 사회경제적 요인일 수 있음을 간과하는 경향이 있다. 과대 선전은 모든 문제를 스마트폰 사용이라는 단 하나의 요인으로 귀결시키기 쉽다. 스마트폰은 당신의 자녀가 온라인에서 경험할 수도 있을 법한 온갖 잠재적 위해의 상징과도 같은 것이 되었다. 이 과도하게 단순한 해석은 가족의 규칙적인 저녁식사가 학업 성적의 향상과 아동 약물 남용의 감소 같은 몇 가지 긍정적 결과와 상관관계가 있다고 보고한 초기 연구들을 연상시킨다. 이 서사가 하도 강력하다 보니 가족의 저녁식사는 약물 남용 퇴치 방법의 하나로 선전되기까지 했다.[12] 하지만 가족 식사에 이점이 있다 치더라도, 식사를 함께 나누어 먹는 행동이 약물 남용을 줄이는 것은 아니다. 좀 더 면밀히 들여다본다면, 함께 식사하는 행위는 원활한 커뮤니케이션 같은 다른 긍정적 가족 관계를 간접적으로 보여주는 요소에 가깝다. 실제로 다양한 연구들이 이 추가적인 변수들을 설명에 포함하기 시작하자, 원래의 상관관계는 크게 약화되었다.[13,14] 따라서 이러한 복잡한 문제들을 과도하게 단순화하거나, 가족 식사의 부재든 아니면 스마트폰 사용이든 간에 어떤 하나의 요인을 원인으로 지목하며 과도하게 비난하지 않는 태도를 지니는 것이 중요하다. 보다 중요한 것은 이러한 과정에서 일어나는 상호작용의 질이 어떠한지, 또한 이러한 활동 밖의 우리 삶에서 어떤 일이 일어나고 있는지다. 스마트폰이 아동에게 미치는 영향을 이해하기 위해서는 스크린 타임이나 아동이 스마트폰을 처음 사용한 연령을 측정하는 것 이상이 필요하듯이, 사랑하는 가족도 그저 저녁밥만 함께 먹는 사이에 불과한 것은 아니다.

이야기에서는 종종 맥락에 따른 특정 요인들이 종종 누락되고는 한다. 연구들에 따르면, 교육 수준과 소득 수준이 높은 부모를 둔 아동일수록 어린 나이에 스마트폰을 소유할 가능성이 낮은 반면에, 사회로부터 별다른 지원을 받지 못하는 학교에 다니는 아동일수록 스마트폰을 소유할 가능성이 큰 것으로 나타난다.[15] 어쩌면 그들은 안전하지 않은 동네에 살고, 실내 거주 공간이 협소한 데다 놀이를 위한 실외 공간이 전무하며, 일찍부터 가계를 떠맡아야 하는 등 다른 문제들도 헤쳐 나가는 중일지도 모른다. 기술 사용의 증가는 정신적으로나 신체적으로, 혹은 재정적으로 고군분투 중인 부모들이 압도적인 어려움에 봉착했음을 보여주는 하나의 징후에 가깝다. 보다 많은 자원을 가진 가족이라면 스마트폰 사용에 대한 우려를 조사해서 스마트폰 사용법이나 가정에서의 스마트폰 도입과 관련된 지침을 마련할 수 있는 대처능력을 갖추고 있을지 모른다. 하지만 이러한 특권을 누리지 못하는 가족이라면 기본적인 생존 문제에 집중할 수밖에 없으며, 이는 불가피하게도 정신 건강을 비롯한 아동 행복의 제반 측면들에도 악영향을 미칠 수 있다. 현재로서는 스마트폰이 아동에게 미치는 영향에 대한 연구가 결론에 도달하지 못한 상태다. 그러니 만약 혹시라도 이 문제를 다루는 조사 연구를 보게 된다면, 비판적인 자세로 접근하기를 바란다. 보다 광범위한 사회적 맥락을 항상 염두에 둔다면 낙인찍는 서사를 조장하거나 개별 가족의 결정을 부당하게 비난하는 과도한 단순화를 비껴갈 수 있을 것이다.

이처럼 보다 광범위한 관점은 우리 자신이 가진 본능적인 두려움에 기인한 반응을 완화하는 데 도움이 될 수 있다. 11장에서 이미 살펴봤듯이, 우리에게는 정말로 두려운 것과 그렇지 않은 것을 구별함으로써 자녀의 감정 조절을 지도할 수 있는 힘이 있다. 그러므로 우리의 행동이 오직 두려움에 의해서만 추동되도록 해서는 안 된다. 음식과 관련된 것이든, 아니면 학업성적이나 스마트폰과 관련된 것이든 간에 두려움을 증폭시키는 것은 생산적이지 못하다. 대신에 두려움이 촉발한 감정적 경계경보를 긍정적 변화를 위한 촉매제로 활용해야 한다. 당신의 두려움은 자녀의 행복을 향한 깊은 관심에서 비롯되었을 가능성이 크다. 물론 자녀의 행복은 중요하며, 그러한 행복을 보호하고 향상시킬 수 있는 방법을 더 많이 배우고자 하는 것은 훌륭한 동기가 될 수 있다. 그리고 어쩌면 그것이야말로 지금 당신이 이 책을 읽고 있는 이유일지도 모른다. 두려움을 지식과 성장으로, 그래서 긍정적 생동으로 바꾸는 것 말이다.

디지털 시대의 아동 양육은 새로운 문제들을 제기한다. 하지만 자녀들에게 잠재적인 위험을 가르치고 그들의 행동을 지도하는 문제에 관해 우리는 이미 많은 것을 갖춘 상태다. 자녀들에게 가위의 안전한 사용법과 확실한 요리법, 조심해서 도로를 횡단하는 법을 가르치는 것과 마찬가지로, 자녀들이 디지털 세상을 헤쳐 나갈 수 있는 방법들을 갖출 수 있도록 도와주면 된다. 물리적 세상이 위험을 초래할 수 있는 것처럼 디지털 환경도 그것에 고유한 위험들을 가지고 있다. 하지만 불안감을 조장하거나 마냥 문제를 회피하라고 주장하기보다는, 안전한 디지털 관행을 교육하는 데 초점을 맞추어야 할 것이다.

그러나 기술이 지금 막 설명한 여러 위험들과 결정적으로 다른 점은 습관을 형성하는 속성이 있다는 것이다. 1890년에 심리학자 윌리엄 제임스William James는 다음과 같이 썼다. "아동이 얼마나 순식간에 걸어 다니는 습관 묶음bundles of habits과도 같은 존재가 되는지를 깨닫는다면, 유연한 상태일 때의 그들의 행동에 더 많은 주의를 기울이게 될 것이다." 당시에 두뇌와 관련하여 거의 알려진 바가 없었다는 사실을 감안한다면, 그의 개념은 놀랄 만큼 진보적이라 할 수 있다. 앞에서 자주 언급했듯이 기술을 금지하거나 과도할 정도로 엄격한 한계를 설정하는 것이 그 순간에는 최적의 해결책으로 보일 수 있으나, 무언가를 삭제해버리는 방법이 항상 효과적인 안전망을 제공하는 것은 아니다. 우리는 아이들을 기술로부터 영원히 보호할 수도 없고, 기술이 존재하지 않는 것처럼 행동할 수도 없다. 이는 실용적인 해결책도 아닐뿐더러, 바람직한 디지털 습관을 형성하지도 못한다. 더욱이 스마트폰에 대한 부모의 지나치게 독단적인 태도는 좌절감을 불러일으키고 부모 자녀 관계에서 긴장을 유발할 수도 있다. 아이들은 지나친 제약을 받는다고 느끼는 경우 기술에 참여할 수 있는 나름의 방법을 발견할 가능성이 크며, 그로 인해 문제가 생기더라도 부모에게 말하고 싶어 하지 않는 위험이 수반될 수도 있다. 부모로서 우리의 궁극적 목표는 디지털 세상을 독립적으로 헤쳐 나갈 수 있는 미래의 성인을 키워내는 것이어야 한다. 디지털화Digitalization는 계속될 것이고, 그렇게 미래를 구성하는 필수적인 요소의 하나로 자리 잡을 것이다. 따라서 디지털화를 회피하거나 엄격한 외부 규칙에만 의존하는 대신에, 자녀들이 그들 나름의 내부 규칙을 구축할 수 있도록 도와주어야 한다.

그렇다고 자녀들에게 과도할 정도로 관대해야 한다는 말은 아니다. 자녀의 연령마다 요구되는 지침은 다 다르다. 실행 두뇌가 여전히 발달 중인 어린 아이들은 장기적인 사고와 자제력 문제를 두고 씨름하는 경우가 많다. 그들에게 기술에 무제한적으로 접근할 수 있도록 하는 것은 사탕을 숨겨둔 곳에 무제한적으로 접근하도록 하는 것과 같다. 그 대신 기술과 식습관을 포함하여 삶의 다양한 측면에 걸쳐 보편적으로 적용할 수 있는 네 조각의 습관 퍼즐의 원칙들을 이용해야 한다. 이를 활용해 자녀들이 TV를 시청하거나 태블릿을 사용하는 데 있어 좋은 습관을 발전시키도록 지도하는 한편으로, 필요하다면 적절하게 자제력을 발휘하도록 할 수 있다. 예를 들어 내 큰 딸이 아직 두 살이었을 때, 나는 아이에게 TV 전원을 끄는 책임을 맡기기 시작했다. 나는 우리의 TV 시청 시간이 거의 끝나가고 있음을 알려준 다음, 정확히 어느 순간에 끄기 버튼을 누를지는 아이가 자율적으로 결정하도록 했다. 아이가 조금 더 커서 네 살 즈음이 됐을 때는, 스스로 실행 계획(빌딩 블록 4)을 설정하도록 돕기 시작했다. 우리는 아이가 얼마 동안 TV를 시청할 계획인지, 또한 스크린 타임을 종료할 시간이 언제인지를 어떻게 알 수 있는지에 대해 사전에 이야기했다. 이 소소한 행동들은 아이가 스스로 자기 조절 능력을 발전시키는 데 도움을 주려는 목적을 가지고 있었다. 즉 나의 실행 능력에 전적으로 의지하는 대신에, 아이 나름의 실행 능력 계발을 돕는 것이 목표였다. 실행하는 데 어려움을 호소하는 경우는 나서서 도와주었는데, 그때에도 흠을 잡기보다 지지해주는 식이었으며 시간이 지날수록 아이의 실행 능력은 점차 개선되었다. 수면의식bedtime routine이나 좋은 위생습관 기르기처럼 삶의 다른 측면에서 습관을 형성하는 것과 비슷하게 이 방법을 채택하면 나이가 들어서도 건강한 스마트폰 습관을 더 쉽게 발전시킬 수 있다. 일이 계획처럼 되지 않는다고 낙담할 필요는 없다. 익히 강조했지만 반복은 습관 퍼즐의 핵심 요소다. 어린이가 혼자서 제대로 양치질하는 습관을 가지기까지는 수년이 걸리는 것처럼 기술 사용도 마찬가지다. 자녀의 두뇌 발달이 다소 일관성이 없거나 규칙을 허무는 듯 보일 수도 있지만 이는 완전히 정상적인 현상이다. 결국 일관되고 확신에 차면서도 차분한 방식을 견지하는 것은 부모의 몫이다.

자녀들이 성숙하고 실행 두뇌가 발달함에 따라, 그들의 견해를 존중하고 그들의 관점이 반영된 결정을 내릴 수 있도록 하는 것이 점차 중요해진다. 맥락과 무관하게 규칙을 강요하는 대신에 함께 협력해서 자녀들이 조력적 습관을 구축하고, 이 책을 활용해 그들의 뇌가 어떠한 방식으로 기능하는지를 이해하도록 도와주자. 두뇌가 기능하는 방식을 알게 된다는 것은 습관이 자동 조종 두뇌에 어떻게 부호화되는지, 언제 실행 두뇌가 저전력 모드 상태에 빠지는지, 감정 두뇌는 어떻게 작동하고 수면 메커니즘은 무엇인지를 이해하게 된다는 것을 의미한다. 궁극적인 목표는 기술 사용이 논쟁의 원인이 아니라 하나의 대화 주제가 될 수 있는 분위기를 만드는 것이다.

디지털 원주민들을 양육하는 데 있어서 정말로 중요한 부분은, 우리 자신부터 좋은 디지털 습관의 모범이 되는 것이다. 이게 말처럼 쉬운 일은 아니다. 알다시피 육아는 매우 강도 높고 까다로운 일인 데다가, 일부 부모들은 전혀 도움을 받을 수 없는 상황에 처하기도 하다. 개중에는 현실도피의 일환으로 스마트폰에 손을 뻗는 경우도 있고, 자녀의 주의를 끌기 위해 스마드폰을 이용하는 경우(물론 이렇게 했다가는 엄청나게 비난 받을 수도 있다)도 있다. 환원주의적인 단순한 접근법에 따라 고군분투하는 부모들을 비난하는 대신에, 일부 부모들이 대처하기 어렵다고 말하는 근본적인 이유들을 숙고해볼 필요가 있다. 많은 부모가 저렴한 보육시설과 제한적인 육아휴직을 이용하느라, 까다로운 근무 스케쥴과 가정을 꾸리는 일 간의 균형을 맞추느라 애를 먹고 있다. 어떠한 지원도 받지 못하는 상황에서 이 모든 책임을 솜씨 있게 처리해야 한다는 압박감으로 인해 많은 부모가 기술에 의지해 그 공백을 메우거나 아니면 스스로를 혹사해가며 무리를 한다. 절대 잊지 말아야 할 것은, 이따금 기술을 이용해도 괜찮다는 것이다. 자녀를 잘 돌보기 위해서라도 우리부터가 저전력 상태에 빠져 있지 않도록 할 필요가 있다. 그리고 기술의 도움으로 얼마간이라도 우리 자신을 위한 시간을 확보할 수만 있다면, 그거야말로 괜찮은 일이다. 목표가 반드시 완벽할 필요는 없다. 습관을 염두에 두고 우리와 아이들 모두에게 도움이 되는 균형감각을 갖추도록 노력하는 것 자체만으로도 충분하다.

자녀의 미래를 생각하는 순간, 우리의 두뇌는 믿을 수 없을 정도로 회복 탄력적으로 변하면서 다가오는 어려움들에 순식간에 적응돼버린다. 임상 실습을 통해 나는 젊은 세대와 자주 상호작용할 수 있는 특권을 누려왔으며, 그 과정에서 그들에게 단 한 번도 실망한 적이 없다. 그들은 역동적이고 활기차며 사회적 대의에 열정적이다. 한마디로 미디어에서 자주 묘사되곤 하는 목적 없이 스마트폰을 스크롤하는 데 빠져 있는 수동적인 좀비와는 거리가 멀다. 그들은 디지털 콘텐츠의 소비자일 뿐 아니라 디지털 세상을 활용하여 자신의 생각을 표출하고, 창의성을 공유하며, 변화를 주도하는 적극적인 참여자이기도 하다.

우리가 두뇌의 작동 방식을 이해하고 자신의 디지털 습관부터 통제할 수 있게 된다면, 우리 아이들을 온라인 세상에서 효과적으로 지도할 수 있는 지식과 경험을 갖추게 될 것이다. 디지털의 미래를 향해 함께 항해해 나갈 때, 의식적이고 건강한 습관의 계발은 우리 모두가 공동으로 책임져야 할 부분이다. 이 책을 통해 탐구해온 원칙들은 개인적인 스마트폰 사용 너머로 확대 적용될 수 있으며, 그럼으로써 우리 아이들의 디지털 상호작용에 긍정적인 기여를 이뤄낼 수 있을 것이다.

(스마트폰 끄기 연습 7회차)

미래를 위해 실천하기

두뇌 인지 능력 강화하기

———

> 기억을 보존하고 싶다면, 스마트폰을 주의 깊게 사용해야 한다. 스마트폰은 일화 기억을 복구할 수 있는 매우 유용한 도구다. 하지만 스마트폰 사용으로 지금 이 순간에 집중하지 못해서는 안 된다. 그러니 둘 사이의 균형을 유지하자. 친구들에게 메시지를 보내거나 소셜 미디어에 게시물을 올리고 싶다면 조금 미뤄뒀다가 올리자.

> 문제성 디지털 습관을 당신이 지금까지 찍은 사진이나 동영상을 살펴보는 것으로 대체해보자(빌딩 블록 9). 기억력을 향상하고 감사함을 실천할 수 있게 해준다.

> 스마트폰의 내비게이션 기능을 사용하기 전에, 먼저 마음속으로 경로를 그려보려고 노력하자. 해마를 강화하기 위해 좀 더 어려운 과제를 수행해보고 싶다면, 자주 방문하는 지역의 지도를 스케치해보자.

> 스마트폰에서 사용하는 기능들을 의도적으로 다양화하여 인지 활동을 확장하자. 일부 습관적인 소셜 미디어나 뉴스 확인을 언어 학습 앱, 교육용 팟캐스트, 퍼즐 혹은 창의력 증진 툴 같은 인지적 비축분 촉진 활동들로 대체해보자.

자녀 지도 원칙

> 자녀 스스로 TV 전원을 끄거나 태블릿을 치우게 하는 등 어릴 때부터 조력적 디지털 습관을 장려하자. 목적은 금지가 아니라, 아이들이 자신의 디지털 활동에 대해 점차적으로 책임감 있는 결정을 내릴 수 있도록 하는 것이다.

> 디지털 활동에 참여하기 전에, 아이들이 미리 계획을 세우도록 도와주자. 예를 들어 '얼마 동안 시청할 계획인가?'와 '언제 끝내야 하는지 어떻게 알 수 있는가?'는 아이들의 실행 두뇌의 주의를 끌 수 있는 훌륭한 질문이다.

> 이 책에서 얻은 아이디어를 아이들이 이해할 수 있는 방식으로 공유해보자. 또한 아이들에게 그들의 두뇌에 대해, 습관이 형성되는 방식에 대해 가르치자.

> 기술 사용에 관한 가이드라인을 공동으로 세우고 가능할 때마다 그 과정에 참여시킴으로써, 아이들의 실행 두뇌를 지원하자. 실행 두뇌 발달에 맞춰 가이드라인을 함께 재검토하고 조정하자.

> 아이들이 균형 잡힌 라이프 스타일의 가치를 이해하도록 돕자. 디지털 활동과 운동, 사교활동, 독서 및 기타 취미 같은 오프라인 활동 사이에서 균형을 유지하고 즐기려고 노력해야 함을 인식하게 해주자.

> 어떤 새로운 것을 배울 때와 마찬가지로, 습관을 형성하기 위해서도 아이에게는 시간과 반복이 필요하다는 점을 인식하자. 전략이 즉각적으로 효과를 발휘하지 않더라도 낙담하지 말자. 계속해서 긍정적인 디지털 행동을 강화하고 일관된 태도를 견지하며 지도하자.

> 온라인에서 소비하는 콘텐츠에 대해 아이들 스스로 비판적으로 사고할 수 있도록 고무하자. 그럴 때만이 자신을 안전하게 지키고 타인을 친절하게 공감적으로 대할 수 있음을 인식시키자.

> 여러분이 느끼는 두려움을 인정하고, 그 두려움에 반사적으로 반응하기보다는 긍정적인 변화를 만들어내는 데 활용해보자. 여러분은 자녀가 여러분에게 어떤 문제를 털어놓든 비난받지 않을 거라는 확신을 심어줄 수 있어야 한다.

마치며

    다양한 콘텐츠가 우리의 관심을 끌기 위해 경쟁하는 이 급변하는 디지털 시대에 자신의 시간을 할애해가며 이 책을 읽고 있는 당신에게 감사함을 전하고 싶다. 나는 이러한 투자가 당신에게 몇 배나 더 큰 보상으로 되돌아갈 거라고 진심으로 확신한다.

    의사로서 나의 주된 책무는 사람들이 행복하도록 돕는 것이다. 그 과정에서 나는 그들의 자율성을 존중하는 가운데 올바른 결정을 내리도록 안내하기 위해 노력해왔다. 그러다 보니 마치 당신이 내 상담실의 맞은편 의자에 앉아 조언과 안내를 구하고 있기라도 한 것처럼, 당신에게 초점을 맞춰 이 책을 썼다. 이 책의 궁극적인 목적은 당신에게 두뇌의 내부 작동 방식을 이해시키고, 개인적 목표에 부합하는 조력적 디지털 습관을 형성하는 데 반드시 필요한 도구들을 제공하는 것이다.

    책 쓰기처럼 복잡한 일에 착수하다 보면, 집중력과 생산성을 유지하기 위해 접속을 끊으려 온갖 노력을 다 한 끝에 마침내 성공적으로 일을 마무리 할 수 있었다는 사람들의 이야기가 심심치 않게 들려온다. 개중에는 소셜 미디어 비밀번호를 조수에게 일임하거나 웹사이트 차단기를 설치하는 경우도 있고, 심지어는 전기가 들어

오지 않는 외딴 곳에서 작업하는 경우도 있다고들 한다. 나는 다른 방법을 썼다. 두뇌 작동 방식에 대한 신경과학 지식을 활용하고 이 책에서 설명한 바로 그 빌딩 블록과 전략들을 실천함으로써, 견고한 디지털 습관 시스템을 발전시키려고 노력했다. 이는 글쓰기 과정 전반에 걸쳐 내가 소셜 미디어에 활발하게 참여했으며, 규칙적으로 게시물을 올리고 독자와 상호작용할 수 있었다는 것을 의미한다. 기술은 장애물이 아니라 이점이 되었으며, 덕분에 집중력을 잃지 않으면서도 그 혜택을 마음껏 누릴 수 있었다. 이 의도적인 연결을 통해 나는 최신 과학 데이터를 자세히 조사할 수 있었을 뿐만 아니라 잠재적인 독자들의 목소리를 듣고 피드백을 받을 수 있었으며, 그럼으로써 결과적으로 이 책의 내용을 개선할 수 있었다.

내가 한 명의 개인을 위해 글을 썼다고는 하지만 사실 우리는 진공상태로 존재하지 않는다. 주변 환경은 우리에게 큰 영향을 미치며, 책임감 있는 기술 사용은 그저 개인적인 행동에 불과한 단순한 문제가 아니다. 그러한 까닭에 나는 개인의 두뇌에 대한 논의를 넘어 삶과 일, 학습과 양육 환경이 우리의 습관에 어떠한 영향을 미치는지를 탐구하기 위해 혼신의 노력을 다했다. 우리는 정부, 기술 회사, 고용주가 우리의 삶을 둘러싼 환경에 중추적인 영향을 미치고 있음을 인정해야 한다. 과학 전문가들의 의견을 경청하고, 지원 정책들을 실행에 옮기는 동시에 중추적 역할을 맡고 있는 기관들에 책임을 지우는 것은, 보다 건강한 기술 사용을 장려할 수 있는 환경 조성의 핵심 요소다.

그렇기는 하지만 구조적 문제를 해결하기 위해서는 의심의 여지없이 많은 시간이 소요된다. 그것이 바로 이 책이 존재하는 이유다. 이 책에서 당신은 오늘 당장 자신의 디지털 습관을 바꾸기 위해 활용할 수 있는 실천 가능한 전략과 지침을 발견할 수 있을 것이다. 의사라면 비록 건강 관련 법안이 통과되기 전이라도, 자신의 환자들에게 건강한 라이프 스타일을 유지하라고 조언할 것이다. 마찬가지로 이 책은 외부 환경과 무관하게 자신의 디지털 상호작용을 통제하는 데 도움을 주기 위해 설계되었다. 이제 당신 곁에 미래로 가는 안내서가 생긴 셈이다. 이 안내서로 당신의 목적에 부합하는 디지털 습관을 다시 쓸 수 있는 미래를 만들어보기 바란다.

감사의 말

여기에 이르기까지 길고 험난한 여정이었다. 지금 여러분의 손에 들려 있는 이 책을 연구하고, 초안을 작성하고, 쓰고, 지우고, 수정하고, 다시 쓰는 데 여러 해가 걸렸다.

편집자인 조지나 블랙웰Georgina Blackwell에게 진심으로 감사드린다. 이 책의 주제에 걸맞게 우리를 연결하는 데 중추적인 역할을 해준 것은 기술이었다. 우리는 내가 소셜 미디어에 올린 글을 계기로 처음 만났고, 화상 회의와 이메일 교환을 통해 지속적으로 협업하면서 초창기부터 함께 이 책을 계획했다. 지나는 편집자에 대한 나의 모든 기대를 완전히 뛰어넘었다. 주제에 대한 지치지 않는 열정, 세부 사항에 대한 세심한 관심, 그리고 특히 다소 고통스러웠던 초기 초안 작업에서 보여준 지나의 끈질긴 인내심은 그저 경이로울 따름이었다.

이 책을 출판할 수 있게 해준 헤드 오브 제우스Head of Zeus의 모든 분들께 감사드린다. 여러분이 소셜 미디어가 아니라 다른 경로로 이 책을 발견했다면 캐스린 콜웰Kathryn Colwell의 홍보 노력과 제이드 길리엄Jade Gwilliam과 조이 자일스Zoe Giles의 마케팅 감각 덕분일 것이다.

디지털 감정 조절에 관한 신뢰할 만한(또한 활용도 높은!) 소스를 제공해줬을 뿐만 아니라 열정적으로 서론을 읽어주었던, 그래서 매우 중요한 시기에 내가 계속 작업을 해나갈 수 있는 원동력이 되어준 오랜 친구 레일리 카리아Laily Karia에게도 감사의 마음을 전한다.

나의 딸 리라Lyra와 아리아Aria는 이 책이 탄생하는 데 큰 영감을 준 동시에 작업 속도를 더디게 만드는 데 한몫했다는 점에서 특별히 언급되어 마땅한 존재들이다. 아이를 가지게 되면 뇌는 더 큰 그림을 그리고 더 미래 지향적인 관점을 갖게 된다. 나는 출산 휴가 동안 이 책을 쓰기 시작했는데 그때 내 곁에서 잠자던 둘째 아리아는 이제 꽤나 자기주장이 강한 아이로 자라났다. 첫째인 리라는 종종 커피숍에 가서 자신의 책을 쓰는 상상을 하며 내 글쓰기 작업을 역할 놀이처럼 따라 하곤 했다.

나는 오랫동안 뇌의 복잡한 작동 방식에 매료되어 왔으며, 내 자신의 신경 회로 덕분에 이 책을 쓸 수 있다는 사실은 매혹적이면서도 스스로를 겸손하게 만들었다. 하지만 나의 뇌는 저절로 만들어진 것이 아니라 주변의 영향, 특히 지금은 이 세상에 계시지 않지만 영원히 지워지지 않을 흔적을 남기신 부모님의 영향을 받아 주조되었다. 열정적인 독서광이었던 아버지는 지역 도서관에서 버려지는 헌책을 한 보따리씩 집으로 가져오곤 하셨다. 아버지의 글에 대한 사랑은 내게 큰 영향을 끼쳤고, 나는 이 책이 할인 판매되는 책 더미에 들어가는 일을 겪는다 해도 아버지 같은 사람이 구해줄지도 모른다는 생각을 하면 위안을 얻는다. 한때 내 무거운 박사학위 논문을 '은근히' 과시할 목적으로 핸드백에 쑤셔 넣으려고 애쓰셨던 어머니는 이 책도 마찬가지로 대할 것이 틀림없다. '어쩌다 보니' 매끈하게 제작된 복사본을 하나 가지게 됐다는 이야기를 모든 대화마다 툭툭 던져 넣곤 하셨을 것이다. 또한 나의 할머니, 교육받고 싶었으나 허용되지 않았던 시대에 사셨던 할머니의 이야기는 내 삶을 풍요롭게 해주었을 뿐만 아니라 이 책의 갈피마다 고스란히 담겨 있다.

신경과학을 전공하기로 결심한 결정적인 순간 그 이전에, 내겐 훨씬 더 중요한 인생의 전환점이 있었다. 대학 1학년 때 인생의 동반자가 될 사람을 만난 것이다. 남편 스티브Steve는 이 책의 토대가 되어준 사람이며 그가 없었다면 이 책을 쓸 수 없었을 것이라고 해도 과언이 아니다. 이 책의 주제들을 놓고 끝없는 토론이 이어졌고, 내 아이디어가 완벽히 명료해질 때까지 남편은 나를 밀어 붙였다. 남편은 모든 챕터를 부지런히 읽어 주었고 내 성공에 많은 투자를 한 사람만이 할 수 있는 그런 종류의 비판을 해주었다. 특히 자괴감에 빠져 저전력 모드에 있을 때 그는 내 용기의 원천이었다. 또한 책을 쓰는 동안 그는 부모로서의 막중한 책임을 짊어졌다. 그의 변함없는 지원에 대해 내가 얼마나 고마워하는지 결코 말로는 다 표현할 수 없을 것이다.

의사가, 또한 과학자가 되는 여정에서 조우했던 많은 분들에게 감사드린다. 경외심을 불러일으키는 분들이었고 자신의 지혜를 나눠 준 분들이었다. 전직 및 현직 NHS 동료들도 마찬가지였다. 소셜 미디어를 통해 나와 아이디어를 공유하고 풍부하게 해준 모든 분들께도 감사드린다. 여러분의 의견 덕에 나의 아이디어가 명확해지고 설명력을 높이는 데 큰 도움을 얻었다. 함께 이야기를 나누는 사람들이 있었기에 이 책은 훨씬 더 나은 책이 될 수 있었다.

참고문헌

서문: 당신의 디지털 생활은 안녕하십니까

1. World Health Organization (2023).
2. Ofcom. Online Nation 2022 Report (2022).

1장 스마트폰은 중독적인가?

1. Herculano-Houzel, S. The remarkable, yet not extraordinary, human brain as a scaled-up primate brain and its associated cost. Proc Natl Acad Sci U S A 109 Suppl 1, 10661 – 10668 (2012).
2. Waters, J. Constant craving: how digital media turned us all into dopa\-mine addicts. In Guardian (2021).
3. National Institute of Drug Abuse. Drugs, Brains, and Behavior: The Science of Addiction (2022).
4. Bowman, N. D. The rise (and refinement) of moral panic. In The video game debate: Unravelling the physical, social, and psychological effects of digital games. 22 – 38 (Routledge/Taylor & Francis Group, New York, NY, US, 2016).
5. Aarseth, E., et al. Scholars' open debate paper on the World Health Organization ICD-11 Gaming Disorder proposal. J Behav Addict 6, 267 – 270 (2017).
6. van Rooij, A. J., et al. A weak scientific basis for gaming disorder: Let us err on the side of caution. J Behav Addict 7, 1 – 9 (2018).

7. Petry, N. M., et al. An international consensus for assessing internet gaming disorder using the new DSM-5 approach. Addiction 109, 1399–1406 (2014).

8. Przybylski, A. K., Weinstein, N. & Murayama, K. Internet Gaming Disorder: Investigating the Clinical Relevance of a New Phenomenon. Am J Psychiatry 174, 230–236 (2017).

9. Bowman, N. D., Rieger, D. & Tammy Lin, J. H. Social video gaming and well-being. Curr Opin Psychol 45, 101316 (2022).

10. Kardefelt-Winther, D., et al. How can we conceptualize behavioural addiction without pathologizing common behaviours? Addiction 112, 1709–1715 (2017).

11. Zippia. 20 Vital Smartphone Usage Statistics [2023]: Facts, Data, and Trends On Mobile Use In The U.S., Vol. 2023 (Zippia.com, 2023).

12. Panova, T. & Carbonell, X. Is smartphone addiction really an addiction? J Behav Addict 7, 252–259 (2018).

13. Open letter by scientists. Screen time guidelines need to be built on evidence, not hype. Guardian (2017).

14. Baron, K. G., Abbott, S., Jao, N., Manalo, N. & Mullen, R. Orthosomnia: Are Some Patients Taking the Quantified Self Too Far? Journal of Clinical Sleep Medicine 13, 351–354 (2017).

2장 나쁜 습관도 뇌에서 만들어진다

1. Yin, H. H. & Knowlton, B. J. The role of the basal ganglia in habit forma\-tion. Nat Rev Neurosci 7, 464–476 (2006).

2. Wood, W. & Rünger, D. Psychology of Habit. Annual Review of Psychology 67, 289–314 (2016).

3. Heitmayer, M. & Lahlou, S. Why are smartphones disruptive? An empirical study of smartphone use in real-life contexts. Comput. Hum. Behav. 116, 106637 (2021).

3장 의지력은 습관으로 길러진다

1. Macmillan, M. B. A wonderful journey through skull and brains: the travels of Mr. Gage's tamping iron. Brain Cogn 5, 67 – 107 (1986).
2. Macmillan, M. & Lena, M. L. Rehabilitating Phineas Gage. Neuropsy\-chol Rehabil 20, 641 – 658 (2010).
3. Cristofori, I., Cohen-Zimerman, S. & Grafman, J. Executive functions. Handb Clin Neurol 163, 197 – 219 (2019).
4. Guarana, C. L., Ryu, J. W., O'Boyle, E. H., Lee, J. & Barnes, C. M. Sleep and self-control: A systematic review and meta-analysis. Sleep Medicine Reviews 59, 101514 (2021).
5. Arora, T., et al. A systematic review and meta-analysis to assess the relationship between sleep duration/quality, mental toughness and resil\-ience amongst healthy individuals. Sleep Medicine Reviews 62, 101593 (2022).
6. Blain, B., Hollard, G. & Pessiglione, M. Neural mechanisms underlying the impact of daylong cognitive work on economic decisions. Proceed\-ings of the National Academy of Sciences 113, 6967 – 6972 (2016).
7. Vohs, K. D., et al. A Multisite Preregistered Paradigmatic Test of the Ego-Depletion Effect. Psychol Sci 32, 1566 – 1581 (2021).
8. Wiehler, A., Branzoli, F., Adanyeguh, I., Mochel, F. & Pessiglione, M. A neuro-metabolic account of why daylong cognitive work alters the control of economic decisions. Curr Biol 32, 3564 – 3575.e3565 (2022).
9. Galla, B. M. & Duckworth, A. L. More than resisting temptation: Benefi\-cial habits mediate the relationship between self-control and positive life outcomes. J Pers Soc Psychol 109, 508 – 525 (2015).

5장 뇌는 모든 걸 기억하고 있다

1. Neal, D. T., Wood, W., Labrecque, J. S. & Lally, P. How do habits guide

behavior? Perceived and actual triggers of habits in daily life. Journal of Experimental Social Psychology 48, 492－498 (2012).

2. Neal, D. T., Wood, W., Wu, M. & Kurlander, D. The pull of the past: when do habits persist despite conflict with motives? Pers Soc Psychol Bull 37, 1428－1437 (2011).

3. Wansink, B. & Sobal, J. Mindless Eating: The 200 Daily Food Decisions We Overlook. Environment and Behavior 39, 106－123 (2007).

4. Dean, B. Instagram Demographic Statistics: How Many People Use Instagram in 2023? (Backlinko, 2023).

5. Mikulic, M. The effects of push vs. pull notifications on overall smart\-phone usage, frequency of usage and stress levels (Uppsala University thesis, 2016).

6. Rolls, B. J., Roe, L. S. & Meengs, J. S. The effect of large portion sizes on energy intake is sustained for 11 days. Obesity (Silver Spring) 15, 1535－1543 (2007).

7. Alquist, J. L., Baumeister, R. F., Tice, D. M. & Core, T. J. What You Don't Know Can Hurt You: Uncertainty Impairs Executive Function. Front Psychol 11, 576001 (2020).

8. Core, T. J., Price, M. M., Alquist, J. L., Baumeister, R. F. & Tice, D. M. Life is uncertain, eat dessert first: Uncertainty causes controlled and unemotional eaters to consume more sweets. Appetite 131, 68－72 (2018).

9. Melumad, S. & Pham, M. T. The Smartphone as a Pacifying Technology. Journal of Consumer Research 47, 237－255 (2020).

6장 습관 형성은 작은 것에서 시작된다

1. Frier, S. No Filter (Random House Business, 2020).

2. Manikonda, L., Hu, Y. & Kambhampati, S. Analyzing User Activities, Demographics, Social Network Structure and User-Generated

Content on Instagram (2014).

3. Gallagher, B. How to Turn Down a Billion Dollars: The Snapchat Story (Virgin Books, 2018).

4. Wagner, K., Stories' was Instagram's smartest move yet. Can it become Facebook's next big business? Vox (2018).

7장 좋아요는 어떻게 우리의 관심을 사로잡는가

1. Morgans, J. The Inventor of the 'Like' Button Wants You to Stop Worrying About Likes. Vol. 2022. Vice (2017).

2. Schultz, W. Dopamine reward prediction error coding. Dialogues Clin Neurosci 18, 23 – 32 (2016).

3. Mosseri, A., @mosseri on Instagram. Question and Answer session on Instagram Stories. (13/01/2023).

4. Le Heron, C., et al. Distinct effects of apathy and dopamine on effort-based decision-making in Parkinson's disease. Brain 141, 1455 – 1469 (2018).

5. Redgrave, P., et al. Goal-directed and habitual control in the basal ganglia: implications for Parkinson's disease. Nature Reviews Neurosci\-ence 11, 760 – 772 (2010).

6. Zhou, Q. Y. & Palmiter, R. D. Dopamine-deficient mice are severely hypoactive, adipsic, and aphagic. Cell 83, 1197 – 1209 (1995).

7. Ceceli, A. O., Bradberry, C. W. & Goldstein, R. Z. The neurobiology of drug addiction: cross-species insights into the dysfunction and recovery of the prefrontal cortex. Neuropsychopharmacology 47, 276 – 291 (2022).

8. Rutledge, R. B., Skandali, N., Dayan, P. & Dolan, R. J. Dopaminergic Modulation of Decision Making and Subjective Well-Being. The Journal of Neuroscience 35, 9811 – 9822 (2015).

9. Voon, V., et al. Impulse control disorders and levodopa-induced

dyski\-nesias in Parkinson's disease: an update. The Lancet
Neurology 16, 238 – 250 (2017).

10. Milkman, K. L., Minson, J. A. & Volpp, K. G. Holding the Hunger
Games Hostage at the Gym: An Evaluation of Temptation Bundling.
Manage Sci 60, 283 – 299 (2014).

11. Flayelle, M., Maurage, P., Karila, L., Vögele, C. & Billieux, J.
Overcoming the unitary exploration of binge-watching: A cluster
analytical approach. J Behav Addict 8, 586 – 602 (2019).

12. Moodfit Blog. Mood Versus the Days of the Week. https://www.
getmoodfit.com/post/mood-versus-days-of-the-week (2022).

8장 반복으로 습관을 뇌에 각인시켜라

1. Squire, L. R. The legacy of patient H. M. for neuroscience. Neuron 61,
6 – 9 (2009).

2. Knowlton, B. J., Mangels, J. A. & Squire, L. R. A Neostriatal Habit
Learning System in Humans. Science 273, 1399 – 1402 (1996).

3. Lehéricy, S., et al. Distinct basal ganglia territories are engaged in early
and advanced motor sequence learning. Proc Natl Acad Sci U S A 102,
12566 – 12571 (2005).

4. Lally, P., van Jaarsveld, C. H. M., Potts, H. W. W. & Wardle, J. How are
habits formed: Modelling habit formation in the real world. European
Journal of Social Psychology 40, 998 – 1009 (2010).

5. Keller, J., et al. Habit formation following routine-based versus time-
based cue planning: A randomized controlled trial. Br J Health Psychol
26, 807 – 824 (2021).

6. Skipworth, W. Threads' User Engagement Plummets After Explosive
Start. Forbes (2023).

7. Schnauber-Stockmann, A. & Naab, T. K. The process of forming a
mobile media habit: results of a longitudinal study in a real-world

setting. Media Psychology 22, 714 – 742 (2019).

8. Sela, A., Rozenboim, N. & Ben-Gal, H. C. Smartphone use behavior and quality of life: What is the role of awareness? PLOS ONE 17, e0260637 (2022).

9장 도둑맞은 집중력 되찾기

1. Mark, G., Iqbal, S., Czerwinski, M. & Johns, P. Bored Mondays and focused afternoons: The rhythm of attention and online activity in the workplace. Conference on Human Factors in Computing Systems – Proceedings (2014).

2. Schnauber-Stockmann, A., Meier, A. & Reinecke, L. Procrastination out of Habit? The Role of Impulsive Versus Reflective Media Selection in Procrastinatory Media Use. Media Psychology 21, 1 – 29 (2018).

3. Stothart, C., Mitchum, A. & Yehnert, C. The attentional cost of receiving a cell phone notification. J Exp Psychol Hum Percept Perform 41, 893 – 897 (2015).

4. Mark, G. Multitasking in the Digital Age. Synthesis Lectures on Human-Centered Informatics 8, 1 – 113 (2015).

5. Dabbish, L., Mark, G. & González, V. M. Why do I keep interrupting myself? Environment, habit and self-interruption. In Proceedings of the SIGCHI Conference on Human Factors in Computing Systems 3127 – 3130 (Association for Computing Machinery, Vancouver, BC, Canada, 2011).

6. Ophir, E., Nass, C. & Wagner, A. D. Cognitive control in media multitaskers. Proceedings of the National Academy of Sciences 106, 15583 – 15587 (2009).

7. Sanbonmatsu, D. M., Strayer, D. L., Medeiros-Ward, N. & Watson, J. M. Who multi-tasks and why? Multi-tasking ability, perceived multi-tasking ability, impulsivity, and sensation seeking. PLoS One 8, e54402

(2013).

8. Raichle, M. E. The brain's default mode network. Annu Rev Neurosci 38, 433 – 447 (2015).

9. Mark, G., Iqbal, S., Czerwinski, M. & Johns, P. Focused, Aroused, but so Distractible: Temporal Perspectives on Multitasking and Commu\-nications. In Proceedings of the 18th ACM Conference on Computer Supported Cooperative Work & Social Computing 903 – 916 (Associa\-tion for Computing Machinery, Vancouver, BC, Canada, 2015).

10. Ward, A. F., Duke, K., Gneezy, A. & Bos, M. W. Brain Drain: The Mere Presence of One's Own Smartphone Reduces Available Cogni\-tive Capacity. Journal of the Association for Consumer Research 2, 140 – 154 (2017).

11. Mark, G., Voida, S. & Cardello, A. 'A pace not dictated by electrons': an empirical study of work without email. In Proceedings of the SIGCHI Conference on Human Factors in Computing Systems 555 – 564 (Asso\-ciation for Computing Machinery, Austin, Texas, USA, 2012).

12. How has the pandemic changed working lives? The Economist (2020).

13. Fitz, N. S., et al. Batching smartphone notifications can improve well-being. Comput. Hum. Behav. 101, 84 – 94 (2019).

10장 잃어버린 숙면을 찾아서

1. Foster, R. G. There is no mystery to sleep. Psych J 7, 206 – 208 (2018).

2. Xie, L., et al. Sleep Drives Metabolite Clearance from the Adult Brain. Science (New York, N.Y.) 342, 373 – 377 (2013).

3. Tempesta, D., Salfi, F., De Gennaro, L. & Ferrara, M. The impact of five nights of sleep restriction on emotional reactivity. Journal of Sleep Research 29, e13022 (2020).

4. Scott, A. J., Webb, T. L., Martyn-St James, M., Rowse, G. & Weich, S. Improving sleep quality leads to better mental health: A meta-analysis

of randomised controlled trials. Sleep Medicine Reviews 60, 101556 (2021).

5. Kalmbach, D. A., et al. Genetic Basis of Chronotype in Humans: Insights From Three Landmark GWAS. Sleep 40 (2017).

6. Roenneberg, T., et al. Epidemiology of the human circadian clock. Sleep Med Rev 11, 429 – 438 (2007).

7. Foster, R. Life Time: The New Science of the Body Clock, and How It Can Revolutionize Your Sleep and Health (Penguin Life, 2022).

8. Chang, A. M., Aeschbach, D., Duffy, J. F. & Czeisler, C. A. Evening use of light‑emitting eReaders negatively affects sleep, circadian timing, and next‑morning alertness. Proc Natl Acad Sci U S A 112, 1232 – 1237 (2015).

9. Wood, B., Rea, M. S., Plitnick, B. & Figueiro, M. G. Light level and duration of exposure determine the impact of self‑luminous tablets on melatonin suppression. Appl Ergon 44, 237 – 240 (2013).

10. Tähkämö, L., Partonen, T. & Pesonen, A. K. Systematic review of light exposure impact on human circadian rhythm. Chronobiol Int 36, 151 – 170 (2019).

11. Bigalke, J. A., Greenlund, I. M., Nicevski, J. R. & Carter, J. R. Effect of evening blue light blocking glasses on subjective and objective sleep in healthy adults: A randomized control trial. Sleep Health 7, 485 – 490 (2021).

12. Shechter, A., Kim, E. W., St‑Onge, M. P. & Westwood, A. J. Blocking nocturnal blue light for insomnia: A randomized controlled trial. J Psychiatr Res 96, 196 – 202 (2018).

13. Hester, L., et al. Evening wear of blue‑blocking glasses for sleep and mood disorders: a systematic review. Chronobiol Int 38, 1375 – 1383 (2021).

14. de la Iglesia, H. O., et al. Access to Electric Light Is Associated

with Shorter Sleep Duration in a Traditionally Hunter-Gatherer Community. J Biol Rhythms 30, 342-350 (2015).

15. Kroese, F. M., De Ridder, D. T., Evers, C. & Adriaanse, M. A. Bedtime procrastination: introducing a new area of procrastination. Front Psychol 5, 611 (2014).

16. Hill, V. M., Rebar, A. L., Ferguson, S. A., Shriane, A. E. & Vincent, G. E. Go to bed! A systematic review and meta-analysis of bedtime procrasti\-nation correlates and sleep outcomes. Sleep Med Rev 66, 101697 (2022).

17. Exelmans, L. & Van den Bulck, J. 'Glued to the Tube': The Interplay Between Self-Control, Evening Television Viewing, and Bedtime Procrastination. Communication Research 48, 594-616 (2021).

18. Chung, S. J., An, H. & Suh, S. What do people do before going to bed? A study of bedtime procrastination using time use surveys. Sleep 43 (2019).

19. Liu, H., Ji, Y. & Dust, S. B. 'Fully recharged' evenings? The effect of evening cyber leisure on next-day vitality and performance through sleep quantity and quality, bedtime procrastination, and psychological detachment, and the moderating role of mindfulness. J Appl Psychol 106, 990-1006 (2021).

20. Stothard, E. R., et al. Circadian Entrainment to the Natural Light-Dark Cycle across Seasons and the Weekend. Curr Biol 27, 508-513 (2017).

21. Grosser, L., Knayfati, S., Yates, C., Dorrian, J. & Banks, S. Cortisol and shiftwork: A scoping review. Sleep Med Rev 64, 101581 (2022).

22. Burns, A. C., et al. Time spent in outdoor light is associated with mood, sleep, and circadian rhythm-related outcomes: A cross-sectional and longitudinal study in over 400,000 UK Biobank participants. J Affect Disord 295, 347-352 (2021).

23. Huang, L., et al. A Visual Circuit Related to Habenula Underlies the

Antidepressive Effects of Light Therapy. Neuron 102, 128 – 142.e128 (2019).

24. Gardiner, C., et al. The effect of caffeine on subsequent sleep: A systematic review and meta-analysis. Sleep Medicine Reviews 69, 101764 (2023).

11장 건강한 습관에 건강한 정신이 깃든다

1. Beyens, I., Pouwels, J. L., van Driel, I. I., Keijsers, L. & Valkenburg, P. M. Social Media Use and Adolescents' Well-Being: Developing a Typology of Person-Specific Effect Patterns. Communication Research, 00936502211038196 (2021).

2. Klüver, H. & Bucy, P. C. 'Psychic blindness' and other symptoms following bilateral temporal lobectomy in Rhesus monkeys. Amer\-ican Journal of Physiology 119, 352 – 353 (1937).

3. Domínguez-Borràs, J. & Vuilleumier, P. Amygdala function in emotion, cognition, and behavior. Handb Clin Neurol 187, 359 – 380 (2022).

4. Shin, L. M. & Liberzon, I. The Neurocircuitry of Fear, Stress, and Anxiety Disorders. Neuropsychopharmacology 35, 169 – 191 (2010).

5. Kenwood, M. M., Kalin, N. H. & Barbas, H. The prefrontal cortex, pathological anxiety, and anxiety disorders. Neuropsychopharma\-cology 47, 260 – 275 (2022).

6. Gilmore, J. H., et al. Longitudinal development of cortical and subcor\-tical gray matter from birth to 2 years. Cereb Cortex 22, 2478 – 2485 (2012).

7. Tottenham, N. & Gabard-Durnam, L. J. The developing amygdala: a student of the world and a teacher of the cortex. Curr Opin Psychol 17, 55 – 60 (2017).

8. Wadley, G., Smith, W., Koval, P. & Gross, J. J. Digital Emotion Regula\-

tion. Current Directions in Psychological Science 29, 412 – 418 (2020).

9. Killingsworth, M. A. & Gilbert, D. T. A wandering mind is an unhappy mind. Science 330, 932 (2010).

10. Tang, Y. Y., Hölzel, B. K. & Posner, M. I. The neuroscience of mindful\-ness meditation. Nat Rev Neurosci 16, 213 – 225 (2015).

11. Walsh, E. I., Smith, L., Northey, J., Rattray, B. & Cherbuin, N. Towards an understanding of the physical activity-BDNF-cognition triumvirate: A review of associations and dosage. Ageing Research Reviews 60, 101044 (2020).

12. Sudimac, S., Sale, V. & Kühn, S. How nature nurtures: Amygdala activity decreases as the result of a one-hour walk in nature. Mol Psychiatry 27, 4446 – 4452 (2022).

13. Russell, G. & Lightman, S. The human stress response. Nature Reviews Endocrinology 15, 525-534 (2019).

14. Lupien, S. J., McEwen, B. S., Gunnar, M. R. & Heim, C. Effects of stress throughout the lifespan on the brain, behaviour and cognition. Nature Reviews Neuroscience 10, 434 – 445 (2009).

15. Roozendaal, B., McEwen, B. S. & Chattarji, S. Stress, memory and the amygdala. Nature Reviews Neuroscience 10, 423 – 433 (2009).

16. Coyne, S. M., Rogers, A. A., Zurcher, J. D., Stockdale, L. & Booth, M. Does time spent using social media impact mental health?: An eight year longitudinal study. Computers in Human Behavior 104, 106160 (2020).

17. Ritchie, S. Don't panic about social media harming your child's mental health – the evidence is weak. In i Newspaper (2023).

18. Orben, A. & Przybylski, A. K. The association between adolescent well-297 References being and digital technology use. Nature Human Behaviour 3, 173 – 182 (2019).

19. Vuorre, M. & Przybylski, A. K. Estimating the association between

Facebook adoption and well-being in 72 countries. Royal Society Open Science 10, 221451 (2023).

20. Zubieta, J. K., et al. Placebo effects mediated by endogenous opioid activity on mu-opioid receptors. J Neurosci 25, 7754 – 7762 (2005).

21. Wood, F. A., et al. N-of-1 Trial of a Statin, Placebo, or No Treatment to Assess Side Effects. New England Journal of Medicine 383, 2182 – 2184 (2020).

22. Shaw, H., et al. Quantifying smartphone 'use': Choice of measurement impacts relationships between 'usage' and health. Technology, Mind, and Behavior 1, No Pagination Specified (2020).

23. Patrick, V. M. & Hagtvedt, H. 'I Don't' versus 'I Can't': When Empow\-ered Refusal Motivates Goal-Directed Behavior. Journal of Consumer Research 39, 371 – 381 (2011).

12장 소셜 미디어는 정말 해로울까

1. Arguinchona, J. H. & Tadi, P. Neuroanatomy, Reticular Activating System (StatPearls Publishing, Treasure Island (FL), 2022).

2. Costafreda, S. G., Brammer, M. J., David, A. S. & Fu, C. H. Predictors of amygdala activation during the processing of emotional stimuli: a meta-analysis of 385 PET and fMRI studies. Brain Res Rev 58, 57 – 70 (2008).

3. Hakamata, Y., et al. Implicit and explicit emotional memory recall in anxiety and depression: Role of basolateral amygdala and cortisol-norepinephrine interaction. Psychoneuroendocrinology 136, 105598 (2022).

4. Phillips, W. J., Hine, D. W. & Thorsteinsson, E. B. Implicit cognition and depression: A meta-analysis. Clinical Psychology Review 30, 691 – 709 (2010).

5. Mitte, K. Memory bias for threatening information in anxiety and

anxiety disorders: a meta-analytic review. Psychol Bull 134, 886 - 911 (2008).

6. Vandenbosch, L., Fardouly, J. & Tiggemann, M. Social media and body image: Recent trends and future directions. Curr Opin Psychol 45, 101289 (2022).

7. Tiggemann, M. & Anderberg, I. Social media is not real: The effect of 'Instagram vs reality' images on women's social comparison and body image. New Media & Society 22, 2183 - 2199 (2019).

8. Tiggemann, M. Digital modification and body image on social media: Disclaimer labels, captions, hashtags, and comments. Body Image 41, 172 - 180 (2022).

9. Paxton, S. J., McLean, S. A. & Rodgers, R. F. 'My critical filter buffers your app filter': Social media literacy as a protective factor for body image. Body Image 40, 158 - 164 (2022).

10. Dubois, E. & Blank, G. The echo chamber is overstated: the moderating effect of political interest and diverse media. Information, Communi\-cation & Society 21, 729 - 745 (2018).

11. Huang, C. Time Spent on Social Network Sites and Psychological Well-Being: A Meta-Analysis. Cyberpsychol Behav Soc Netw 20, 346 - 354 (2017).

12. Saiphoo, A. N., Dahoah Halevi, L. & Vahedi, Z. Social networking site use and self-esteem: A meta-analytic review. Personality and Indi\-vidual Differences 153, 109639 (2020).

13. Valkenburg, P. M., Pouwels, J. L., Beyens, I., van Driel, I. I. & Keijsers, L. Adolescents' social media experiences and their self-esteem: A person-specific susceptibility perspective. Technology, Mind, and Behavior 2, No Pagination Specified (2021).

14. Meier, A. & Johnson, B. K. Social comparison and envy on social media: A critical review. Current Opinion in Psychology 45, 101302

(2022).

15. Myers, T. A. & Crowther, J. H. Social comparison as a predictor of body dissatisfaction: A meta-analytic review. J Abnorm Psychol 118, 683 – 698 (2009).

16. Hall, J. A., Xing, C., Ross, E. M. & Johnson, R. M. Experimentally manipulating social media abstinence: results of a four-week diary study. Media Psychology 24, 259 – 275 (2021).

17. Radtke, T., Apel, T., Schenkel, K., Keller, J. & von Lindern, E. Digital detox: An effective solution in the smartphone era? A systematic litera\-ture review. Mobile Media & Communication 10, 190 – 215 (2022).

18. Vally, Z. & D'Souza, C. G. Abstinence from social media use, subjective well-being, stress, and loneliness. Perspect Psychiatr Care 55, 752 – 759 (2019).

19. Allcott, H., Braghieri, L., Eichmeyer, S. & Gentzkow, M. The Welfare Effects of Social Media. American Economic Review 110, 629 – 676 (2020).

20. Reinecke, L., Gilbert, A. & Eden, A. Self-regulation as a key boundary condition in the relationship between social media use and well-being. Curr Opin Psychol 45, 101296 (2022).

21. Valkenburg, P. M., van Driel, I. I. & Beyens, I. The associations of active and passive social media use with well-being: A critical scoping review. New Media & Society 24, 530 – 549 (2022).

22. Burrow, A. L. & Rainone, N. How many likes did I get?: Purpose moder\-ates links between positive social media feedback and self-esteem. Journal of Experimental Social Psychology 69, 232 – 236 (2017).

13장 더 나은 미래를 위한 스마트폰 사용법

1. Gilovich, T. & Kumar, A. Chapter Four – We'll Always Have Paris: The Hedonic Payoff from Experiential and Material Investments. In Advances in Experimental Social Psychology, Vol. 51 (eds Olson, J. M. & Zanna, M. P.) 147 – 187 (Academic Press, 2015).

2. Kang, S. H. K. Spaced Repetition Promotes Efficient and Effective Learning: Policy Implications for Instruction. Policy Insights from the Behavioral and Brain Sciences 3, 12 – 19 (2016).

3. Plato. Phaedrus.

4. Katzman, R., et al. Clinical, pathological, and neurochemical changes in dementia: a subgroup with preserved mental status and numerous neocortical plaques. Ann Neurol 23, 138 – 144 (1988).

5. Stern, Y. & Barulli, D. Cognitive reserve. Handb Clin Neurol 167, 181 – 190 (2019).

6. Hedman, A. M., van Haren, N. E., Schnack, H. G., Kahn, R. S. & Hulshoff Pol, H. E. Human brain changes across the life span: a review of 56 longitudinal magnetic resonance imaging studies. Hum Brain Mapp 33, 1987 – 2002 (2012).

7. Maguire, E. A., et al. Navigation-related structural change in the hippo\-campi of taxi drivers. Proceedings of the National Academy of Sciences 97, 4398 – 4403 (2000).

8. Peng, S., Roth, A. R., Apostolova, L. G., Saykin, A. J. & Perry, B. L. Cognitively stimulating environments and cognitive reserve: the case of personal social networks. Neurobiology of Aging 112, 197 – 203 (2022).

9. Cotten, S. R., Schuster, A. M. & Seifert, A. Social media use and well-being among older adults. Curr Opin Psychol 45, 101293 (2022).

10. Khoo, S. S. & Yang, H. Social media use improves executive functions in middle-aged and older adults: A structural equation modeling

analysis. Computers in Human Behavior 111, 106388 (2020).

11. Balderston, N. L., Schultz, D. H. & Helmstetter, F. J. The Effect of Threat on Novelty Evoked Amygdala Responses. PLOS ONE 8, e63220 (2013).

12. Szalavitz, M. Do Family Dinners Really Reduce Teen Drug Use? In Time (2012).

13. Miller, D. P., Waldfogel, J. & Han, W. J. Family meals and child academic and behavioral outcomes. Child Dev 83, 2104 – 2120 (2012).

14. Musick, K. & Meier, A. Assessing Causality and Persistence in Associa\-tions Between Family Dinners and Adolescent Well-Being. Journal of Marriage and Family 74, 476 – 493 (2012).

15. Dempsey, S., Lyons, S. & McCoy, S. Later is better: mobile phone owner\-ship and child academic development, evidence from a longitudinal study. Economics of Innovation and New Technology 28, 798 – 815 (2019).